風雨見龍蛇

朱培庚編著

文史哲出版社印行

國家圖書館出版品預行編目資料

風雨見龍蛇 / 朱培庚編著. -- 初版. -- 臺北市 :
文史哲, 民 88
面 ; 公分
含索引
ISBN 957-549-230-7 (平裝)

857.1 88010218

風雨見龍蛇

編著者：朱 培 庚
出版者：文 史 哲 出 版 社
登記證字號：行政院新聞局版臺業字五三三七號
發行人：彭 正 雄
發行所：文 史 哲 出 版 社
印刷者：文 史 哲 出 版 社
臺北市羅斯福路一段七十二巷四號
郵政劃撥帳號：一六一八〇一七五
電話 886-2-23511028 · 傳眞 886-2-23965656

實價新臺幣五四〇元

中 華 民 國 八 十 八 年 十 月 初 版

ISBN 957-549-230-7

卷前綴語

一　現代工商社會，人人都忙，偉論長文，無暇畢讀。本書全是短篇，應合大眾之需要。

二　我國文化悠久，典籍蘊玉藏珠。本書採集各代人物音容笑貌之一臠，既可怡情，亦兼益智。

三　本書每篇獨立，可任翻一頁，任選一題，三五分鐘讀完，隨時開卷有益。

四　鑑於文言較澀，因都譯爲白話，以利瀏覽。淺嚐者可閱語體，深研者請究原文。或溫故，或知新，各適其趣。

五　坊間不乏古事今譯之大著，但或整冊全譯，瑜瑕不分，或未附原文，難辨眞僞。本書則祇摘精華，汰其糟粕。原文語體兩存，以示並非杜撰。

六　原文以五百字以內爲限，以符輕薄短小之旨。多選生動寫實之對話，俾親謦欬。長篇雖優不錄。

七　每篇譯後，略綴蕪詞，巴俚之言，續貂而已。

八　每當世事紛紜，常起八方「風雨」。史實所「見」：豪雄者似「龍」之騰驤，僞詐者如「蛇」之陰巧，各顯其性。本書善惡好壞兼收，互比對觀，應有警鑑之效。

九　有人說：往史陳舊過時，不合潮流現況。殊不知事理並無新舊之分，只有對錯之別。鑑往昔乃知未來，辨佞賢可分邪正。倘視前代之瑰寶如垃圾，唾棄智慧之原泉，那就偏了。

十　我佛曰：一沙一世界，一花一天國。蓋小中足以見大，全豹可藉管窺。本書文雖簡而意未窮，請覓弦外之音，尋文餘之義。

十一　編者識淺，凡採擇欠周，譯述不當之處，敬乞方家指正。

風雨見龍蛇　目錄

風雨見龍蛇

一 宋太祖夜雪訪趙普

我國歷代君臣之間，情感極洽而爲大衆所熟知的，前有唐太宗與魏徵（請參閱本書第一六〇篇），繼有宋太祖與趙普，先後輝映，傳爲佳話。今日觀之，仍舊溫馨洋溢，長留良範。

趙普（公元九二二—九九二），字則平，幽州人（今河北省大興縣）。沉厚寡言，剛毅果斷。佐宋太祖趙匡胤（公元九二七—九七六）得天下之後，官居宰相，封魏國公。宋太祖倚仗他爲左右手，國事無分大小，都要咨詢他來作決定。「半部論語治天下」，就是他的故事。

宋太祖喜歡微服私行（微服是改穿便裝，避人注意。《孟子、萬章》說：孔子微服而過宋）。他每每在散朝無事時，隨興到大臣家去造訪。因此趙普在退朝之後，都不敢脫下官服，換穿家常便裝，唯恐太祖突來，疏慢了君臣禮節。

有一個冬夜，窗外正飄著瑞雪，還括起了北風。趙普心想，這種壞天氣，而且已很晚了，皇上大概不會外出了吧。過了許久，忽然聽到叩門聲。趙普起身開門一看，只見宋太祖戴著大氈帽，披著寬外氅，在門外大風大雪之中站著，原來正是皇上冒著風雪來訪了。

趙普一時情急，連忙伏地稱臣接駕。宋太祖說：「此時不是上朝，外面風雪太大，不必多禮，趕快起來。我已另外約了晉王（太祖之弟趙光義，時爲晉王，後爲宋太宗），他也快要到了。我們進屋裡去吧！」

隔不多久，晉王（公元九三九—九九七）也趕來了。趙普在地上鋪了軟厚裀毯，三人品坐在客堂中，君臣之禮暫停，賓主之分未計。燃了亮亮的蠟燭添光，生了熊熊的爐煤取暖。燒了烤肉佐餐，開了美酒助興。大家談天消夜，極爲歡洽。趙普夫人頻頻向各人斟酒添菜，宋太祖以嫂嫂的尊稱叫她。夜闌興盡才散。

【譯後語】歷史是甚麼？就是我們父祖先輩們的言行實錄。溫習歷史，就是要記住前人的得失，汲取先代的經驗，作爲鏡鑑。錢穆大師在《國史大綱》序中說：「一國之國民，對其本國歷史，應有所知，尤必附隨一種溫情與敬意。」這話值得深思。君臣是五倫中的第一倫。現在沒有君了，我們要將它的定義推廣，賦予新的內涵，亦即泛指長官對部下，主管對僚屬，上級對下級，老闆對伙計的關係。許多事都要群體合作，來達成目標。因此、領導者與被領導者之間，除了單純的公務接觸之外，還要情感交流，雙方打成一片，才能事半功倍。我們看這篇短文中，宋太祖叫趙妻爲嫂，便是視趙普爲兄，君臣已毫無隔閡，就可同爲國事盡力了。我們作爲一個團體的首長的，如能效法宋太祖之所爲，自也會大有成就。因贊曰：宰丞尊帝，天子重賢。乳水交融，君臣歡洽。一聲大嫂，呼來彼此連心，幾碟佳餚，贏得主賓盡興。酒樽常滿，窗前瑞雪仍寒，爐火頻添，室內豪情正暖。好一幅雪夜訪相畫圖也。

【原文】宋趙普既拜相，上視爲左右手，事無大小，悉咨決焉。太祖數微行，過功臣家。普每退朝，不敢便衣冠。一日，大雪向夜，普意帝不出。久之，聞叩門聲，普亟出，帝立風雪中。普惶懼迎拜，帝曰：已約晉王矣。已而太宗至。設重裀地，坐堂中，熾炭燒肉，普妻行酒，帝以嫂呼之。（明：《御製賢臣傳・相鑑、》卷之十一。又見：《宋史》、卷二百五十六、列傳第十五）

【另文一】宋趙普喜讀論語。嘗謂太宗曰：臣有論語一部，以半部佐太祖定天下，以半部佐陛下致太平。（清、畢沅：《續資治通鑑、卷十二》）

【另文二】宋、趙普，少習吏事，爲相。晚年、手不釋卷。每歸私第，闔户啓篋，取書讀之竟日。及次日臨政，處決如流。既薨，家人發篋視之，則論語二十篇也。（明：《御製賢臣傳》、相鑑、卷之十一）

二　漢文帝早朝考陳平

處理繁難複雜的大事，要由多人組成團體，共同致力。既要分工（有層次、有職掌。誰管策劃，誰籌經費，各負成敗之責），更要合作（上下呼應，左右協調，共向目標前進），才可把事辦好，這就是組織(organization)。國家政務，千頭萬緒，尤應如是。不可能一人獨攬包辦，也無法一人巨細全知。參照本篇，可增了解。

漢文帝（西元前二〇二—前一五七）在位時，任命周勃（曾佐漢定天下，封絳侯）為右丞相，位居第一。又任命陳平（曾替劉邦六出奇計，封曲逆侯）為左丞相，位居第二，在周勃之下。

有一天在早朝之中，漢文帝偶然想起一些問題，順便問問右丞相周勃：「普天之下，一年中判決的獄案有多少？」

突然問來，周勃難住了，一時惶然，只得回稟說：「我不知道。」

漢文帝又問：「天下一年中，錢穀出入有多少？」

這更複雜了，周勃又惶然說：「這個我也還不知道。」

接連兩次答不出來，周勃在滿朝大臣眾目睽睽之下，冒出了冷汗，背上衣服都被汗水黏住了，心中十分慚疚。

於是漢文帝轉頭再問左丞相陳平。陳平回奏說：「這些事都有專任的職官在主管。」

漢文帝問：「主管是誰？」

陳平說：「皇上若問獄案，有廷尉（**北齊改稱大理寺，即今最高法院**）負責。皇上若問錢穀，有治粟內史（**掌穀貨，後改稱大司農**）負責。」

文帝追問道：「如果都有人負責，那你們做左右宰相的，管甚麼事呢？」

陳平欠身告罪說：「宰相是綜理百官的。今日承蒙皇上垂愛，不嫌我的才識不夠，讓我權理宰相（**左丞**）之職。宰相的任務，乃是對上要輔佐天子，對下要調理眾官，對外要鎮撫四夷，對內要親和百姓。同時要使諸卿大夫，各適其任，各稱其職。一年終了，由宰相考核他們的成果，處理進退獎懲。」

文帝聽了，很滿意。這段交談便終結了。

右丞相周勃大感羞愧，散朝之後，出了皇殿，就責怪陳平說：「孺子（**陳平字孺子**）你以前爲甚麼不早告訴我怎樣去對答皇上呢？」

陳平笑道：「你領居右丞相的高位，不知道丞相是幹甚麼的嗎？假若皇上問起你：長安城中（**西漢首都**）有多少強盜小偷，你難道就胡亂湊些數字去搪塞嗎？」

從這次以後，周勃便知道自己的才識，比陳平差遠了。

【譯後語】位高的人，要掌握大方向，不必要也不可能親理瑣務。以國家而論，政

務繁多，一人豈能全曉。因此要分職設官，管造林的和管航空的專長各異。宰相的職責是決定政策，做個好舵手。房玄齡論隋文帝「臨朝或至日昃（過午還不散朝），傳飧而食（吃飯盒加班）」。唐太宗也評隋文帝「事皆自決，豈能一一中理？」（均見《資治通鑑》卷一九三）唐太宗又誡杜如晦說：「公等讀牒不暇（公文都看不完）安能求賢？」（見《貞觀政要》卷三）這都是輕重倒置了。遼國蕭孝穆說得更好：「選賢而用，何事不濟？若親理煩碎，則大事凝滯矣。」（見《遼史卷八七》）領導者要騰出時間去考慮大局勢，要注意將來發展的榮枯方向。不僅國家大計如此，即凡私營的連鎖商店，也自成一個王國，至於跨國公司，更是天下一家，都要謹遵這個原則。

【原文】漢文帝以周勃爲右丞相，以陳平爲左丞相。朝而問勃曰：天下一歲決獄幾何？勃謝曰不知。問：一歲錢穀出入幾何？勃又謝不知。汗出沾背，愧不能對。於是上問平。平曰：有主者。上曰：主者誰？平曰：陛下問決獄，有廷尉。問錢穀，責治粟內史。上曰：苟各有主者，而君所主者何事也？平謝曰：主臣；陛下不嫌臣之駑下，使待罪宰相。宰相者，上佐天子，外鎮四夷，內親百姓，使卿大夫得任其職焉。文帝稱善。右丞相大慚，出而讓陳平曰：君獨不素教我對。平笑曰：君居其位，不知其任耶？倘陛下問長安城中盜賊數，君欲強對耶？因是勃自知其能不如平遠矣。（明、《御製賢臣錄，相鑑》、卷二。又見：《史記》、卷五十六）

三　暗賜珍珠滿罈王旦封嘴

要別人不唱反調，最好的辦法，就是給他甜頭。常言道：吃了別人的嘴軟，拿了別人的手軟。此法古今都靈，保證百試不爽。請看宋眞宗，「眞」是此中高手。

北宋眞宗（九六八——一〇二二）景德元年，北方契丹（就是遼國。京戲四郎探母、六郎斬子，都是宋遼交戰）大舉入侵，進犯澶淵（今河北濮陽），距離北宋首都開封僅三百里。宋眞宗御駕親征，激勵了士氣，契丹因孤軍深入，且無必勝把握，雙方乃簽下和約，兩國罷兵，倒也和平了百年之久。

宋眞宗回朝，很為得意。參知政事王欽若（字定國，喜取巧）建議說：「皇上大可封禪泰山（《大戴禮》：臨泰山之頂祭告天地，表示受命於天，國祚永昌），不但可以耀服四海，又可誇顯於外夷，以揚天子之威。」

眞宗問他道：「只恐怕王旦（九七六——一〇一七，進太保、封魏國公，當權最久）不會贊同，他如在朝中當眾反對，那如何辦？」

王欽若說：「讓我將皇上的心意向他暗示，應該沒有問題吧！」

趁著適當機會，王欽若對王旦談到眞宗想要封禪泰山的意圖。王旦沒有表示意見。隔不多久，宋眞宗藉故召請王旦在皇宮裡飲宴，只有君臣兩人，雙方談話極為歡洽。

酒筵終了，宋眞宗送他一罈封口完整的美酒，說：「這是御酒，風味特佳，帶回去和令夫人一齊好好享受。」

皇帝賜酒，聖眷甚隆，王旦帶著這罈御酒回家，和夫人一同把酒罈封口啟開一看，滿罈塞緊了的都是奇美的珍珠，哪裡有一滴酒？

王旦心中明白了，以後對封禪泰山之事，便閉嘴不說反對意見了。

【譯後語】此計高明，妙在不露痕跡。表面上是賞賜，暗地裡卻是賄賂。宋眞宗不能確定王旦會不會公然諫阻，乃用美珠箝住他的嘴巴。明裡是送他御酒，別人看到了，只生羨慕之心，誰也想不到罈裡暗藏玄機，連王旦當時也猜不到。及至開罈見珠，才恍然暗悟。身爲大臣，領賜不能璧退，也不能張揚，只好順受（除非告老還鄉）。既已領受，就封了嘴不便唱反調了。到了現代，似更青出於藍，將賄款由國外第三者匯入大官親屬在境外開立的賬户中，國內查不到，查到了嗎？贈受雙方都是第三者，與國內當事人的清廉美譽全無污損，這就比宋眞宗更進步了。

【原文】契丹既受盟，眞宗有得色。王欽若曰：封禪泰山，可鎭服四海，誇示外國。帝曰：王旦得毋不可乎？欽若曰：臣以聖意喻之，宜無不可。乘間爲旦言，旦黽勉而從。上召旦飲，歡甚。賜以尊酒，曰：此酒極佳，歸與妻共之。既歸，發封，皆美珠也。由是旦不復異議。（《宋史》、列傳第四十一）

四　明示謗書一篋樂羊叩頭

強將擁重兵，國君怎麼辦？耳根軟弱的會猜疑他，意志堅定的才會信任他。前者如長平之戰，趙王換下廉頗，結果遭到慘敗（請參閱本書第八十六篇）。後者則是本篇中山之戰，魏文侯信得過樂羊，結果攻下了中山。

樂羊是戰國時代魏國的大將。魏文侯（名斯，西元前四四五—前三九六年在位，見《史記》）派他統領大軍去攻中山國（古代小國，到戰國時還和六國並稱）。樂羊出征作戰，費時三年之久，才將中山攻克。

樂羊得勝，班師回國，將戰果呈獻魏文侯。立此大功，不免面露得意之色。

魏文侯命人抬出一個竹箱子（《說苑》說是兩個），賜給樂羊。打開一看，裡面都是諸多文武官員，或在京都、或從各地呈來的書牘奏簡，塞滿整箱。內容全是檢舉樂羊擁兵自重、作戰不力、懷有二心、師久無功等壞話，請求魏文侯將他革職查辦治罪。

樂羊看了，大吃一驚。檢舉信如此之多，假若魏文侯心意動搖，樂羊的性命都將不保，他登時俯伏在陛階之下，以頭觸地，說：「攻下中山，不應當是我的功勞，這全仗君王信任我和支持我的欽賜力量。」

【譯後語】兵權掌握在臣子的手裡，本很危險，要防止兵諫，要擔心政變，這所以

宋太祖用杯酒以釋兵權，爲的是翦除大患也。但國防武力，又不能不建立，建武力就得委任指揮官，這好像將刀把子交給別人拿著，吉凶難料。賢君自可收放隨心，昏君卻不免受到鉗制。本篇樂羊統兵出征，常言道：將在外，君命有所不受。又作戰達三年之久，已養成樂家軍私人部隊。如沒有魏文侯的知人之明而充分信任他，不可能獲得勝利也。但是、魏文侯憑甚麼如此堅信樂羊呢！原文裡沒有交待。史稱魏文侯以子夏、段干木、田子方爲師爲友，四方賢士歸之，委任李悝爲相，西門豹守鄴，國內大治，可見他是位賢君。賢君必定英明，聖眷之下，屬官不會生起反叛的念頭。而手握兵權的悍將，也會覺得立功回朝比叛國造反還要合算。這應是做個領導人的必修之課吧。

【原文】魏文侯令樂羊將，而攻中山，三年而拔之。樂羊反而語功。魏文侯示之謗書一篋。樂羊再拜稽首曰：此非臣之功，主君之力也。（漢·劉向：《新序》卷第二、雜事第二）

【另文】魏文侯攻中山，樂羊將。已得中山，還、反報文侯，有喜功之色。文侯命將群臣賓客所獻書，操以進。主書者舉兩篋以進，令將軍視之，盡難攻中山之事也。將軍北面而再拜曰：中山之舉也，非臣之力，君之功也。（漢、劉向：《說苑》、卷六，復恩。又見：《戰國策》、秦策）

五　溫公收酒仍還酒

收了別人的禮物，會欠下一份人情，非潔身之道也。最好的方法，是不受。

北宋時代的司馬光（一〇一九—一〇八六），字君實，陝州夏縣（今山西省夏縣）涑水鄉人，因稱涑水先生。贈溫國公，故又稱司馬溫公。《資治通鑑》便是他寫的（參閱第八十三篇），他自道「畢生精力，盡瘁於此」。這部《通鑑》距今已近一千年了，仍舊是治國參考的寶典。此書完成後，有人發現原稿堆滿兩屋，其中「訖無一字草書」，昔賢用功之深，誠令我輩惶汗。

司馬光在熙寧、元豐年間（一〇六八—一〇八五，都是宋神宗的年號），任西京御史臺（北宋稱洛陽爲西京），官位很高。由於政務需要，經常在陝西到洛陽、開封（北宋首都叫汴京，即今開封）之間往還。跟從他的隨行人員，不過兩三人而已。他騎在驢背上，往來於道路中，別人都不知道這就是司馬溫公。經過州縣時，也避免讓當地官府知道。

有一次，司馬光從洛陽去陝西。當時陝西有位太守劉航，字仲通（是劉元城的父親），得知司馬光要經過此地，特別派人前去迎接。哪知司馬光已從城外繞行，走過天陽津了。劉航急忙差人追上，並送呈四罈美酒。

司馬光不肯收受。送酒的官員懇求道：「如果你溫公不受此酒，我回去會受到很重的責罰。」司馬光不得已，也只勉強收下兩罈。

溫公繼續前行，過了三十里，到了張店鎮，這是商湯時代賢相傳說（商朝高宗求賢，得傳說，任爲相，國內大治。這比摩西還早）當初的隱居之地（在今山西省平陸縣），因此又叫傳巖。司馬光留下這兩罈美酒，託張店鎮的官署代他還給太守劉航。既免讓送酒的中間人爲難，也終於維持了不受禮物的風格。

【譯後語】送禮可分兩種，一是人情之禮，一是賄賂之禮。賄賂之禮，本書第三篇已予略論，今只談人情之禮。由於關係有親疏，交情有深淺，故禮物也有厚薄之分。而禮物品種的選擇，價位的高低，已成專門學問，不嫻熟此道者，還眞難以決擇。珍貴如鑽戒，豪華如遊艇，都是禮品，這可就煞費思量了。《論語、陽貨》孔子說：「禮云禮云，玉帛云乎哉？」這是說：禮嗎、禮嗎？純然只用錢財來表示就叫禮嗎？《荀子·大略》也說：「幣厚則傷德，財侈則殄禮。禮云禮云，玉帛云乎哉？」注解說：多貨則傷於德，幣厚則將沒禮。這是說：玉帛者、禮之末也。倘若如此，所謂人際關係的濃淡，原來卻建立在禮物價值的貴賤上，把人情物質化了，這就成了「一切向錢看」。有錢的固然毫不在乎，沒錢的卻要打腫臉充胖子。紅白帖子一到，不能躲，不能欠，眞是人情大似債。至於收受的一方，前人倒提示了原則，《孟子離婁》說：「可以取，可以不取，取、傷廉。」禮物在可受與可不受之間時，寧可「不取」「不受」，以保持清白。申言之，這種謹守分寸，只是做人的基本條件而已，並非大美。但求之於現代，漸已少見。流行的風氣是希望別人送我大禮，多多益善，品格便低下了。

【原文】溫公、熙寧元豐間，嘗往來於陝洛之間，從者纔二三人。跨驢道上，人不知其爲溫公也。每過州縣，不使人知。一日，自洛趨陝，時陝守劉仲通，知公之來，使人迓之，公已從城外過天陽津矣。劉急遣使者以美酒四樽遺之，公不受。來使云：若不受，必重得罪。公不得已，受兩樽。行三十里，至張店鎮，乃古傅巖故地，於鎮官處借人復還之。（宋、馬永卿：《嬾眞子》、卷二）

六　魯相嗜魚不受魚

我的官位已不小，有人送我金元寶。非份之物不能收，貪財受賄可不好。我的俸祿也不少，自己有錢買元寶，若我丟官下了台，誰還再送我元寶。這只是勸世歌，但兩千四百年前，便有類似的實例。

魯國有位公儀休（《孟子，告子下》：魯穆公時，公儀子爲政。就是指公儀休）。做了魯穆公（名顯。《孟子、公孫丑下》：魯穆公無人乎子思之側）的宰相，是個端人。

有位賓客，送來一尾大魚給公儀休，但他堅決辭謝，不肯接受。

客人道：「我因爲知道你喜歡吃魚，才送你魚，爲何不受呢？」

公儀休說：「因爲我喜歡吃魚，所以不敢接受贈送的魚。今天我是宰相，自己有錢買魚。倘若爲了接受不該要的魚，而致宰相免職了，誰還會再送我魚呢？因此還是不收不受爲好。」

公儀休嚐到家裡種的菜很味美，就把後園裡的菜拔掉不種了。他看到家裡織的布很漂亮，就把織布機燒掉不織了。爲甚麼呢？他說：「我是宰相，有豐厚的俸祿，家裡還種菜來吃，織布爲衣，若家家如此，教那些種菜織布爲生的，到哪裡去賣掉他們的產品呢？」

【譯後語】收受不當的禮物，該不該呢？請看「另文二」解釋得最好。理由是：既然受了，就有虧欠對方的念頭，會歪曲法律，給人好處。一旦東窗事發，你這個官位便保不住了。官位既然沒有了，你想再收禮物，誰還會送呢？一尾魚所值幾何？但要知道：收受禮物，不是薄不薄，而是該不該。《孟子、萬章上》說：「非其義也，非其道也，一介不以取諸人」。《離婁下》說：「可以取，可以無取，取、傷廉」。在辭受取予之間，嚴謹地把握住該受或不該受的分寸，是邁向廉潔政治的起碼條件。

【原文】公儀休，爲魯相。客有遺相魚者，相不受。客曰：聞君嗜魚，遺君魚，何故不受也？相曰：以嗜魚，故不受也。今爲相，能自給魚。今受魚而免，誰復給我魚者？吾故不受也。食茹而美，拔其園葵而棄之。見其家織布好，燔其機。云：欲令農士工女安所讎其貨乎（《史記》、循吏列傳第五十九）

【另文一】昔者、有餽魚於鄭相者，鄭相不受。或謂鄭相曰：子嗜魚，何故不受？對曰：吾以嗜魚，故不受魚。受魚失祿，無以食魚。不受得祿，終身食魚。（漢、劉向：《新序》、卷七、節士第七）

【另文二】公孫儀相魯而嗜魚，一國爭買魚獻之，公孫儀不受。其弟諫曰：夫子嗜魚而不受者，何也？對曰：夫惟嗜魚，故不受也。夫既受魚，必有下人之色，將枉於法。枉於法，則免於相。免於相，雖嗜魚其誰給之？無受魚而不免於相，雖不受，能長自給魚。（明、馮夢龍：《增廣智囊補》、卷上、上智）

七　結盟安邦虞卿說趙魏二君都有錯

國際間由於厲害衝突，分分合合，古今中外皆然。弱國想互結聯盟，強國想各個擊破，外交上的折衝捭闔，以戰國時代爲最頻繁。

由於戰國時代（西元前四七五—前二二一），七雄紛爭，合縱連橫之說，極爲流行。那時強大的秦國，偏於西方，而齊楚燕趙韓魏六國，都在東邊。合縱是東方六國作「縱」向的結盟，聯「合」成一體，以抗拒秦國。連橫是東方各國，個別的和秦國作「橫」向的「連」繫，以與秦國修好。

魏王派人來到趙國，請趙國的平原君（公元前?—前二五一）去說服趙王，同意魏趙兩國，共簽合縱條約抗秦。

那平原君名趙勝，乃是趙武靈王之子，封於平原，故號平原君，做過趙國宰相，府中有賓客三千人，說話很有影響力（毛遂自薦，就是他門下的故事）。

可是這一回，平原君和趙王討論了三次，趙王都沒有同意。最後平原君辭出時，在王宮外遇到虞卿（是趙國的上卿）。平原君請託虞卿說：「你今入見趙王，務必促成合縱之約。」

虞卿見了趙王。趙王問他說：「魏王請平原君來勸我，希望我與魏國締結合縱之約，談了三次，我都没有答應。你看怎麼樣？」

虞卿答道：「魏王錯了。」

趙王說：「是呀！所以我没有聽信他。」

虞卿答道：「大王你也錯了。」

趙王說：「這就奇了。魏王請求合縱，你說『魏王錯了。』我没有答應，你又說『我也錯了。』是不是這合縱之約，根本上就不可行嗎？」

虞卿道：「大凡國與國之間，總會有強弱之分的。而一切外交的後果，有利益時，多由強國享受；有損害時，每讓弱國承擔。今天魏王請求合縱抗秦，而大王你没有答應，這是魏王尋求禍害而大王你卻推掉利益，所以我說『魏王錯了，大王你也錯了。』如要問我的淺見，我認爲該贊同合縱才是。」

趙王說：「你的理由不錯，也說得很明白，就依你的高見吧。」便答允魏王簽訂合縱之約了。

【譯後語】國際間互爭生存，必須審時度勢，沒有永遠的朋友，更無永遠的敵人。戰國時代的合縱連橫，固無論矣；現代的鈎心鬥角，也是險象多端。有人說：「弱國無外交。」因爲國際間的優勢，都被大國壟斷瓜分了，以致小國幾乎沒有發揮的餘地。但困境必須突破，權利不能喪失，國格更不能玷辱。有爲者、須在「無外交」的隙縫中開創出新天地。內修仁政作本錢，外抗強權伸公義，受屈不撓，有理不讓，這才是謀國之道。

【原文】魏使人因平原君請縱於趙，三言之，趙王不聽。出、遇虞卿。曰：爲入，必語縱。虞卿入，王曰：今者平原君爲魏請縱，寡人不聽，其於子何如？虞卿曰：魏過矣。王曰：然、故寡人不聽。虞卿曰：王亦過矣。王曰：魏請縱，卿曰魏過。寡人未之許，又曰寡人過。然則縱終不可乎？曰：凡強弱之舉事，強者受其利，弱者受其害。今魏求縱而王不聽，是魏求害而王辭利也。臣故曰魏過王亦過。竊以爲縱便。王曰：善。乃合魏爲縱。（虞卿：《虞氏春秋》。又見：劉向《新序》、卷九、善謀第九）

八　留屍求償鄧析使買賣雙方兩不輸

律師是保護受害人利益的。但壞律師卻只顧收禮，讓案情膠著，使當事人受損而無可奈何。有人說：如果殺人者願償命，欠償者都願還錢，律師就失業了。春秋時代的鄧析，可能是我國第一位有名的律師（距今兩千五百年了），但卻是個壞律師。

春秋時代的鄭國（在今河南省），境內有一條洧水，發源於登封縣，水量很大，雨季漲水時，水流也很急。

鄭國有位富人，不小心在洧水中溺死了。有人撈起了富人的屍體。富人的家屬欲把屍體領回家去安葬，但這撈起屍體的人要求很多金錢作酬勞。雙方沒有談成，僵持不下。富人的家屬就備辦了厚禮，向鄧析求教，請他出個主意。

這位鄧析（前五四五—前五〇一，鄭國大夫，左傳定公九年有記），專治「名家」之言（最有名的如公孫龍的白馬非馬論）。他一直和鄭國國相子產（元前？—前四九六，名公孫僑，又稱東里子產，當政四十餘年。孔子也說：東里子產潤色之）作對。而且包攬訴訟，打官司時，歪主意很多。

鄧析聽了這番投訴，收了禮，對富人的家屬說：「不要急嘛，你安心等著好了。你想想看：這具屍體，既是你家的，如今雖在他手上，他一定沒法把死屍賣給別人呀。」

那個保存屍體的人，眼見價錢沒有談成，而富人家屬又久無動作，擔心不能善後，著急了，也帶著禮物，去找鄧析，請他出個主意。

鄧析收下禮，也同樣告訴這人說：「不要緊嘛，你安心等著好了。你想想看：這具屍體，既是他家的，如今卻在你手上，他必定不可能到別處買得到的呀！」

【譯後語】鄧析這種人，很會說歪理，別人還沒法駁倒。《荀子．非十二子篇》中說：「假今之世，飾邪說，文姦言，以梟亂天下，矞宇嵬瑣，而好治怪說，玩琦辭，其持之有故，言之成理，足以欺惑愚衆，是鄧析也。」漢代劉向也批評鄧析，說他「操兩可之說，設無窮之辭。」這種人如果多了，混淆黑白，會使國家社會，永無寧日。例如此篇鄧析，讓兩造都有理由堅持，但事情始終沒有解決。

【原文】洧水甚大，鄭之富人有溺者。人得其尸，富人請贖之。其人求金甚多，以告鄧析。鄧析曰：安之，人必莫之賣矣。得死者患之，以告鄧析。鄧析又答之曰：安之，此必無所更買矣。（呂不韋：《呂氏春秋》、離謂）

【另文】子產治鄭，鄧析務難之。與民有獄者約：大獄一衣（大官司以長衣一件爲代價），小獄襦袴（小官司用短襖一件作酬勞）。民之獻衣襦袴而學訟者，不可勝數。以非爲是，以是爲非，是非無度，而可與不可因變。所欲勝、因勝。所欲罪、因罪。鄭國大亂，民口讙譁。子產患之，殺鄧析。（《呂氏春秋》、離謂）

九　回葱店賣葱心安便樂

我國有句俗語說：「一人得道，雞犬皆升。」呂僧珍卻沒有這樣做，値得敬佩。

南北朝時代，南方的梁朝，由蕭衍（字叔達）開國，仍都建業（即今南京），是爲梁武帝，又號高祖（五〇二—五四九在位。這叫南朝的蕭梁，以別於唐末五代的朱梁）。他布衣粗食，選賢任能，國內稱治。

那時有位呂僧珍（字元瑜，諡忠敏），從寒賤起家，跟隨梁武帝征伐，封爲左衛將軍，加官爲散騎常侍（常侍是出入宮中的親顯官職）。一直受到梁武帝的信賴，甚至在皇帝臥房也進出無礙。

呂僧珍離開故鄉已經很久了。梁武帝爲使他榮耀回歸本鄉，便任他爲南兗州刺史（兗音演。兗州代有變革，約今魯南蘇北地區），返回故里去就職。

他在刺史任內，奉公守法，御下寬和，以平實作風，推行政務。因是在本鄉本邑，不免和眾多的族戚相接觸，但絕不徇私。

他的叔父和長兄的兒子，原本是經營賣葱的行業，見呂僧珍貴爲刺史，乃本州的首長，便放棄葱店，要來謀個州政府的官職來做。

呂僧珍愷切地說：「我受了國家的厚恩，常恐沒有竭盡全力，以報答政府的栽培。州府用人，要選專才，要能適任。州官的水準很高，你們的才華見識不夠，哪有可能特意降格爲你們安插職位？你們原有行業，也幹得不錯，只要謹守本分，心安自有快樂，不必妄想做官。還是趕快回到原店裡去賣葱吧！」

呂的舊有住宅，在市區北邊，前面被一棟督郵署（州裡考查功績的官署）擋住了，進出都不方便。同鄉們都勸他把督郵署遷走，以便舊宅擴建。

呂僧珍怒道：「督署是國家的官衙，從開始立署起，就建在此地。憑甚麼可以把它遷走來擴建我自己的房子呢？」

【譯後語】爲政選拔英才，不能說是對某人施惠。任官是替國家服務，不必說要向某人報恩。官位是國家的名器，不可私授，也不可憑關係攀求。至於求才的方法，現今都以考試制度定取捨。但考試只能測驗專長，測不出品德節操，這個大漏洞如何彌補，值得三思。再看，國父胞兄孫德彰（孫眉、一八五四—一九一五）在檀香山經商致富，對革命資助甚多，有功於國。民國肇建後，有人建議宜任爲廣東省長（孫爲廣東中山縣人），亦含榮耀還鄉之意。國父說：「胞兄只長於經商，不適宜於從政。」不允。與呂僧珍要家人速返葱肆之語，同屬佳話。

【原文】呂僧珍，起自寒賤。隨高祖征戰，爲左衛將軍，加散騎常侍。僧珍去家久，高祖欲榮之，使回本州，乃授南兗州刺史。僧珍在任，平心率下，不私親戚。從父兄子先以販葱爲業，僧珍既至，乃棄業欲求州官。僧珍曰：吾荷國重恩，無以報效。汝等自有常分，豈可妄求叨越？但當速返葱肆耳。僧珍舊宅在市北，前有督郵廨，鄉人咸勸徙廨以益其宅。僧珍怒曰：督郵、官廨也，置之以來，便在此地，豈可徙之益吾私宅？（《梁書》、卷十一、列傳第五）

【另文】明代王翺，字九臯，明成祖時進士。明代宗時，官銓部（負責考選官吏），論薦不使人知，曰：吏部豈快恩怨地耶？孫以蔭入太學，不使應舉（不許孫兒參加考試），曰：勿妨寒士路。婿賈傑官近畿，翺夫人數迎女，傑恚曰：若翁典銓（你爹管升官調職），移我官京師，反手爾（將我調到首都任職，易於反掌），何往來不憚煩也。夫人聞之，乘間請翺，翺怒，傑卒不得調（一直不因私情調職）。謚忠肅。（張廷玉：《明史》、卷一百七十七、列傳第六十五）

十　去賭場豪賭錢多常贏

高明的賭術，要做到知彼知己，才能獲勝。隨時探測對方究竟是虛張聲勢，或是眞有實力，這是知彼。自己則有時要忍氣暫守，等候轉機。有時要大膽進攻，趁勢求勝，這是知己。這些方略，運用在文事武功上，原理原則都是相通的。

唐末的梁唐晉漢周五朝，稱爲殘唐五代。其中後周（爲有別於夏商周的周朝，故稱後周）的建國者叫郭威（九〇四—九四五）。他在未稱帝之前，在後漢（劉知遠所建，以別於劉邦建立的漢朝，因稱後漢）朝中，官任樞密使。奉派領兵去討伐李守貞（原任河中節度使，反叛後漢）。

這時候，馮道（八八二—九五四，歷仕四朝爲相）已辭去了宰相，住在河陽（在河南省）養老。郭威這次出兵，經過馮道的郡邑，便去拜訪這前輩老臣，並請教用兵之策。

馮道開口就問他：「你懂得賭錢嗎？」

郭威年輕時，很賤，要過無賴，也精賭博，那段經歷，很不光彩。他以爲馮道有意挖自己的瘡疤，一時怒形於色，想要發作。

馮道解釋說：「你不必生氣，且聽我說。大凡賭博的人都知道：錢多的就常贏，錢少就常輸。不是他的技術差，其所以輸多贏少，乃是氣勢不如人的緣故。今天你統合衆多將士之力，去攻打一座單城，只要比一比兩方士卒的多少，勝敗就可知道了。賭錢如此，用兵也是如此，這不是簡單得很嗎？」

郭威本精賭術，一聽之下，猛然大悟。他徵發了五個縣城的兵力，建立了三個兵寨，互相呼應。團團包圍了敵城，打的是消耗戰。而郭威的賭本雄厚，每次李守貞出兵交戰，總有三四成的死傷。經過一年多，城裡的士兵所剩無幾，而糧食也沒有了，賭本耗光，郭威輕易把城攻克了。

【譯後語】這位退休宰相馮道先生，想必也是個精明的賭徒，而且確有心得。郭威向他請教用兵，何話不好講，卻談起賭經來了。兩人都懂賭術，一說就通。原來錢是壯膽的。賭資豐足，便不會分心掛念賭本夠不夠的問題。即使小輸，不傷元氣，乃可全神專注。該拼的時候，氣勢如虹，一次大贏，可抵多次小輸還有餘，後勁十足。若是賭本太少，便畏首畏尾，只恐輸兩次賭本光了，沒得玩了。心虛氣弱，便不敢放手一搏，該贏錢時不敢贏，便只有吃敗仗了。郭威鬥李守貞，便是消耗他的賭本也。賭經可用於軍事戰，當然也可用於工業戰，以及用於同行競爭、企業購併的商業戰。這套理論，說穿了原屬尋常，只看你如何運用罷了。

【原文】後周太祖郭威，後漢時爲樞密使，率兵擊李守貞。是時，馮道罷相居河陽。威出兵，過道家，問策。道曰：君知博乎？威少無賴，好蒲博，以爲道譏之，艴然而怒。道曰：凡博者，錢多則多勝，錢少則多敗。非其不善博，所以敗者，勢也。今合諸將之兵以攻一城，較其多少，勝敗可知。威大悟，乃發五縣兵丁，以連三柵。守貞出兵，常失十三四。如此逾年，守貞城中兵無幾，而食又盡，威攻而破之。（《新五代史》、卷五十二、雜卷第四十）

【另文】宋、章得象，好學。楊億（工部侍郎）薦之。得象嘗與億戲博（賭錢）於李宗諤（諫議大夫）家，一夕負錢（一個晚上輸了）三十萬，而酣寢自如（熟睡，不在乎）。他日、博勝，得宗諤金一奩（贏了一箱錢）。數日博又負（幾日後又賭輸了），即反奩與宗諤（把原箱還賭債），封識未嘗發也（封條鎖扣都還沒有動過），其度量宏廓如此。（《宋史》、列傳、章得象傳）

十一　楚襄王三計抗齊

對付豺狼，可設陷阱，可用火攻，可射毒箭，若能多法齊用，當更能保證有效。抗拒強國的藉機勒索，也要採用多種方式來化解，以策萬全。

戰國時代，楚襄王做太子時，被當作人質，留置在齊國。後來，他父親楚懷王死了，太子極想回楚國繼承王位。齊閔王趁機爲難他，提出要求說：「你要割讓楚國東邊五百里土地給我齊國，才放你回去。」

楚太子不知如何是好，回來請教慎子（名慎到，是位法家）。慎子說：「只要能夠回國，任何代價都行，答應他好了。」

太子回到楚國，即位爲楚襄王。齊國接著派來使臣專程索取承諾割讓的土地。

楚襄王問慎子說：「我該怎麼辦呢？」

慎子答道：「你明天上朝，要朝臣每人都出個主意，再來決定好了。」

第二天早朝，楚襄王徵詢群臣的意見。

子良說：「既然答應了，不能不給。但給他之後，我們還可以派兵奪回它。給他是我們守信任，攻他是我們有武力。」

昭常說：「土地是先王傳下來的，豈可輕易割讓，我願意去守護。」

景鯉說：「國土當然不能平白給人。但獨力固守，恐怕很難，我願前往秦國，求請援軍助戰。」

退朝後，楚襄王把這三種不同的意見告訴慎子。問道：「誰的計策可用？」

慎子回說：「統統都用好了。」

楚襄王很不滿意，責問他道：「你這句隨便敷衍的話是甚麼意思？」

慎子回答說：「大王不要生氣，請聽我的解釋：這三位大臣都是對的。子良主張割地，你明天就派他到齊國去獻地。昭常主張死守，你過一天，就派他去守護國土。景鯉主張求援，你再過一天，就派他往秦國請兵，這樣不是三個計策都用上了嗎？」

楚襄王道：「你這番說明，的確很不錯，我就照著做便是了。」

子良派往齊國，獻上土地圖籍。齊王很高興，帶領兵卒，前去接收土地，卻發現昭常駐紮了重兵在守護。昭常說：「我奉命鎮守這塊東方國土，誰要來強行侵奪，我唯有誓死抵抗。」

齊閔王反問子良：「你來向我獻地，如今昭常卻要死守，這是怎麼一回事？」

子良說：「我是楚王親口交代，派我前來獻地的。我起程之前，沒聽說還有其他的決定。這昭常想必是假冒皇命來攔阻的，你攻打他就得了。」

齊閔王準備對昭常發動攻擊。哪知景鯉此際已向秦國請來了五十萬大軍，兵臨齊國的西邊國境。檄傳指責齊閔王說：「你刁難楚太子不讓他回國，是不仁。又想奪取五百里土地，是不義。對這種不仁不義的行爲，我秦軍願以正義之師，向你討回公道。」

齊閔王耽心腹背受敵，就息鼓收兵回去了。

【譯後語】此事甚妙：有文德—履行諾言。有武備—守土禦敵。有外援—國際制裁。三計齊施，做得漂亮。此其中，守信不難，守土則難。守信是假的，守土才是眞的。守土既難，就須尋求外援，幸賴秦國不願齊國增地五百里，故來助戰。可見做首領的，即或自己沒有主意，只要有好的智囊團，而又從善如流，弱勢中也不難爭勝。

【原文】楚襄王爲太子，質於齊。楚懷王薨，太子欲歸。齊王隘之曰：予我東地五百里，乃得歸。太子退而問愼子。對曰：獻之。太子歸，即王位。齊使來取地。楚王問愼子曰：奈何？對曰：王明日朝群臣，皆令獻計。子良曰：不可不與也。請與而復攻之。與之信，攻之武。昭常曰：不可與也。臣請守之。景鯉曰：不可與也，然不能獨守，臣請求救於秦。諸子出，王以三子計告愼子曰：誰計可用？對曰：皆用之。王拂然曰：何謂也？對曰：臣請畢其說：王遣子良獻地於齊。明日，遣昭常往守。又明日，遣景鯉索救於秦。王曰：善。子良至齊獻地，齊王發兵受地。昭常曰：我典主東地，誓以死守。齊王謂子良曰：子來獻地，今昭常守之，奈何？子良曰：臣受命於王，常矯也，請攻之。齊王興兵伐昭常，強秦以兵五十萬臨齊，責曰：夫隘楚太子弗歸不仁，又欲奪地不義，願戰。齊王恐，罷還。（《愼子》、內篇。又見：《增廣智囊補》、卷下、術智篇）

十二 孫明復百錢養母

北宋仁宗慶曆年間（一〇四一—一〇四八），賈黯（端潔介直，做過御史中丞）考中了狀元，依禮拜謝恩師杜衍。老師只問他有沒有治生之道（指謀生之法）？賈黯不懂爲何單問這樁事？恩師杜衍說：「人無生計，便不能不俯仰求人，由是進退多輕。」（見《能改齋漫錄》卷十二）可見生活費無著，大志就不得伸展了。

同時代的范仲淹（九八九—一〇五二），諡文正，因稱范文正公。當他在睢陽（在今河南省）掌理學政時，有位姓孫的秀才，借遊學之名，前來拜謁。范仲淹見他同是讀書人，生活費無著，送了他錢幣一千文。

第二年，孫秀才又來到睢陽，再度拜謁。范仲淹除了又送他十個一千文之外，便問他爲甚麼年年這樣不斷在四方遊訪，原因何在？

孫秀才神色戚然，據實答道：「實因母親年老，無錢盡孝，才出門四處想辦法。如果每天能得一百文，奉養老母就夠了。」

范仲淹說：「和你幾次談話，我看你的舉止吐屬，依規守禮，不像是個討乞的遊方俗士。這兩年來，你在外鄉風塵僕僕，又能獲得多少？可是荒廢治學，卻太多太久了。我看這樣罷：如果我推薦你入睢陽學館補一名生員，每月可領津貼三千文，足以奉養母親了，你能安下心來做學問嗎？」

孫秀才聽了大喜，趕忙謝恩接受。於是進入睢陽學館，授他《春秋》（孔子作，六經之一）。這孫生確也努力，日夜發奮，品行十分恭謹，范仲淹也很歡喜。

再到明年，范仲淹離開了睢陽，孫秀才也辭館回家（他是平陽人，屬今山東），彼此分途發展了。

歲月不居，各人景況互異，往事因時光流逝，大家漸漸淡忘了。

隔了十年，傳說山東省東嶽泰山之下，出了一位大學者孫明復先生，他最擅長的是《春秋》經義。許多學子，欽慕前往求教，名氣很大，道德很高，而且有很多著作，是位碩儒。

朝廷知道了，徵召他進京，任以官職（後來升任秘書省校書郎、國子監直講，宰相韓琦富弼都推崇他），學既有成，必然不會埋沒。

當他入朝陛見時，范仲淹一看，原來就是當年四方遊學的那位孫秀才哩。

【譯後語】人生應朝哪個方向努力？很難解答。各人內在的性向（aptitude），外在的際遇（chance），都有影響。但無論走哪條道路，其基本生活維持費要有著落，才能做自己想做而該做的事。假如每天爲吃不飽穿不暖而耽憂，便無法集中意志了。孫明復幸獲爲數不多的津貼，堪以養母，因而專心治學。范仲淹偶施一片善心，基於同情，竟然培植了一位大經師。兩人所爲，都堪稱述。

【原文】范文正在睢陽掌學。有孫秀才者上謁，文正贈錢一千。明年，孫生復來，文正贈十千。因問爲何汲汲於道路？孫生戚然曰：母老、無以養。若日得百錢，則甘旨足矣。文正曰：吾觀子辭氣，非乞客也。二年僕僕，所得幾何？而廢學多矣。吾今補子爲學職，月可得三千，以供奉養，子能安於學乎？孫生大喜。於是授以春秋。而孫生篤學，不捨晝夜，行復修謹，文正甚愛之，明年，文正去睢陽，孫亦辭歸。後十年，聞泰山下有孫明復先生，以春秋教授學者，道德高邁。朝廷召至，乃昔日孫秀才也。（朱熹：《五朝名臣言行錄》、第十卷、十之三）

十三　岳鵬舉反間用諜廢劉豫

《孫子兵法》中有「用間」篇，其中最高明的一種是「反間」。杜牧（八〇三—八五二）解釋說：「敵人有間諜，反爲我用矣。」這就可毫不費力，達成我的目的，比動刀動槍省事多了。宋史中就有岳飛用間的例子。

南宋時代，北方金國（阿骨打稱帝，國號金，姓完顏，凡一百廿年）攻下濟南，劉豫投降。金國立他爲大齊皇帝，建都於大名，幫助金國攻宋，實行以漢制漢政策。

岳飛（一一〇三—一一四一，字鵬舉）抗金，屢次都與金兀朮（金之四太子，侵宋的主帥）交鋒。岳飛知道劉豫倚靠的是金國左副元帥粘罕（即完顏宗翰），又知金兀朮厭惡劉豫，大可從中施用離間計，用機智來剷除他。

宋高宗紹興七年（一一三七），恰好岳飛部下抓到了一名金兀朮的間諜，押解到岳飛軍帳。岳飛假裝喝酒過量，醉中認錯了人，罵道：「你不是我軍中的張斌嗎？不中用的東西！前回派你到大齊國去見劉豫，相約設計誘騙謀殺金兀朮，你去了久久不回來。我只好再派人去連絡，劉豫已經應許了，約定今年冬天，用合攻長江作藉口，引誘金兀朮到清江府（今淮陰縣東境）來送死。你爲何不遵限期，如今才到？」

間諜只望免殺，正好將錯就錯，詭認是張斌，委婉說因戰亂路阻，以致歸期耽誤了。

岳飛愼重其事地再寫就一小片蠟書（用小紙細字寫信，封入蠟丸防水），說的是約同劉豫謀殺金兀朮的計畫。再命令這個間諜說：「今天暫不追究你，命你戴罪立功，再去見大齊皇帝，向劉豫問清楚舉事的確切日期，回來密報我，不得再誤。」於是割開間諜臀腿處的肌膚，塞入小蠟丸，貼上大膏藥，裝成生了瘡癤，警告他不可洩露軍機。

這位間諜回到金兀朮軍中，呈上蠟書。兀朮一看大驚，罵道：「狗賊劉豫，竟然私通岳飛，同謀設計殺我，罪該萬死，不除何待？」馬上報告金國君主金太宗，雖查無實據，但終有疑慮，便把劉豫廢爲平民了。

【譯後語】「用間篇」見《孫子兵法》第十三章：「用間有五：有因間、有內間、有反間、有死間、有生間。」岳飛便是巧用敵方間諜而行「反間」之計：「必索敵人之間來間我者（捉到金兀朮的間諜），因而利之（不殺他，假認是張斌），導而捨之（說要誘殺金兀朮，放他走）」。過程輕易，然後等著看成果。須知一次反間生效，勝於百萬雄兵。因爲攻防作戰，勞師動衆、糜費無算；而殺人一萬，自損三千，勝了也是慘勝。間諜戰則兵不血刃，就能成功。試觀岳飛，是在自己的軍帳裡，交代三言兩語，便圓滿的把大齊國君劉豫廢了，何等輕鬆容易。反間之效，大矣哉。

【原文】岳飛知劉豫結粘罕，而兀朮惡劉豫，可以間而動。會軍中得兀朮諜者，飛陽責之曰：汝非吾軍中人張斌耶？吾向遣汝至齊，約誘至四太子，汝往不復來。吾繼遣人問，齊已許我。今冬以會合寇江爲名，致四太子於清河。汝所持書竟不至，何背我耶？諜冀緩死，即詭服。乃作蠟書，言與劉豫同謀誅兀朮事，因謂諜曰：吾今貸汝，復遣至齊，問舉兵期。刲股納書，戒勿洩。諜歸，以書示兀朮。兀朮大驚，馳白其主，遂廢豫。（《宋史》、卷三百六十五、列傳第一百二十四）

【另文一】項王與范增急圍滎陽，漢王患之，乃用陳平計間項王。項王使者來，爲太牢具，舉欲進之。見使者，佯驚愕曰：吾以爲亞父使者，乃反項王使者。更持去，以惡食食項王使者。使者歸報項王，項王乃疑范增與漢有私。范增大怒，曰：願賜骸骨歸。項王許之。（《史記》、卷七、項羽本紀第七）

【另文二】燕昭王使樂毅伐齊，下齊七十餘城，唯莒及即墨未下。會燕昭王死，子立爲燕惠王。惠王爲太子時，嘗不快於樂毅。及即位，齊之田單乃縱反間於燕曰：齊之不拔者兩城耳。樂毅以伐齊爲名，實欲南面而王齊，齊人未附，故且緩攻即墨，以待時。今齊人所懼者，唯恐他將之來，即墨殘矣。燕惠王以爲然，使騎劫代樂毅，樂毅因走歸趙。（《史記》、卷八十、卷八十二）

十四　太史慈智計突圍救孔融

突圍求救，乃是單人獨騎，衝破敵人的封鎖，到遠地去求救兵。漢代距今兩千年，那時沒有無線電通訊設備，一切信息，都靠人力傳送。突圍時，如果只憑勇武去硬殺硬闖，難以確保成功，唯有智取，才是上策。

東漢末年，黃巾賊作亂（張角嘯聚數十萬人，以黃巾作標幟，叫黃巾賊）。東萊郡（在山東省）太史慈（太史是複姓）爲免黃巾之擾，乃辭別母親，往遼東郡（在遼寧省）暫避去了。

這時孔融（一五三—二〇八，是孔子後代）正做北海相（東漢時有北海國，在山東，孔融爲相，世稱孔北海）。屢次派人到太史慈家中，慰問他的母親，還不時送來銀錢糧食，關愛殷切。後來孔融奉命離開了山東，南下屯兵在都昌（屬江西省），卻被黃巾賊酋管亥包圍住了。

太史慈從遼寧回到山東家裡，母親對他說：「孔融與你，從來還未見過一面，自你離家後，他卻殷勤探望，送錢送米，照顧極爲週到，這番恩義，實在難得。如今他被黃巾賊圍困在都昌，你該前去助他才是。」

太史慈兼程南下，到了都昌，趁隙混入城中，見到孔融，共商解圍大計。但賊兵勢眾，情況惡劣。孔融有意派人向劉備（一七〇—二二三，後爲蜀漢昭烈帝）告急，求取救兵。但困守城裡的將士，都因黃巾賊人多勢眾，無法突圍。

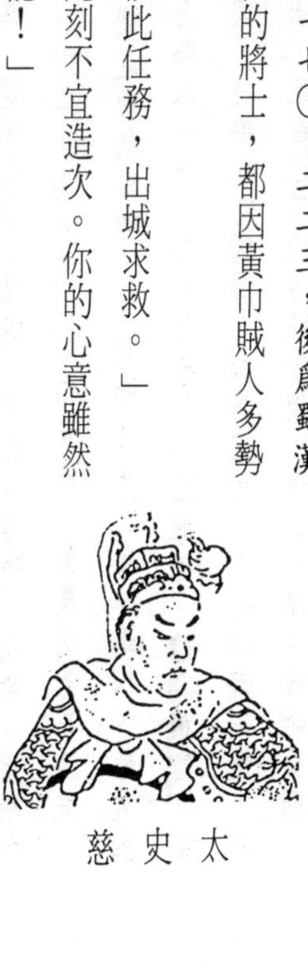

太史慈

此時太史慈自動請求說：「我願領此任務，出城求救。」

孔融道：「現今賊兵圍城甚密，此刻不宜造次。你的心意雖然雄壯，無如實際情況太險，容後再看罷！」

太史慈說道：「往日你特別照顧我的母親，家母十分感激，因此要我來這裡共赴患難。家慈的心意，認爲我多少還可以派點用處的。今天大家都認爲不可以，假若我也附和著說不可以，那豈是你愛顧我母親的摯意，又豈是家母遣我來這裡的初願呢？」

這番壯語，無可反駁，孔融也就同意了。

隔天一早，太史慈佩著弓箭，騎上馬背，帶著兩個騎馬的隨從，叫他們各人擎著一個箭靶，打開城門，不慌不忙的逕出城外。那些遠遠環城圍紮的賊寨眾兵，看到有人竟敢出城，即時警戒，武器馬匹都出動了，準備一接近就展開廝殺。但一看這邊只有孤零零的一將二兵，似乎不像是來作戰的樣子，便都暫時按住，觀看動靜。只見那太史慈策馬到城外曠地的壕塹處，命令兩位兵丁，將箭靶插入土中，太史慈來回縱馬，向標靶射了幾支箭，就命收起箭靶，返身一齊回城去了，根本不曾正眼瞧看賊兵。賊人都在遠處靜觀，見他只是練習射箭，也就不在意了。

第二天早上，太史慈又照前日之例，扛著箭靶，出城習射。賊兵看到的都和昨天的情況一樣，警戒就鬆了。有的賊兵還手執戈矛站立作戰鬥準備，有的卻坦然躺在草地上晒太陽休息，不理會太史慈。太史慈依舊練習射了幾支箭，再次收起箭靶，逕自又回城去了。

第三天一早，太史慈仍舊出城，依然裝成要射箭的模樣。賊兵一連看了兩天，覺得他不是來交戰，不必提防。由於長久圍城，不免疲怠，大家都臥在草地上養神。太史慈看準了賊兵全不注意他，就突然用鞭子痛抽馬匹，從斜刺裡向賊營寬鬆處急衝出去。戰馬奔馳快捷，等到賊衆驚覺，起身攔截時，太史慈已經突出重圍遠去了。

太史慈見到劉備，請來大軍馳救孔融，賊酋管亥聽到大部隊已經來援，硬拼於己不利，便撤圍他去了。

戰事已過，太史慈返回老家，報告母親。母親說：「我很高興，知你必會有能力以報孔北海的呀！」

【譯後語】孔融不但極有才名，爲「建安七子」陳琳、王粲、徐幹、阮瑀、應瑒和劉楨等六文士之首（東漢末建安年間詩文的代表）。而且他一生廣交天下益友。「座上客常滿，樽中酒不空」，便是他的寫照。他聞知太史慈是位正人，雖欠相知，卻禮遇其母，他的識見，自是高人一等。而太史慈也不忘報德，憑其機智，鬆懈賊人戒心，乘敵不備，疾馳突圍，這要先有膽勇，臨事沉著，然後伺機而動，以達目的。固然這種假裝射箭的方法，現在已不能仿照著做，但是欺敵誑敵的原則，卻是千古不變的，不妨記取，以作借鑑。

【原文】太史慈，東萊人，爲避禍，乃別母之遼東。北海相孔融，數遣人訊問其母，並致餉遺。後融屯都昌，爲黃巾賊管亥所圍。慈從遼東還，母謂慈曰：汝與孔北海，未嘗相見，汝行後，贍恤般勤，今爲賊所圍，汝宜赴之。慈至都昌，入見融，而圍日偪。融欲告急劉備，城中人無由得出。慈自請行，融曰：今賊圍甚密，衆人皆言不可，卿意雖壯，無乃實難乎？慈對曰：昔府君傾意於老母，老母感遇，遣慈赴急，因以慈有可取也。今衆人言不可，慈亦言不可，豈府君愛顧之義，老母遣慈之意邪？乃於翌晨，執弓上馬，將兩騎自隨，各持一的，開門直出，賊人並驚駭，兵馬互出，慈引馬至城下塹內，植所持的，射之。射畢、徑入城。明晨復如此，賊人或起或臥，慈復植的射畢，返入門。明晨復出，無復起者，乃鞭馬直突賊圍馳去，比賊覺，慈行已過。遂說備遣兵。賊聞兵至，解圍散走。事畢，還啓其母。母曰：我喜汝有以報孔北海也。（《三國志》、吳志、卷四）

十五 蕭何捐家財助軍餉

創業的君王，初期多須帶兵東征西討，遠離本窩，常會耽心後方根據地的部屬叛變，只好明示恩寵，暗中施以監視。劉邦就是一例（漢光武帝也起疑心，見下篇）。

漢高祖劉邦（公元前二四七—前一九五）的太太叫呂后，採用了蕭何（？—前一九三）的妙計，把韓信（？—前一九六）誘騙到京城裡的長樂宮殺了，蕭何立了大功。此時漢高祖正統兵在前方討伐陳豨，這個大喜信報來，便派遣特使，專程回到首都，不但晉封蕭何爲相國，還增賞他封邑五千戶，可以自行收取糧稅；又加派了武士五百人，由一位都尉統率，作爲蕭何的隨身衛隊。如此三重榮寵，賜予蕭何，大家都向他道賀。

唯有一位叫召平的客人，與眾不同，他進入蕭府，不是來賀喜，卻說是來弔唁的。所謂弔唁，乃是家有凶事，特地前來慰問。

這位召平，本是一有智的高士。秦朝封東陵侯。秦亡，他樂於做個平民，在首都長安城東種瓜。他的瓜味甜美，世稱東陵瓜。他來向蕭何致弔，乃是看出這是一場不好的預兆。

召平對蕭何說：「你的災禍，就從現在開始了呀。請你仔細想想，漢高祖在前線餐風

宿露，作戰不得抽身，何時打平天下，也不知道？他在前方冒險，而你則泰然在後方首都安居。這次你又沒有親冒弓箭戈矛的危難，只是出了個主意，就晉升了高官，加封了土地，還增配了衛隊。這是爲了甚麼呢？只因爲淮陰侯韓信剛剛叛漢被斬，高祖又一時不能回鎮首都，萬一有人也學韓信，來個窩裡反，豈不讓他腹背受敵？他此時心中正在盤算，懷疑你是不是會效忠於他呢？今天給你封官授土，只是籠絡你，隨時可以收回；至於增派衛隊，並不是愛你護你，實際上是包圍你監視你呀！」

蕭何一聽愕然，問道：「那該怎麼辦呢？」

召平說：「爲今之計，你不但不該接受加官和封邑，還應該把全部家財捐出，幫助前方軍用，表示沒有二心。如此一來，高祖才會解除疑心，而你也才會免掉危險。將來天下一統，還怕沒有你的前途嗎？」

蕭何覺得十分有理，就全照他的建議做了，在前線的漢高祖才滿懷歡喜，更加信任蕭何的忠心了。

【譯後語】東陵侯召平，端的是一位洞明事理的高人，確實與衆不同。惜乎沒有讓他在政治舞台上扮演一個有分量的角色，以致才智無從發揮，殊爲遺憾。當別人看到蕭何三喜臨門，大家都替他高興之際，唯有召平，獨具隻眼，觀察入微，預先提出警告，說得滿有道理，把漢高祖的內心猜透了，也令蕭何全盤接受了。其實，蕭何也是個聰明人，大概這時是當局者迷，以致還未曾深刻想到吧？按蕭何雖然忠於漢高祖，高祖卻屢屢不放心，這自是所有做領袖的人都會提防別人奪權篡位，乃是必然的。蕭何爲求自保，採取了三次行動，表明心態：一次是派出蕭家的子姪丁壯，全數送往前線參軍，我只獨身留此，你該安心了吧（見《後漢書》卷四十六）。又一次是自污身價，故意買田買地，又做貿易，又放高利貸，只想圖點小利，別無大志，你該安心了吧（《史記》卷五十三）。再一次就是本篇。俗話說：「伴君如伴虎」，蕭何沒有被虎咬傷，靠的是以上三次動作。我們看到一些大官，表面上威儀赫赫，骨子裡或許寢食不安，究竟學蕭何好呢（繼續做官）？還是學張良好呢（退隱逍遙）？這就有賴明智的決擇了。

【原文】呂后用蕭何計，誅韓信。上聞已誅信，使使拜蕭何爲相國，益封五千户，令卒五百人、一都尉，爲相國衛。諸君皆賀，召平獨弔。召平者、故秦東陵侯。秦破、爲布衣。貧、種瓜長安城東，瓜美，故世謂東陵瓜，從召平始也。平謂何曰：禍自此始矣。上暴露於外，而君守於內，非被矢石之難，而益封君置衛者，以今者淮陰新反，有疑君心。夫置衛衛君，非以寵君也。願君讓封勿受，悉以家財佐軍，則上心悅。何從其計，高帝乃大喜。（《史記》、卷五十三、世家第二十三。又見：《經世奇謀》、卷一、備患類）

十六　寇恂遣甥姪任前鋒

作個部屬，要使長官信任你，才好做事，這是基本要著。

東漢寇恂，字子翼，上谷郡人氏（秦漢時有上谷郡，跨冀察兩省，後廢）。後因功封雍奴侯。

光武帝劉秀（公元前七—公元五七）打天下，平定了河內（郡名，轄今河南省黃河以北地區）。那時劉玄（公元前？—後二五）也起兵稱帝，改元更始，盤據在洛陽（河南省黃河之南）。兩雄相距不遠，因此光武帝極想找一位能幹的人擔任河內太守，但難覓合意人選。

光武帝問鄧禹（公元二—五八、先爲前將軍，後任大司徒），有無適當的人才。鄧禹說：「有位寇恂，文武兼能，非他不可。」於是任命他爲太守。

河內既已得人，没有後顧之憂了，光武帝便領兵北征燕代（燕是河北省的簡稱，代郡跨晉察之間）。寇恂在河內，極力籌辦後勤補給。他下令砍取好竹，製成弩箭百多萬枝；開辦牧場，養成駿馬兩千多匹；又收得糧租百萬餘斛，都運往前線，支援作戰。

那時光武帝在前方，最急切需要的是軍糧，寇恂派用大車，由兩馬併拖，緊急輸送，前後不絕，使光武帝能夠全心作戰。

光武帝雖在北方打仗，但屢屢差人帶著信函來慰勞寇恂（元前？—後三六）。寇恂認爲這是自己職責之所當爲，實在用不著頻頻問候。

他的同學董崇提醒他說：「光武新登帝位，天下還未平定，必須在外征伐，卻又掛念老窩。而你今在後方，官任太守。河內又是大郡，地居衝要，糧食豐盈，戶口殷實。你內得民心，外破蘇茂；聲威震懾四方，功名聞於遠近，這豈不正是小人們眼紅進讒嫁禍的時候了嗎？」

接著他又說：「前朝（指西漢）蕭何留守關中，漢高祖領兵在外作戰，和今天你的情況相似。漢高祖耽心蕭何會生變，蕭何依了鮑生的話，將身邊的弟兄子姪，全都派赴前線參戰，高祖才大喜。你今天所管轄的部隊，那些統兵官都是你寇家宗族的弟兄，這就是別人攻擊你的藉口，難道不把蕭何的先例作爲鑑戒嗎？」

寇恂一聽，深覺有理。當光武帝要進兵洛陽時，寇恂便自動請求隨軍出征。光武說：「河內太重要了，你還不能離開。」寇恂便派大姪兒寇張（兄之子）外甥谷崇（姊之子）帶領精銳騎兵去參戰，而且擔任前鋒，光武帝十分誇讚。

【譯後語】跟隨雄圖大略的英傑之主，很難善處。你如鋒芒太露，將會遭忌，你如出力太過，又會生疑。蓋由於臥榻之旁，不容他人鼾睡也。別人在背後講我的壞話，防不勝防，例之一是魏王疑龐蒽（即三人成虎的故事）。例之二是秦王與甘茂（即曾參殺人的故事）。例之三是趙王疑廉頗（即三遺屎的故事）。例之四是魏文侯與樂羊（即謗書一篋的故事）。至於怎樣化解猜忌呢？例之一是王翦對秦始皇（即多請田宅的故事）。例之二是蕭何對漢高祖（即捐財助餉的故事）。例之三是陳軫對秦惠王（即離秦去楚的故事）。例之四即本篇。你如遇到一位精幹的大老板，也可參考這些惹禍與避禍的史實。既要貼力盡忠，又須免除疑慮，就當運用高度智慧，化凶爲吉，才可履險如夷。

【原文】寇恂、字子翼。光武定河內，而更始據洛陽，光武難其守。問於鄧禹。禹曰：寇恂文武備足，非此子莫可。乃拜恂河內太守。光武北伐燕代，恂伐竹爲矢百餘萬，養馬二千四，收租百萬斛，轉以給軍。時光武軍食急乏，恂以輦車驪馬轉輸，前後不絕。帝數策書勞問。恂同門生董崇說恂曰：上新即位，四方未定。而君據大郡，內得人心，外破蘇茂，威震鄰敵，功名發聞，此讒人側目怨禍之時也。昔蕭何守關中，悟鮑生之言，而高祖悅。今君所將，皆宗族昆弟也，無乃當以前人爲鏡戒乎？恂然其言。帝將攻洛陽，恂求從軍。帝曰：河內未可離也。乃遣兄子寇張、姊子谷崇，將突騎，願爲軍鋒，帝善之。（《後漢書》、卷四十六，列傳第六）

十七　吉凶乃由人隋文帝葬獨孤后

風水師說：只要葬對了龍穴，子孫就會做皇帝。此話可信嗎？隋文帝另有主見。

隋文帝名楊堅（五四一—六〇四），是隋代開國之君。皇后獨孤氏死了（獨孤信的第七女），朝臣中有位儀同三司（官名，謂同三公之儀制也）蕭吉（字文休，精陰陽之術）忙著去選覓墓地，好讓皇后安葬。

蕭吉找到了一處好地，又卜了卦，卦象大吉。蕭吉啟奏說：「這塊地乃是上上吉穴，根據卜筮顯示：『推算年數，將可享國兩千年（謂隋朝延續的總年數）；推算世代，將可傳承兩百世（父傳子爲一世，謂可傳兩百代）。』風水是最好的了。」

隋文帝道：「吉凶是由人的作爲來決定的，不是靠葬地的風水來保佑的。你看到北齊的例子嗎？那北齊的末帝高緯（即北齊後主，人稱無愁天子），他葬父王，難道沒有挑選『藏風聚氣』的『眞穴』，卜卦不也很吉嗎？但不多久就亡國了（北齊滅於北周）。你看到我家的例子嗎？正如我家父祖的墓地一樣，也是選了又選的。如果說不吉吧，那我就不該作皇帝。如果說吉吧，那我的弟弟就不該戰死嘛！」

【譯後語】葬有多種：有火葬、土葬、水葬、天葬、懸棺葬等等。如果土葬選到吉地，子孫便會發達的話，那其他各種方式，豈不吃了大虧？再者、如果卜地果眞靈驗，那風水大師的後代，人人都該是帝王將相了。如若對自己也擇地不靈，又何能替別人找到吉穴？深究之，葬地的風水，爲甚麼可以澤及後代的活人？似無必然關係吧！隋文帝說「吉凶由人，不在卜地」的話，倒眞是一語破迷的了。

【原文】隋文帝后獨孤氏崩，儀同三司蕭吉爲亡后擇葬，得吉處云：卜年二千，卜世二百。帝曰：吉凶由人，不在於地。高緯葬父，豈不卜乎？俄而亡國。正如我家墓田，若云不吉，朕不當爲天子；若云不凶，我弟不當戰歿。（《資治通鑑》、卷一百七十九、隋紀三）

【另文】郭樸見顏含，欲爲之筮（占卜命運吉凶）。顏含曰：年在天（年壽由皇天決定），位在人（官位由自己修致）。修己而天不與者，命也。守道而人不知者，性也。自有性命，無勞蓍龜（蓍草和龜殼，都是卜筮用具）。（《古今圖書集成》、卷五百六十三、卜筮部、顏含傳）

十八　禍福何須卜張公謹諫唐太宗

猶疑的人，去卜卦。那神靈顯示的，正確嗎？似乎不見得。以故洞曉事理的人，不會問卜：剛毅果決的人，也不屑問卜。

唐代張公謹，字弘愼。處事精明，饒有識見。當時李勣（後封英國公）與尉遲敬德（後封鄂國公）多次向那時尙是秦王的李世民（後爲唐太宗）保薦，李世民引進他在秦王府中任官，對他很信賴。

唐太宗

李世民有兩位兄弟，長兄李建成，立爲太子，謚隱，荒色嗜酒。幼弟李元吉，追封爲巢王，猜鷙驕侈。他兩人因妒忌李世民英明且屢立大功，兄弟勾結起來，企圖謀殺李世民，將來繼承帝位便沒有阻礙了。

尉遲敬德勸李世民採取主動，施以突擊，先行剷除這兩人。李世民擇期要行動了，有人找來卜者占卦，事先求問凶吉。

張公謹一早出去辦事，這時從府外回來，看到了這樁事，他即刻把龜甲（卜卦的用具）搶了過來丟了，說道：「卜卦是猶豫時求神靈告知禍福，疑惑時由卦象指示迷津的。今天這次出擊，事有必要，勢在必行，不能猶豫，沒有疑惑，幹嘛還要問卜？假如卜卦不吉，難道就歇手不幹了嗎？」

李世民也覺有理，接著道：「公謹的話很對，不用卜卦了。」果然在長安首都大明宮北的玄武門一舉殺了建成元吉二人，歷史上稱之爲「玄武門之變」。

張公謹因決斷有功，封爲定遠公。卒年四十九，死時唐太宗還哭了一場。

【譯後語】吉凶由己不由人。明末陸紹珩《醉古堂劍掃》卷五「素部」云：「行合道義，不卜自吉。行悖道義，總卜亦凶。人當自卜，不必問卜。」太凡一個人心無定見時，就只好卜卦求神，請菩薩指點。問題是：自己缺乏決斷力，不去請教識廣驗豐的高人，求得正確的解答，卻相信龜甲的胡亂顯示，靠得住嗎？《論語・子罕》孔子說：「智者不惑（有高智的人對事理不懷疑），仁者不憂（有善心的人對信念不憂慮），勇者不懼（有勇氣的人對作爲不害怕）。」命運操在自己手裡，何必去擲杯筊呢？求神的人這麼多，神靈對我有多少了解？他怎會全部知道我的困難？能幫我出個正確的主意嗎？龜殼也、杯筊也，只是骨甲竹木呆物，會有靈性嗎？憑甚麼就此一擲便可決斷我的一生？仔細一想，此中疑點似乎太多了吧！

【原文】張公謹，字弘慎。李勣與尉遲敬德數啓秦王，乃引入府。王將討隱巢亂，使卜人占之。公謹自外至，投龜於地曰：凡卜以定猶豫，決嫌疑。今事無疑，何卜之爲？卜而不吉，其可已乎？王曰：善。以封定遠公。卒年四十九。帝哭之。（《新唐書》、卷八十九。列傳第十四）

十九　孔子教學生一進一退

孔子（公元前五五一—前四七九。唐玄宗謚曰文宣王，唐眞宗加謚至聖，元武宗加謚大成，明嘉靖尊稱至聖先師孔子）門下有弟子三千，育成賢人七十二。他的學生中，子貢富資財，顏回是貧士，子張欠實在，高柴性愚魯（論語·先進）。但凡是來求學的，不論智愚賢劣，孔子一概不拒，這就是「有教無類」。

有一天學生子路（前五四二—前四八〇，姓仲名由，是孝子）請問孔子說：「當我聽到一句應該去實踐的格言，就該馬上照著去做嗎？」

孔子回答說：「怎麼可以這樣魯莽呢？雖然那句格言是很對的，聽到後本該就去實踐，但由於父親和長兄都在，應當先去請示他們的意見，得到應允才可以去實行，哪能不經稟告就逕自去做呢？這不可以！」

事有湊巧，沒過一會兒，學生冉有（前五二二—前四八九，名求，字子有，又稱有子）對這同一問題也產生了疑惑，也來問孔子道：「當我聽到一句應該去實踐的格言，就該馬上照著去做嗎？」

孔子回答說：「應該呀！既然那句格言是很對的，還猶豫甚麼呢？就當即刻身體力行去實踐，這才對呀！」

以上這兩段問答，被另一位學生公西華（前五〇九—？，公西複姓，名赤）在旁都聽到了。他不懂爲何同一問題，老師的回答竟然完全相反。因此也請教孔子說：「我聽到子路問夫子，你說有父兄在，不可以擅自率性去實踐；但是冉有問夫子，你卻說應當即刻就去實踐。我不明白爲何會有兩種完全不同的回答，請老師解釋一下好嗎？」

孔子耐心對公西華說：「你要先了解他們兩人在性格上的不相同呀！那個冉有，處事有些畏縮，不敢向前衝，毛病是失之柔弱。我必須鼓勵他積極一些，所以要他立刻去實踐。他在實踐之前，必然會先稟告父兄，這點就不用耽心了。至於那個子路，個性太剛，遇事總是一往直前，毫不顧慮周遭的其他情況，勇氣太過了，不必耽心他不去實踐，卻要耽心他行動太快，以致對父兄都來不及稟告，這是他性急的毛病，所以我要他慢一點，以免壞了大事呀！」

今天我們仍可體會一下這種教導柔弱者敢於勇進、和教導剛強者稍作謙退的個別的循循善誘之法，令學生各得其宜，這就叫「因材施教」，這就是大成至聖先師孔子的作育英才之道。

【譯後語】子路和冉有，都列名於七十二賢之中，已經是傑出學生了。在《論語》中，孔子多次稱贊子路說：「子路有聞，未之能行，唯恐有聞」（公冶長）。「子路、行行如也」（先進）。「由也、升堂矣」（先進）。「子路無宿諾」（顏淵）。他「聞過則喜」，更是難得。同樣孔子也誇譽冉有說：「千室之邑，可使爲之宰也」（公冶長）。「冉有、侃侃如也」（先進）。「方六十七十，可以足民」（先進）。「求也藝」（雍也）。孔子還同時舉出兩人共同的專長說：「政事，冉有季路」（先進）。已經將他二人列入了「十哲」之中，後來都成了大器，該是孔門中的佼佼者了。但孔子仍要針對他倆的缺點，分別作不同的指導，聖人教化之澤，眞有仰之彌高、欲罷不能之歎。

【原文】子路問：聞斯行諸？子曰：有父兄在，如之何其聞斯行之。冉有問：聞斯行諸？子曰：聞斯行之。公西華曰：由也問聞斯行諸？子曰有父兄在。求也問聞斯行諸？子曰聞斯行之。赤也惑，敢問。子曰：求也退，故進之；由也兼人，故退之。

（《論語・先進》）

【另文】南郭惠子問子貢曰：夫子之門，何其雜也？子貢曰：夫子欲來者不拒，欲去者不止。且夫良醫之門多病人，砥礪之旁多頑鈍，是以雜也。大者之旁，無所不容。

（《荀子》、法行篇。又見：《說苑》、卷十七、雜言篇）

二〇 柳卿治獄政三黜三升

柳下惠是一位令人敬佩的君子。他的故事很多，《荀子‧大略》及《輟耕錄‧不亂附妾》說他和女人相處，「坐懷不亂」。《孟子‧盡心上》說他「不以三公易其介」（介是說他的操守堅定）。《孟子‧萬章下》更說他「不羞污君，不辭小官」（國君不正不在意，官職卑小不計較），是「聖之和者」。

他本來姓展，叫展禽，又叫展獲，字季。因爲食邑於柳下，死後諡惠，所以後人稱他爲柳下惠，或稱柳下季。

他是春秋時代魯國的大夫，曾經長時期擔任「士師」之職，這是治理獄政的官。由於他正直不阿，屢遭人忌，以致受到三次免職。但又少不了他，又經三次復職：一次是爲了岑鼎的眞假，魯國國君請他將假鼎說是眞鼎，他不肯作僞證，魯君免了他的官。第二次是與臧文仲（魯國大夫臧孫辰，諡文仲。《論語‧衛靈》孔子曰：臧文仲知柳下惠之賢而不與立也）不和，爲臧所黜。第三次是和夏父弗忌（魯之宗伯，夏父是複姓）意見相左，又遭罷官。三降三升，官運可謂坎坷了。

他的好友十分不平，對他說：「你一心盡力於士師，既不與人爭權奪利，在本職上也表現得很不錯，卻免職三次之多。這個國家，政治太黑暗了，還有甚麼值得你留戀的？難道不可以辭掉這個芝麻小官，離開魯國，到別國去發展嗎？」

柳下惠認爲不必，回答說：「我若是守著『直道』做事，到哪個國家不會得罪那些既得利益的當權者？哪能不遭受三次免官呢？我若是放棄直道，以『曲道』阿諛長官，遇見風駛舵，對上司曲意奉承，只求保住官位，這在魯國就可以做到，又何必離開母國，去另尋依靠呢？」

【譯後語】有人說：「官場是個大染缸，把白的染成黑的。」有人說：「政治爾虞我詐，十分可怕。」雖未必盡然，但也似是實話。當國家政清人和，賢者在位，能者在職，都替人民造福，固然極好。只可惜權力太誘人了，沒有抓到的百計鑽營，抓到了的一輩子不肯鬆手。因爲有位就有權，有權就有勢，有勢就有利，有利就有錢，此所以「權利」二字，成了日常的口頭禪也。蘇秦抓到了六個國家的相位，得意的說：「人生在世，勢、位、富、厚，蓋可以忽乎哉？」露出了他眞正的嘴臉。可是，西哲說：「權力使人腐化。」這時不但容不了直道之士，而且到最後自己也爛了垮了。我們看歷史，治世總是短暫的，亂世多是長期的。欲進世界於大同郅治，似乎還是一條遙遠漫長的道路。

【原文】柳下惠爲士師，三黜。人曰：子未可以去乎？曰：直道而事人，焉往而不三黜？枉道而事人，何必去父母之邦？（《論語》、微子第十八）

二一　丁謂豈可居高位

小人一朝得志，難免害人。宋朝宰相寇準，最是精明幹練，卻也有看走了眼而身受小人之害的事例。

宋代李沆（九四七——一〇〇四），字太初，官任尚書右僕射（射音夜，僕射就是宰相）。宋眞宗（九六八——一〇二二）問他道：「治國之道，何者是首先要講求的？」

李沆回稟說：「治國首在擇賢，要選任端正的人，不要用那輕浮淺薄的，心胸狹窄的，撥弄是非的人，這是先決條件。」

宋眞宗又認爲李沆沒有「密奏」（秘密直接呈給皇帝的小報告）。問他道：「別的大臣，都有密啟（就是密奏）。獨你沒有，爲甚麼呢？」

李沆答道：「我承恩寵，擔任宰相之職。我認爲一切政務，都應當公開討論，哪會用得著密啟？凡是寫密啟的人，如不是進讒言，暗箭傷人，就是說妄語，造謠生事。我厭惡這種不光明的行徑，哪可跟著那般小人去做呢？」

同朝大臣寇準（九六一——一〇二三，後也任宰相）和丁謂（九六二——一〇三三，字謂之，機敏多智，性情憸狡）很友善。寇準屢次向李沆推薦丁謂，說他才智很高，盼能重用。李沆一直沒有用他，寇準問是甚麼原因不肯提拔他？李沆吐露說：「我觀察丁謂，覺得他雖然聰敏機伶，可是品格低卑，不是個正人君子，這種人可以讓他位居人上嗎？」寇準反問道：「像丁謂這樣有才有智的人，相公你能壓住他一直屈居人下嗎？」李沆笑著答道：「將來你後悔的時候，就會想到我今天所說的話了。」

後來，寇準也擔任了宰相，丁謂自然也當權用事，卻反過來陷害寇準，居然整得寇準不但丢了宰相，還遠遠充軍到雷州（今雷州半島，宋時是蠻荒邊陲），做個司戶參軍（死在這裡），這時寇準才佩服李沆的遠見。

【譯後語】不論政府機關或私人企業，都要用人。取人有兩大條件：一是德，一是才。德是品格操守，才是專長學術。德勝於才的人，會常守正道，才勝於德的人，卻常壞大局。孔子說：「驥不稱其力，稱其德也。」孟子說：「不仁而在高位，是播其惡於衆也。」司馬光說：「德勝才謂之君子，才勝德謂之小人。」才德兼備，那是完人，但世間少有。退而求其次，還宜以重德爲先。

【原文】李沆，爲尚書右僕射。宋眞宗問治道所宜先，沆曰：不用浮薄喜事之人，此最爲先。帝以沆無密奏，謂之曰：人皆有密啓，卿獨無，何也？對曰：臣待罪宰相，公事則公言之，何用密啓？夫人臣有密啓者，非讒即佞，臣常惡之，豈可效尤？寇準與丁謂善，屢以謂才，薦於沆，不用。準問之，沆曰：顧其爲人，可使之在人上乎？準曰：如謂者，相公終能抑之使在人下乎？沆笑曰：他日後悔，當思吾言也。準後爲謂所傾，始伏沆言。（《宋史》、卷二百八十二，列傳第四十一）

二二一　韓信不必做假王

我們遇到跋扈的部屬，管他不了，又制他不住，怎麼辦？那就只能暫時捧他一下，安撫他一下，這就是權術的運用。如果施爲適當，他就甘願效忠於你了。

漢高祖四年（公元前二〇三），韓信（前？—前一九六）率領大軍東征，滅了齊王田廣（叔父田橫，隨後帶領五百人入海繼位爲齊王），攻佔了齊國全境。

韓信特派專使，帶著書信，報告劉邦。信中說：「齊國人欺僞狡詐，時常滋釀變亂，是個反覆無常的邦國。南方又與楚地接界，局面很不安定。如果不權宜先立一位假暫的君王來鎭守，情勢很難控制。希望能讓我暫作『假王』，以便行事。」

當此時，楚（項羽）漢（劉邦）相爭正烈，楚強漢弱，項羽正以大軍在滎陽（屬河南省）地區圍住了漢軍，情況危急，眼看劉邦就要被項羽吃掉了。

韓信的專使到了，送來書信。劉邦拆開一看，勃然大怒，開口罵道：「我被圍困在此，動彈不得，好不焦急，每天早晚都指望韓信這小子趕快來救我。如今他卻賴在齊國，按兵不動，完全不管我的死活，還要自己請求加封做甚麼假王……」

張良（字子房，後封留侯）和陳平（字孺子，後封曲逆侯，爲丞相）也都在座，一聽情況不對，連忙在桌下暗踩劉邦的腳，示意要他不可罵人，起身貼近劉邦耳邊，輕聲說道：「漢軍正處在極不利的時節，自救還來不及，有何力量能攔阻韓信不在齊國稱王呢？不如順勢照准，好好的安撫他，暫時穩住韓信。如果不答應，逼得韓信一反，天下就不是你漢王所有的了。」

經此一說，劉邦猛然醒悟了，因順勢又繼續罵道：「大丈夫打下了江山（滅了齊王田廣），要做就直接做個『眞王』好了，爲甚麼只做個『假王』，哪有甚麼光采？」

於是指派兩方都深深信賴的張良前往，正式封韓信爲齊王。隨後便徵調韓信的大軍，合力共破項羽。

韓信假王變眞王，欣然遵命徵調。漢高祖五年（公元前二〇二），項羽兵敗，退到烏江自刎，劉邦奪下了江山。

【譯後語】劉邦出身泗上亭長，沒有習文，又未學武。但他有個最大的長處，就是智商（Intelligence Quotient）高，反應快，任何事一點就透。「傷胸捫足」，計安衆士之心；「急封雍齒」，先平諸將之怨，這些都是過人之處。以本篇來看，劉邦困於項羽，急盼解圍，韓信不但沒有行動，反而要挾稱王，劉邦罵他，也在情理之內。但站在韓信那一邊來看，你能准我固然是王，你如不准，我仍會稱王，誰能擋得住我？韓信能吞下齊國，反過來也足以打敗劉邦，這便是張良陳平之所見也。順水且推舟，安撫爲上策，假王還不好，升格賜眞王。韓信心中大樂，就回師共滅項羽了。劉邦之機智應變，常人豈可及哉？

【原文】漢四年，韓信引兵東，滅齊王廣。使人言漢王曰：齊人僞詐多變，反覆之國也，南邊楚，不爲假王以鎭之，其勢不定，願爲假王便。當是時，楚方急圍漢王於滎陽。韓信使者至，發書，漢王大怒，罵曰：吾困於此，旦暮望若來佐我，乃欲自立爲王？張良陳平躡漢王足，因附耳語曰：漢方不利，寧能禁信之王乎？不如因而立，善遇之，使自爲守。不然，變生。漢王亦悟，因復罵曰：大丈夫定諸侯，即爲眞王耳，何以假爲？乃遣張良往立信爲齊王，徵其兵擊楚。（《史記》、卷九十二、淮陰列傳第三十三）

二三　無錢去宴遊晏殊吐實話

老實人說老實話，憨態可喜，且能贏得信任，「誠」之爲用，大矣哉！

北宋晏殊（九九一—一〇五五），字同叔，臨川人。富弼（後爲宰相）是他女婿。范仲淹、歐陽修都是從他門下出身的。生活簡樸，知人善任，做到樞密使，謚元獻。

當他還未獲得功名時，張文節（即張知白，任參知政事，卒謚文節）向朝廷推薦他，因此召到京都。又恰逢天子殿前御考進士，就要他參加考試。

晏殊一見試題，便啟奏說：「這個題目，我在十天前就已模擬作過一篇賦文，草稿還在，請皇上另外出題。」這種誠實而不欺瞞的風格，皇帝甚爲欣賞。

考試錄取了，奉派入昭文館（宋代設昭文館，掌四庫圖書修撰校讎）。那時文館中的同僚們都喜歡邀約飲酒餐敍，大家蔚成風氣，以致京城內的茶樓酒館，往往都是他們預訂聚會的場所。晏殊那時很窮，不能外出隨大家應酬，他不受邀，也不邀人，獨自留下來，每天陪弟弟們讀書講課。

及到有一天，皇上要挑選一位東宮官（輔佐太子的官職），奏章從皇宮中批示出來，入選的竟是這位閒散的館員晏殊，連宰相也不明白爲何會挑中他的。

第二天，宰相上朝，提到挑選東宮官一事，皇上諭示道：「近來聽說昭文館裡的學士，都喜歡宴飲遊樂，甚至從早晨留連到晚上。唯有晏殊從不參加，只是閉門與兄弟讀書，這種謹厚的品格，正是作東宮官的最佳人選。」

晏殊奉旨擢升新職，依例要覲見皇帝謝恩，以及聆聽對如何輔佐太子的訓示。皇上告訴他爲何入選的緣故。晏殊奏答時仍是實話實說，回稟道：「小臣也不是不喜歡宴遊，實在是我没有多餘的錢。如果有錢，也會去的。」皇上欣然，贊賞他的誠摯，對他更加寵信了。

到宋仁宗即位後，晏殊終於做了宰相。

【譯後語】誠就是眞實不欺，它的反面就是虛僞造假。社會上矯飾作僞的人太多，口不對心，騙人騙己。一旦出現一位講老實話的人，恰似湧現一股清泉，聽來肺腑舒暢。不過，晏殊並非刻意拘謹的憨士，他也是性情中人，寫起詞來，纏綿婉麗，有《珠玉詞》傳世。他寫下的「無可奈何花落去，似曾相識燕歸來」兩名句，千年來傳誦不衰，而「昨夜西風凋碧樹，獨上高樓，望盡天涯路」，被王國維的《人間詞話》說近乎詩經的蒹葭篇，最得風人深致。凡此種種，能不佩服？

【原文】晏元獻公爲童生時，張文節薦之於朝廷，召至闕下，適值御試進士，便令公就試。公一見試題，曰：臣十日前已作此賦，有賦草尚在，乞別命題。上極愛其不隱。及爲館職，當時侍從文館士大夫好爲宴集，以至市樓酒肆，往往皆供帳爲遊息之地。公是時貧甚不能出，獨家居與昆弟講習。一日，選東宮官，忽自中批除晏殊，執唯政莫諭所因。次日，進覆，上諭之曰：近聞館閣臣僚，無不嬉遊宴賞，彌日繼夕。唯殊杜門與兄弟讀書，如此謹厚，正可爲東宮官。公既受命，得對。上面諭除授之意。公語言質樸，曰：臣非不樂宴遊者，直以貧，無可爲之。臣若有錢，亦將往，但無錢不能出耳。上益嘉其誠實，眷注日深。仁宗朝，卒至大用。（宋、沈括：《夢溪筆談》、卷之九、人事一）

【另文】宋代寇準，年才十九，即登進士。時宋太宗取士，多問其年（查問年齡多大），年少者往往罷遣（宋太宗趙光義年歲很大才登帝位，認爲年輕人都靠不住）。或人勸寇準增其年（虛假增報年齡）。寇準曰：吾方初進，可欺君耶（謹守誠實，不願欺騙）？後爲宰相。（宋、朱熹：《名臣言行錄》、寇準）

二四　有心回趙國廉頗受讒言

小人一句小話，足以毀人誤國，爲害不小。我們身邊有沒有小人呢？可要小心了。

戰國時代，趙國弱而秦國強，趙國多次受到強秦的攻擊，國勢困頓。趙王很想要老將軍廉頗返回祖國，再掌兵符，抗秦保趙。

《史記》卷八十一開頭就說：「廉頗者，趙之良將也。」那廉頗本是趙國的三朝元老將軍。趙惠文王時，破齊兵，拜上卿，與藺相如結爲刎頸交（負荊請罪就是他的故事），兩人同心保國。

趙孝成王時，趙國與秦國交戰，廉頗固守，兩軍相持不下，秦國巧施反間計，趙王中計，改派趙括取代廉頗，趙括被秦將白起殺死，趙軍大敗（請參看第八十六篇）。燕國又乘虛來攻，趙王復用廉頗，大敗燕軍，封爲信平君，升爲假相國。

趙孝成王死後，由趙悼襄王登位，他聽信讒言，派樂乘取代廉頗。廉頗乃離開趙國，避走魏國暫住。

如今趙王又想請廉頗回來，廉頗也有心再替祖國效力。

這時廉頗年齡已不小了，趙王想要知道他是否還能勝任軍旅生活，便派一特使，先赴魏國探視。

趙國有個叫郭開的人，與廉頗有仇，害怕廉頗回國後，對己不利，便送了許多金銀給這位特使，叫他從中破壞，使廉頗不能回國。

特使到了魏國，與廉頗相會。見廉頗身體健康如昔，一頓飯吃了一斗米，也吃了十斤肉。而且爲證明寶刀未老，只見他披甲戴盔，翻身上馬，往來奔騰，精力仍然威猛雄壯，足證回國帶兵作戰，體能没有問題。

這位特使回來，奏報趙王說：「廉將軍雖然老邁，但健康仍好，飯量也大。不過與我一起相處，時間不算很長，卻去了三次廁所。」

趙王一番沉吟，覺得廉頗頻頻入廁，果眞老了，恐怕不堪擔負重任，就不再提請他回國的事了。

廉頗有心報國，趙王也有心用賢，卻因小人一句讒言，兩方都受了阻礙，終至傷人害國（趙國被秦國滅了）。不久廉頗去了楚國，卒於壽春（今安徽壽縣）。

【譯後語】唐代陸龜蒙《感事詩》曰：「將軍被鮫函，祇畏金矢鏃；豈知讒箭利，一中成赤族。」大意是說將軍披了盔甲，他只怕鋼尖頭的箭射穿，豈知說讒話傷人的冷箭更兇，一旦射中了，家族都會殺盡，可見講小話的厲害了。本篇這位特使，要詆毀廉頗，只是平淡的講述事實，未加臧否，讓趙王自己去評斷，這是最狠的招數。而且先說優點：飯量很好，顯示立場公正，其實這是陪襯的話。繼說如廁三次，貶之於無形，重點在此。表面上我是實話實說，心計卻最陰毒。趙王思用廉頗，廉頗也想回國，復起重臣，趙祚得續，本極允當。卻被一句小話毀了。察古以觀今，小人誤國，例證甚多。壯志難伸，不禁爲廉將軍叫屈也。

【原文】趙以數困於秦兵，趙王思復得廉頗，頗亦欲復用於趙。趙王遣使者視廉頗尚可用否。廉頗之仇郭開，多與使者金，令毀之。使者既見廉頗，廉頗爲之一飯斗米，肉十斤；披甲上馬，以示尚可用。趙使還報趙王曰：廉將軍雖老，尚善飯，然與臣坐，頃之，三遺矢（拉屎）矣。趙王以爲老，遂不召。（《史記》、卷八十一、廉頗藺相如列傳第二十一）

一二五　亂絲必斬高洋拔刃

北齊的第一位皇帝高洋，並非明主，但亂絲必斬，卻是千古豪語。

南北朝時代，北齊開國之君高洋（五二九—五五九，他於五五〇年，廢東魏孝靜帝自立，國號北齊）。當他幼時，就胸有大度，能治理繁劇。外表雖然看不出有何過人之處，但內蘊精明，處事果決。別人都不覺得，獨有他父親高歡（在東魏封渤海王，任丞相，掌大權。後追謚爲北齊神武帝）另眼看重他，說：「我這個兒子的智謀思慮都強過別人，將來必會達成我的志業。」

有一天，高歡想試一試幾個兒子的才智，故意發給每人一團亂絲，命各人理清頭緒。幾個兒子都耐心的低頭來抽絲剝線，獨見高洋拔出快刀，一刀砍下，說道：「亂者必斬。」

動作乾淨俐落，高歡愈加稱奇，料知此子必成偉器。

【譯後語】《左傳·隱公四年》說：治絲益棼，意思是愈理愈亂。想想看：這一團糾纏的亂絲，清理好了又值幾何？成偉業者，不親瑣細，因爲他所慮者大也。假若讓那些雞毛蒜皮的事佔據了手腦，浪費了時間，便少有心思作高深長遠的策劃了。

有的人在市場裡爲五毛一塊爭論個不休，卻在賭桌上一輸千萬，這是看重小錢，不計較大錢，明察秋毫，卻不見輿薪，難成大器。唯有學學高洋，一刀斬下，迅速了結，這才顯出有大志者的果斷。又昔人常將絲麻並稱，所謂「快刀斬亂麻」，即源於此典。

【原文】北齊主高洋，內明外晦，衆莫知之，其父高歡獨異之，曰：此兒智慮過人，他日必成吾志。一日，歡欲試諸子之志，使各理亂絲。衆方經治，洋乃引刀斬之，曰：亂者必斬。歡益奇之。（《北齊書》、卷四，文宣帝紀）

【另文】孟敏，字叔達。客居太原。荷甑墜地，不顧而去。郭林宗見而異之，問其意。孟敏對曰：甑已破矣，視之何益？林宗以此奇之。（《後漢書》、卷九十八、列傳第五十八）

二六　玉環當碎齊后揮鎚

小聰小慧很精的人，不一定大智洞明。我們要培養的是立大志、定大計、成大功、創大業的高識。揚雄《法言·吾子》說：「雕蟲末藝，壯夫不為」，良有以也。

戰國時代（公元前四〇三—前二二一），強大的秦國，建國於現在陝西省，齊國也不弱，建國於今之山東省。西東對峙，國勢難分高下。

秦昭王派遣外交特使，帶著一個珍貴而精巧的玉連環，專程來送給齊國的君王后。君王后是甚麼意義？依據《說文·后部》注：后者君也，后之言後也。開創之君在先，繼體（猶云嗣位）之君在後。指的是齊國當時繼承皇位的君王。

那玉連環是用寶玉做成的許多圈環，諸環互相連扣，成為一串。必須反復穿套，才可以一環一環的解脫分開，又可用相反的程序套回成為一串，是一種益智兼遊戲的玩樂之具。分解時要運用智慧，還須有高度的耐性。

特使呈獻禮物，說：「齊國人的智慧很高，有誰能夠解開這個精巧的玉連環不？」

齊君先將玉連環遞傳給朝臣們一一鑑賞，問誰能夠解得？群臣都不

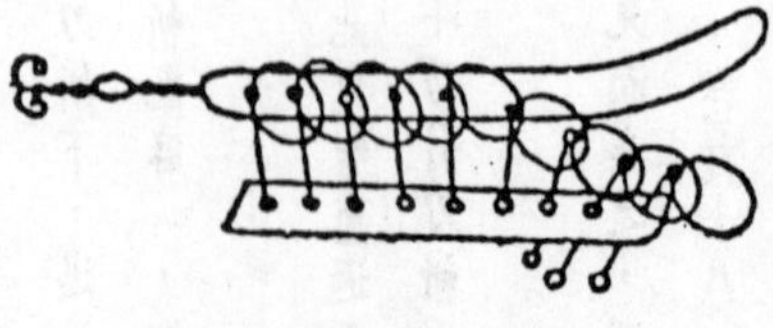

九連環圖

知曉，無人可以解開。

玉連環最後仍傳回到齊君的御案上。他凝視了玉環一陣之後，拿起一支鐵鎚，向玉連環一擊，那串玉圈應聲而碎，齊君對秦國特使諭告說：「請你回謝秦昭王，這玉連環已經解了。」

【譯後語】心緒細密的人，適合這種遊戲。一個連環玩具，共有九個圈環，環環相扣，故又名九連環，還有一個狹長形的圈環貫套九環成一串。可以一個個解脫，又可重行串套在長環上。說它有益智之功是可以的，猶如有一陣子魔術方塊(MAGIC SQUARE)風靡一時，都可鍛鍊思考力。但是、解得了吧，肯定了甚麼？解不了吧，又否定了甚麼呢？小技雖精，非關大用，可不能拿它來斷定成敗的呀！腦力激盪的方法很多，解連環只是百中之一而已。閒暇之餘，拿來消遣自無可厚非，若在朝殿上當正經事來幹，就無此必要。一鎚擊碎，豈不就解了？這種過人之舉，可讚。

【原文】秦昭王遣使遺君王后以玉連環，曰：齊人多智，能解此環不？君王后以示群臣，咸不知解。君王后引鎚擊碎，謝秦使曰：已解矣。（《戰國策》、卷十三、齊策六）

二七　陶澍設宴向左宗棠託孤

【一】

左宗棠（一八一二—一八八五），字季高，湖南湘陰人，初時很不得志，僅只做了個湖南醴陵書院（醴陵在湘東，鄰江西省）的山長（等於校長）。縣城小，薪資微薄，幾乎不夠維持生活。

那時有位陶澍（一七七九—一八三九），字子霖，號雲汀，湖南安化人，官任兩江總督（兩江是江南和江西。現在的江蘇安徽，清初叫江南省，設江南總督。康熙時分爲兩省，但江南總督之名未變，後兼轄江西省，改稱兩江總督），請假要回湖南掃墓。清朝道光年代，長江輪船水運尚未開通，江蘇回湖南，都走陸路旱道，經過江西。陶督是皇帝親賜的恩假，從馬驛官道回家，沿途地方官，都優予接待。左山長的這個醴陵縣，位在湖南東邊邊界，乃是贛湘孔道，陶澍要在這裡住宿。縣長不敢怠慢，就選定醴陵書院，作爲陶總督的臨時行館。並囑請左宗棠撰寫對聯，以表歡迎之盛意。

陶澍臨時行館「上房」（衙館中的正房叫上房，見紅樓夢）的對聯，懸的是「春殿語從容，廿載家山，印心石在」「大江流日夜，八州子弟，翹首公歸。」那印心石，是陶澍家中有一尊古老的大石，呈正方形，取名叫印心石，是陶家之寶。陶澍還把他的書齋命名爲「印心石屋」。淸宣宗（道光皇帝）召見陶澍在便殿中談話時，也曾從容的問起了這尊巨石，還替他題字，可見皇帝對他知遇之隆。

陶澍一見這付對聯，氣勢壯偉，文辭精要，描述切當，激賞不已，贊爲了不起的文筆，就問縣令這是誰做的？縣長回稟是此間醴陵書院山長左宗棠的手筆。陶澍甚爲歎賞，當即命令車駕去把左宗棠從住處請了過來，兩人交談了一天一夜，十分融洽。就禮聘左宗棠到總督幕府，以客禮相待，作爲上賓好友了。

【二】

陶澍得子很晚，小兒還在童年。左宗棠也有一女，年齡略小一點。有一天，陶澍備了酒宴，獨邀左宗棠餐敍。吃到一半，陶澍提出兩家結親的建議。左宗棠一聽，連忙恭謹的婉言推謝。因爲那時陶澍身爲兩江總督，極有政聲，且受皇帝眷顧。而左宗棠不過是一名普通的窮舉人，年齡也小了三十多歲，目前還只是位幕客，無論從門第、財富、年齡及官位比較都相差太遠，根本不能相配。

陶澍言道：「季高兄不必過謙，以你的才氣，將來功名必會在我這個老頭子之上。我已年邁體衰，但小犬仍尚弱幼，我可能等不到他名成業立的那一天。因此想將教誨小兒的事勞累你。而且我身後的家事，也想一併付託請你操心。今天坦誠相懇，乃是我深思熟慮後眞摯的一番奉託。」

左宗棠聽後，十分感動，陶督折節下交，堅辭未免見外，就慨然允諾了。

果眞隔不多年，陶澍在任上過世，死後謚號文毅。左宗棠幫助經營了喪禮，帶領了這位小公子，回到陶澍故鄉安化家中，親自敎他讀書。並且代管陶府的家業，裡裡外外，秩序井然，如同陶澍生前一樣。

陶家的族人，都欺負陶府人丁單薄，老者寡而幼者孤，屢次想些歪主意來謀奪產業，都靠左宗棠的開導衛禦，得以平安無事。

陶澍印心石屋的書齋中，藏書極富。左宗棠日夜用功，都讀遍了。自己經世治國的學識，與日俱進。他後來一世的事業：剿太平天國，平定回亂，遠征新疆，都是在這段時期中奠定基礎的。

【譯後語】擇友不論年齡，論才氣。選媳不問財富，看家風。託孤不計官位，找端士。滿清咸豐同治時代，湘人曾（國藩文正湘鄉）、左（宗棠文襄湘陰）、彭（玉麟剛直衡陽）、胡（林翼文忠益陽），崛起布衣，全無憑藉，竟能奠中興之功，成不世之業，率皆正誠違蹤，淳厚篤實。加上本篇之陶（陶澍文毅安化），譽爲國士，當亦無愧也。本故事原可分爲兩篇，原文各只二百多字，因有連貫性，合觀才顯佳妙，所以連續述之。

【原文一】左文襄，侘傺甚，充醴陵書院山長。修脯至菲，幾無以給朝夕。時安化陶文毅公澍，方督兩江，乞假回籍省墓。當時輪船未通，吳楚往來，皆遵陸取道江西。文毅奉優旨，馳驛回籍，地方官吏，供張悉有加。醴陵爲贛湘孔道，縣令特假書院爲別館，囑文襄撰書楹帖。其上房聯曰：春殿語從容，廿載家山，印心石在。大江流日夜，八州子弟，翹首公歸。印心者，文毅家有古石一，其形正方，名之曰印心石，故文毅齋名，即以印心石屋命之。召見時，宣宗（道光帝）嘗從容詢及也。文毅睹楹聯，激賞不已。問縣令，孰所撰？令具以文襄姓名對。即遣輿馬迎之至，談一日夜，大洽，即延入幕府，禮爲上賓。（清、徐珂：《清稗類鈔》、知遇類）

【原文二】文毅得子晚，其公子尚在髫齡。而文襄有一女，年相若。文毅一日置酒，邀文襄至。酒半，爲述求婚意。文襄遜謝不敢當。文毅曰：君毋然，君他日功名，必在老夫上。吾老而子幼，不及睹其成立，欲以教誨累君，且將以家事相付託也。文襄知不可辭，即慨然允諾。未幾，文毅騎箕，文襄經紀喪事，挈公子歸里，親爲課讀，且部署其家事，內外井井，如文毅在時。陶氏族人欺公子年幼，群謀染指，賴文襄之禦侮，得無事。文毅藏書綦富，文襄暇日，皆遍讀之，學力由是日進，一生勛業，蓋悉植基於是時也。（清、徐珂：《清稗類鈔》、知遇類）

二八　鮑超畫圈送曾國藩求救

英雄莫論出身低，以一個挑水伕起自卑微，竟能積功掙到提督，而且晉獲爵位，自有其過人的能耐。

清代鮑超（一八二八—一八八六），四川奉節人，天賦他軀體魁偉，養身卻無一技之長，只好賣勞力作個挑水伕，勉可塡飽肚子。

那時正逢太平天國軍起，半壁江山騷動，時勢逼人奮發。鮑超一無留戀，甩掉扁擔，仗著身強力大，當兵去也。

他先投效淸將向榮的兵營，後來改隸胡林翼指揮，終又轉入曾國藩麾下，去剿太平軍。他的勇力和膽識，都高人一等，帶兵也得軍心，料敵多準，佈陣有方，這就是他的過人之處。每逢作戰，常身先士卒，屢獲勝利。他所統率的這支軍隊，旗號特稱「霆軍」（官大了，就取了個別號叫春霆。霆軍者，鮑春霆將軍之專屬兵團也）。他轉戰湖南湖北江西安徽等省，所向多克，立功不少，是有淸一代的名將。後來積勳升到提督，這是軍務總兵官，統轄一方面的水陸諸軍。而且晉位爲子爵，這是朝廷五等爵祿中的第四等，位高而權重。想當年、僅憑一根竹扁擔，兩隻大水桶討生活，眞不可同日而語。

他本未上過學堂，一直不曾唸書。從軍後，戰事倥傯，自也無暇進修學習。雖然做了大官，卻除了自己姓名二字能夠寫得出來之外，其他文字認不得幾個。但是他那出人意表的急智，快捷而有效，頗值一述：

有一次，他在江西作戰，被太平軍的大部隊圍困在九江，情勢危殆，只好著人急赴曾國藩的祁門大營去求取救兵。他諭告隨營的文案師爺趕寫一通急信，也派好了快卒，等著即刻起程。

哪知那位師爺，凜於這是呈給一代文宗曾爺爺過目的稟牒，又是上行公文，哪敢潦草下筆？鮑超等了好久，還沒有完稿，急得親自去督催，只見那師爺握筆沉思，仍在字斟句酌。鮑超跳腳嚷道：「火燒到眉毛了，在這個性命交關的時刻，哪還有閒功夫等你來搖頭晃腦、慢通通文縐縐的寫官樣文章，有個屁用？今天不要你這篇四六對句的稿子了，由我自己來寫！」

曾國藩

這可奇怪，鮑超不識字，卻要親自寫稟文，怎麼寫？只見他急叫勤務兵剪來一塊白麻布，自己抓起毛筆，在白布中央，畫上一個鮑字，再在四周圈上無數的小圈圈，密密地包圍著這個單獨的鮑字。他把筆一丟，墨跡還沒乾透，就命快卒摺起，裝入公文大套密封，馬上出發。

在場的將士都看到了，人人納悶，不明白這是何種款式的稟牒，代表甚麼意義？要請鮑超解釋。鮑超說：「你們懂得個啥子？只要曾大帥一瞧，自然會曉得是怎麼一回事！」

這封啞謎書信，克時來到了祁門大營，曾國藩的機要幕僚拆開一看，都傻了眼，猜不出究是何意，當即呈給曾帥決斷。

曾國藩一看，猜透了箇中玄機，不禁莞爾一笑，連忙道：「你們看不出來嗎？老鮑被密密包圍了。大家都說鮑超是個粗人，唯有我深深了解他。其實他很精明，處事帶兵，每每能抓住要點，這樣反而可以開創新局面。他從來没有拿過筆，這次他親手寫字畫圈，可見情況已很糟了，等不及辦正規的公文稟牒，這是來急討救兵的呀！」

曾國藩登時傳下急令，叫多隆阿（一八一八——一八六四，正白旗人，咸豐時為名將）的部隊火速開拔，迅赴九江救援。鮑超之圍，就這樣解除了。

【譯後語】唸書的目的是增加識見，但識見並非單獨只可從書本中得來。尋常處事事留心，就是最好最實用的識見之源。鮑超雖然失學，但因長期磨鍊，經驗日增，一通百通，隨機靈活運用，反而勝過一般食古不化死守書本教條的陋儒，這可不要懷疑他是僥倖成功或偶然碰上的，他自有另一種決策能力和處變方法，反而乾淨俐落，直接有效。鮑超送出的求救函，試想若用一般公文程式中的陳腔濫調文詞來告急，哪會及得上用眾多小圈密密包住鮑哥這幅急繪圖畫來得逼真生動？俗諺說：「一圖勝千言。」這個故事提供了佐證。

【原文】清、鮑超，由擔水夫從戎，以剿粤寇，積功至專閫，班五等。然貴後仍不知書，自姓名二字外，更無所識。方被圍於九江也，將遣人至曾國藩祁門大營求援，令幕客撰牘，移時不至。乃自往促之，見其握筆構思，頓足曰：此何時耶？安用此文縐縐爲者？呼親兵，以白麻布一幅至。自操管，大書一鮑字，以無數小圈繞其旁，亟加封付遞。衆不解，問之。鮑曰：大帥自能知其故。遞至祁門，曾之幕僚啓視，亦莫知其意。持示曾，曾笑曰：老鮑又被圍矣。乃亟檄多隆阿往援，鮑圍乃解。（徐珂：《清稗類鈔》、戰事類）

【另文】唐代南霽雲（？—七五七），爲張巡屬將，忠誠義勇。安祿山造反，南霽雲跟隨張巡同守睢陽。然賊勢太盛，張巡令南霽雲突圍赴臨淮向賀蘭進明（時爲節度使，兵多）討救兵。賀蘭妒嫉張巡聲威功績出己之上，不肯出兵。南霽雲怒極，拔刀自斷一指，上馬出城，抽矢回射城樓，曰：吾歸破賊後，必滅賀蘭，以此箭爲誓（上文敍述鮑超畫圖求到救兵，南霽雲親往卻求不到救兵，與張巡一同殉國了。見《唐書》、南霽雲傳）。

二九　蜂蜜發現老鼠屎黃門官嫁禍

暗計害人，事屬常有。若能即時識破，這就突顯出臨場的精明和急智了。

三國時代，魏蜀吳三分天下。吳主孫亮（孫權之子，二五二—二五八在位）有一天，在宮中吃生梅子，想蘸些蜂蜜，便叫黃門官（即黃門侍郎，任職宮內。因宮門都是黃色，故稱黃門官）到皇倉食品庫裡去取蜂蜜。

整罐蜂蜜取來了，開罐一看，蜂蜜裡卻有一顆老鼠屎。吳主孫亮把掌管倉儲的庫官召來，查問原因。那庫官一時哪能有理由解釋？只是一味叩頭領罪。因為這種過錯，可輕可重，皇帝一不高興，也可以殺頭的。

吳主孫亮覺得事有蹊蹺，他在宮中長大，知曉一些陰暗面，念頭一閃，問庫官說：「黃門官以前私自向你要過蜂蜜沒有？」

庫官答道：「以前黃門官確曾問我要過多回蜂蜜，我因管庫有責，實在不敢私下拿官物給他。」

黃門官也在，急著分辯說從來沒有這回事。

旁邊的侍臣，一位叫刁元，一位叫張邠，同奏道：「黃門官和庫官兩人的說詞各不相同，宜交付刑部去審究，才好分清對錯！」

孫亮說：「這是小事一樁，誰眞誰假很容易就會知道。」

孫亮命令屬員，將那顆老鼠屎粒小心的自中腰對半切開，只見裡層仍是乾燥的。

孫亮環視著周遭的人，大聲笑道：「如果老鼠屎早在蜜裡，應當內外都濕透才對。現在只有外層潮濕，內層仍然乾燥，顯然放進去不久。必定是這沒有討到蜂蜜的黃門官，有心栽誣害人，臨時特意放入的。」

一經盤問，黃門官只好招認。那些同在左右服侍的人，親眼看到吳主孫亮當場明察的睿智，莫不驚駭敬佩。

【譯後語】無端疑案，發生在頃刻，破解在當下，慧光乍現，果眞抓出元凶，我們不能說這是碰中的。鼠屎微物，何時何地何人何故放入，辨之也難。孫亮一動念頭，豁然奏效，確有過人之處。

【原文】吳主嘗食生梅，使黃門官至中藏取蜜，蜜中有鼠矢。召問藏吏，藏吏叩頭。吳主曰：黃門從汝求蜜耶？吏曰：向求，實不敢與。黃門不服。吳主令破鼠矢，矢中燥。因大笑謂左右曰：若矢先在蜜中，中外當俱濕。今外濕裡燥，此必黃門所爲也。詰之，果服。左右莫不驚悚。（《資治通鑑》、卷七十七、魏紀四）

【另文】傅琰（字季珪）仕齊（南北朝的宋齊兩朝）爲山陰令（當時號稱傅聖），有二野父爭雞，琰各問以何物飼雞？一云粟，一云豆。乃剖雞得粟，而罪言豆者。（《增廣智囊補》、卷上、察智）

三〇　珠寶鑲飾小便壺宋太祖戒奢

今日社會奢華之風很盛，請看宋太祖趙匡胤是如何大反奢華的。

趙匡胤（九二七—九七六）是宋代開國之君，廟號太祖。他登位之後，皇宮裡的窗帘，都用青素布縫製，不事奢華。所穿的衣服，洗了再洗再穿，不肯浪費。

有一天，魏國公主到皇宮裡來，宋太祖看到她的上衣前後，用翠碧色的孔雀羽縫繡作爲襯飾，就告誡她不可再用。

公主笑說：「這點雀羽，能值多少錢？何必計較！」

宋太祖答道：「不能這麼說。你穿這種衣服，大家必會學樣，翠羽價錢就會飛漲，商人見到大利所在，就會高價收購，孔雀便遭到大量捕殺，你就成了開頭造孽的人了。」公主這才無言以對。

宋太祖補充說道：「你生長在富貴人家，要懂得珍惜福份才好。」

又有一次，魏國公主向趙匡胤建議道：「你做了這麼多年的皇帝，如今該可以用黃金來裝飾鑾駕，尊隆天子的威儀，那不是很好嗎？」

趙匡胤說：「我富有四海，即使用金子來裝飾皇宮也辦得到的。但古訓說：做天子、是要皇帝來安撫萬民，不是要萬民來奉養皇帝。我豈能亂用國家的財富？而且威儀也不是顯示在外物的表面上的呀。」

宋朝的前代是唐朝。唐末黃巢作亂，朝代更迭，史稱殘唐五代。而孟昶（九一九—九六五）據有四川，是爲蜀主（國號後蜀，都成都）。他喜好打毬走馬，君臣務爲奢侈，後來敗降宋朝。在繳獲來的戰利品中，竟有一隻鑲嵌著七色珠寶的小便器。宋太祖看到了，登時十分震怒，當著投降的孟昶之面，拿起一根粗鐵棒，幾下就把那便壺砸成碎塊，說道：「你用這七種珍珠寶石裝飾的小便壺來撒尿，那你該用甚麼樣的珍奇寶器來盛飯呢？生活糜爛到這種地步，若不亡國，天也不容！」

宋太祖晚年喜好讀書，他讀到《堯典》《舜典》，歎息說道：「堯舜二帝，討伐四凶，只不過是放逐他們，爲何近代都用嚴刑苛法，殺人不赦呢？」按所謂四凶，或說是堯帝時代的四個凶人，《左傳》文公十八年記載：「流四凶族：渾敦（又叫驩兜）、窮其（又叫共工）、檮杌（就是鯀）、饕餮（就是三苗），投諸四裔，以禦螭魅。」或說是舜帝時代的四凶，《孟子》萬章篇說：「舜流共工于幽州，放驩兜于崇山……」都是說的這件事。

宋太祖因而告誡宰相說：「從今以後，各州郡凡判爲死罪的大案，一律要將事實原委，呈報朝廷，再交付刑部覆審後，才作最終判定，以防苛濫。」自此就成爲法令，不胡亂處斬殺人了。

【譯後語】這個故事，一是戒奢侈，一是戒胡亂定死罪。一千多年後的今天，仍值得我們溫習。而以往所謂的皇帝，今日言之，就是指國家的領導人。身爲領導者，要一心爲全民謀幸福，卻不是要全民來供奉領導者以圖一己的享受。這一層尤值得我們深思。

【原文】宋太祖，諱匡胤。即位後，宮中葦簾，緣用青布。常服之衣，澣濯至再。魏國公主襦飾翠羽，戒勿復用。又教之曰：汝生長富貴，當念惜福。見孟昶寶裝溺器，搘而碎之，曰：汝以七寶飾此，當以何器儲食？所爲如是，不亡何待？晚好讀書，嘗讀二典，歎曰：堯舜之罪四凶，止從投竄，何近代法網之密乎？謂宰相曰：自今諸州決大辟，錄案聞奏，付刑部覆視之。遂著爲令。（《宋史》、卷三、本紀第三）

三一 怪鄰居兒子偷斧

列禦寇《列子·說符》篇說：「疑心生暗鬼。」這個毛病，很難根治。戰國時代，有個寓言：

有人遺失了一把斧頭，懷疑是鄰家的兒子偷了。愈留神盯著鄰家兒子看，愈覺得他是小偷。看他走路的神態，是偷了斧頭的樣子。看他臉上的表情，是偷了斧頭的樣子。聽他講話的口氣，是偷了斧頭的樣子。總之，從他的動作態度來看，沒有哪一樣不是像偷了斧頭的樣子。

過了幾天，這人要挑穀出倉，他在穀倉裡刨開穀堆時，竟然發現了那柄失去的斧頭，原來是自己不經意遺留在穀倉裡，卻又被穀子埋起來了。

斧頭失而復得，心情大為改觀。第二天，又見到鄰家的兒子。這天再看那兒子，他的言談、表情、動作、態度，卻沒有一點半絲像是偷了斧頭的樣子了。

【譯後語】 若從懷疑的角度去觀察，愈看他愈像個小賊。而懷疑是暗藏在我心中，對方全不知道，連剖白的機會都沒有，如若懷疑錯了，豈非天大的冤枉？某些東方國家的判罪理論，是先認定你有罪，你必須提出無罪的證據，方可開脫。西方國家的判罪理論，是先認定你無罪，檢方必須提出有罪的證據，方可論處。孰優孰劣，請作比較。

【原文】人有亡鈇者，意其鄰之子。視其行步，竊鈇也。顏色，竊鈇也。言語，竊鈇也。動作態度，無爲而不竊鈇也。俄而抇其谷而得其鈇。他日復見其鄰人之子，動作態度，無一似竊鈇者。（列禦寇：《列子》．說符篇）

【另文】曹操與馬超（爲偏將軍）韓遂（爲涼州軍之主帥）之聯軍於渭南交戰，操以往與韓遂之父同舉孝廉，今欲離間馬韓，乃親書一信，逕送韓遂。故意在信中緊要處塗抹改易。馬超聞曹操送信與韓遂，索書讀之，見信中有多處文句改抹塗去，以爲是韓遂篡塗遮掩，因懷疑韓遂與曹操私通，終於二人不和而戰敗。（《三國志》）

財物被偷，「知情」的人都脫不了干係。要警察來偵查，也是先從這方面著手。如果不能破案，讓疑團永埋心底，一輩子恐都不得化解。

三二　疑隔壁老父竊金

春秋戰國時期，宋國（商朝給微子的封地，爵爲宋公。奄有今河南省東部及江蘇省北部之地）有位富翁，他家住宅的外牆，因大雨而坍塌了一大片。

他兒子說：「牆塌了，如不趕快砌好，會有小竊進來偷盜。」

鄰居一位好心的父親，也看到了，同樣的對他說：「牆塌了，如不趕好砌好，會有小竊進來偷盜。」

富家翁整修外牆，打算要用同顏色同材質的磚石來修復，和舊牆一致，招工選料，很費時間，當天只能簡略的遮蔽一下，準備隔天再正式施工。

不幸當天夜裡，果然有小賊從破牆處潛入家裡，偷去了大批財物，損失不小。

這位富翁心想：我的兒子很有見識，能事先料到會失竊，智慧眞高！只是隔壁那個老頭子大有問題，唯有他曉得牆是壞的，很可能他因知情而起意，這次失竊，一定就是他幹的了。

【譯後語】上篇說偷斧，是採自《列子》，本篇記竊金，是摘自《韓非子》，都是生了疑心之故。「杯弓蛇影」是杜宣由於疑心喝下小蛇而竟使自己生大病。「曾參殺人」是曾母由於疑心兒子犯了大罪而竟翻牆逃命避禍。疑心范增通敵，項羽終至敗亡。疑心顏淵偷飯，孔子竟也失察。這樣看來，疑心之爲害大矣。在沒有確切證據之前，最好不要遽下結論。

【原文】宋有富人，天雨牆壞。其子曰：不築，必將有盜。其鄰人之父亦云。暮而果大亡其財。其家甚智其子，而疑鄰人之父。（《韓非子》·說難）

【另文】東漢時，劉表爲荆州刺史（見本書第七十三篇），遣從事中郎韓嵩（字德高，是一端士）詣曹操，以觀望虛實。及還，韓嵩盛稱曹操之德，勸劉表遣子入侍。劉表大怒，疑心韓嵩與曹操有私，留此懷貳之人，對己不利，即欲斬之，而韓嵩不爲動容，乃長期囚禁之。（《後漢書》、劉表傳）

三三 曹參做宰相專事飲醇酒

從政者蒞任之初，常想要標新立異，提出某些響亮的口號，以爲勝過前任多矣，因此有「新官上任三把火」之諺。這其實多是花招，倒不如曹參務實之可愛。

漢代曹參（公元前？—前一九〇）接替蕭何（？—前一九三），繼承了西漢王朝的宰相。他對現行的一切法令，全不改變，純然依照前任蕭何的原有規章行事，後人稱爲「蕭規曹隨」。他優閒自在，從早到晚，只是飲酒打發日子。

有些大臣和賓客，來拜會曹參，想對國事建言。曹參每次都先拿好酒來款待他們，喝醉了，只得告辭回家，始終沒有機會談及正事。

這時已是漢惠帝在位（元前一九四—前一八八，共七年），見宰相全不管事，頗爲耽心，便對曹參的兒子曹窋（音酌，虛空之意）說：「你回家後，試著私下用你的口氣去探問你父親：『高皇帝（指漢高祖劉邦）去世不久，新皇帝正值壯年。你做宰相，每天只顧喝酒，國事放下不問，也從來沒有爲政務去請示皇上，這樣怎能治理天下呢？』但不要說破是我授意要你說的。」

曹窋回到家中，趁著閒暇，侍奉在父親身邊，找到機會，便將漢惠帝的這番話，委婉地請教父親。

曹參聽到兒子竟敢談論到國家政務，大發怒火，喝令將曹窋拿下，打了兩百板子，呵斥他道：「天下大事，還沒有輪到你有資格可以胡亂評論的。」

隔天上朝，漢惠帝留下曹參，對他說：「聽說你昨天重責了曹窋。實際上，那是我要他向你進諫的。」

曹參這時才知道眞相，當時摘下朝冠，告罪道：「請寬恕爲臣的魯莽。但皇上也請自己省察一下，你的神武英明，能夠和高皇帝相比嗎？」

漢惠帝說：「我哪敢和先父皇相比，差得太遠了！」

曹參又問道：「皇上請你看看我的能耐，能夠和前任相國蕭何相比嗎？」

漢惠帝說：「好像你也比不上前任蕭相國吧！」

曹參回奏道：「皇上的這兩句話，說得對極了。高皇帝與蕭何，平定了天下，時至今日，法令已然齊備，國家和人民都很安定，陛下與我，只須要謹守前規，遵而不失，不就天下太平了嗎？那些進言的，免不了無事生非，只怕新主意還不如舊制度，愈改愈亂，所以我不要聽。」

漢惠帝說：「你的話有理，那就照舊行事好了。」

【譯後語】秦始皇併吞六國，統一天下之後，築長城，修馳道，建阿房，定嚴刑：

偶語者殺頭，以古非今者滅族，焚書坑儒，人民敢怒而不敢言。劉邦建立漢朝，便將秦代苛法廢除，只定下三條法律：殺人者死，傷人、及盜抵罪。政府管得很少，讓人民休養生息。而百姓在嚴格統治放「寬」之後，也很少為非。這時最好是「政簡刑清」，免增苛擾，這是當時的情況使然也。後來，諸葛亮治蜀，為改造東漢以來長期的腐敗風氣，就須用「嚴」法以矯弊了。要之，管多管少，或嚴或寬，當審酌情勢，不可拘泥。但嚴則身勞，寬則事簡，倒讓曹參撿到便宜了。

【原文】 曹參代蕭何為相，舉事無所變更，一遵蕭何約束，日夜飲醇酒。卿大夫及賓客，見參欲有言，參輒飲以醇酒，醉而後去，終莫得説。惠帝怪相不治事，乃謂參子窋曰：若歸，試私問而父曰：高帝新棄群臣，帝富於春秋，君為相，日飲，無所情事，何以憂天下乎？然毋言吾告若也。窋既歸，閒侍，以帝語諫參。參怒而笞窋二百，曰：天下事，非若所當言也。至朝時，惠帝讓參曰：乃者，我使諫君也。參免冠謝曰：陛下自察，聖武孰與高帝？上曰：朕安敢望先帝乎？曰：陛下觀臣能，孰與蕭何賢？上曰：君似不及也。參曰：陛下之言是也。高帝與蕭何定天下，法令既明，今陛下垂拱，參等守職，遵而勿失，不亦可乎？惠帝曰：善。（《史記》、卷五十四、曹相國世家第二十四）

三四　太宗作皇帝親自祭亡魂

帶兵要帶心。即使今天的核子戰爭，仍要人來操控。若能使全體將士盡忠效死，才是鐵軍。這是鐵則。

唐太宗李世民（五九八—六四九）即位後，改元貞觀（《貞觀政要》一書，就是寫此期盛世）。貞觀十九年（六四四）唐太宗親征高麗（即今韓國）。部隊開拔到定州（今河北定縣）時，行軍已久，就短暫駐紮下來，休息整補。

有些落後的士兵，陸續趕來定州報到的，唐太宗親自在定州城垣北樓上接見，安撫慰勉有加。受到天子的關愛，這是莫大的殊榮，將士們都衷心感戴，願意奮身作戰。

高麗征伐回來，大軍駐紮在柳城（故城在今遼寧省）。太宗下詔，集中作戰陣亡將士的骸骨，佈置靈堂，備辦太牢（太牢是牛羊豕三牲齊備的祭品），舉行隆重的祭典。唐太宗躬親主祭，哭得十分哀傷，參與祭典的人，莫不一同掉淚。

觀禮的兵士回家後，向親人講述這份哀榮，那些父母長輩都說：「我兒子的喪禮，竟然有皇帝來哭他，戰死也沒有遺憾了。」

後來突厥（東胡種族名，隋唐之際，其勢漸盛）部落叛變，唐太宗又親征遼東（今遼寧省遼河以東之地），進攻白巖城。作戰時，右衛大將軍李思摩（原突厥族人，降唐，賜姓李）被敵人的冷箭射到了。唐太宗替他把箭拔了出來，用嘴就著傷口把淤血穢毒吮出。周圍的將士看到了，無不深爲感動，都願誓死效命。

【譯後語】錢穆先生撰《國史大綱》說：「唐太宗是我國歷史上最傑出的君主。年僅十八，就經綸王業，北翦劉武周，西平薛舉，東擒竇建德和王世充。廿四歲而天下定。廿九歲登帝位。那時四夷降服，海內晏安。古來英雄撥亂之主，無見及者。」又宋代王溥（字齊物）撰《唐會要》說：「貞觀四年，諸蕃君長詣闕請太宗爲天可汗。」這是說他不僅是中國的天子，而且兼爲四方夷狄戎回共尊的大首領了。貞觀歷時廿三年，誠盛世也。請看本篇：天子親自哭祭亡魂，皇帝嘴吮箭血，將士豈有不效死之理。春秋時代，吳起替士兵吮疽，這士兵的母親哭道：「往年吳公吮其父，父遂勇戰而死。今又吮其子，吾不知其死所矣。」（見《史記》卷六五）都是獲得部屬效死的史事。

【原文】貞觀十九年，太宗征高麗，次定州。有士兵後到者，帝御州城北樓撫慰之，是以將士莫不欣然願從。及大軍回次柳城，詔集前後戰亡人骸骨，設太牢致祭。帝親臨，哭之盡哀，軍人無不灑泣。兵士觀祭者歸家以言，其父母曰：吾兒之喪，天子哭之，死無所恨。太宗征遼東，攻白巖城，右衛大將軍李思摩爲流矢所中，帝親爲吮血，將士莫不感勵。（唐、吳兢：《貞觀政要》、卷之六、仁惻第二十）

三五　漢陰父老難張溫

官吏是「公僕」。用這個僕字，眞是簡明貼切而恰當。

距今幾及兩千年前的漢代，有位住在漢陰（陝西省南部）鄉郊的老者，靠勞力耕種爲生，人們都不淸楚他的來歷和身世。

東漢桓帝（一三二—一六七，信任太監，朝政腐敗）延熹年中，桓帝出京巡幸。先到竟陵（在今湖北天門縣）遊觀，接著在雲夢（多湖勝地，在湖北省）娛玩，再臨沔水（發源於陝，至漢中後，稱漢水，入鄂）巡賞。御輦所過之處，無論城鄉，百姓們莫不放下營生，夾道瞻仰，都不願錯過這難得的機會，要看一看皇帝的排場和風采。

御駕車隊經過漢陰鄉郊時，百姓們也都扶老攜幼，擁到官道兩旁，引頸瞻望。卻唯有這位漢陰父老，不爲所動，仍舊獨自在田裡耕作，沒有丟下農具，去湊熱鬧。

尚書郎（朝廷掌奏章之官）南陽郡人張溫（九三—二三〇，字伯愼）駕車跟著御輦隊伍隨行，眺見了田中這位父老，覺得他不同流俗，是位異人。心中好奇，便停車道旁，著人去探問他說：「大家都跑過來看皇帝，獨有你不來看，爲甚麼呢？」漢陰父老笑笑，不屑於答話。

張溫更覺得他很特殊，便自己下車，轉入田間小徑，步行百多步，才接近這位父老，當面向他請教。

漢陰父老說：「我只是個草野村夫，不懂得你們問話的目的何在？我倒要請你反思自省一下：究竟是天下由於紛亂了才立個天子來拯救人民呢？還是天下已經治理好了然後立個天子來縱情享受呢？或者說，究竟是立了天子來做關愛百姓的父母呢？還是要勞役百姓來供奉天子一人的逸樂呢？

「我認爲往昔的聖帝賢王，雖然貴爲天子，但他們僅用茅草蓋屋，而且屋簷不須修剪（茅茨不剪）。樑上的椽木還帶著樹皮，也不必刮掉（采椽不刮）。他們安於節儉，不肯勞費百姓，因而萬千庶民，便都能享受到安寧幸福的生活。

「如今看看你們的天子，勞苛百姓，自己則縱情享受，貪戀逸樂，遊巡無忌。我都替你們感到羞慚，你還忍心要大家去觀看，他值得我這老頭子去瞧嗎？」

張溫聽了這番高論，大爲慚愧，請問他的大名，漢陰父老不肯告訴他，也不再繼續多談，逕自離開了。

【譯後語】僅僅八十多年之前，我國還是帝制，所以本書多篇都涉及君臣關係。現在沒有「君」了，但人民對國家，僚屬對長官，工商伙計對老闆，仍然要活用這層連繫，卻不宜局囿於皇帝與臣子的稱謂。因爲凡是一個團體，一旦人多事繁，就須建立指揮系統和從屬關係，這便有領導者與被領導者的職能分工，也就類似於以前所稱的君（首長）和臣（屬員）了。大到國家，小到工廠，古今中外，都離不開這種結構，原則是相同的。此外應該瞭解的是：領導人是服務的，要依照國父所說「聰明才智大的，當爲千萬人服務，聰明才智小的，當爲百十人服務」的信條去做。以前那種作威作福，唯我獨尊，朕即國家，悉天下以奉己的落後思想，都要革除掉。須知民主潮流，不能阻擋，如仍逆道而行，國家會亂，企業會敗，道理很淺顯，能不愼思？所貴者：近二千年前之《後漢書》中，竟能寫出如此一段民主偉論，也就十分難得了。

【原文】漢陰父老者，不知何許人也。桓帝延熹中，幸竟陵，過雲夢，臨沔水，百姓莫不觀者，唯老父獨耕不輟。尚書郎南陽人張溫異之，使問曰：人皆來觀，老父獨不輟，何耶？老父笑而不對。溫下道百步自與言。老父曰：我野人耳，不達斯語，請問：天下亂而立天子耶？理而立天子耶？立天子以父天下耶？役天下以奉天子耶？昔聖王宰世，茅茨采椽，而萬人以寧。今子之君，勞人自縱，逸遊無忌，吾爲子羞之，子何忍欲人觀之乎？溫大慚，問其姓名，不告而去。（《後漢書》、卷一百十三、逸民、列傳第七十三）

三六　江上丈人救子胥

楚國在春秋時代，有位伍奢（？——元前五二二），官任太子太傅，因楚太子受讒事件觸怒了楚平王，竟將伍奢及他長子伍尚（？——元前五二三，曾做棠邑大夫，人稱棠君；有賢名）一同殺了。還通國懸賞，要緝捕他的次子伍員（？——前八五，字子胥）斬首。

伍員匆忙化裝逃出京城，到了郊外江邊，急欲渡河。而江水滔滔，没有舟楫。若不能渡到對岸，則官家捕者追來盤查，識破身分，就没有命了。

正焦急間，只見江邊蘆葦叢裡，緩緩駛出了一艘小船，船上一位老人，獨在撐篙，正要捕魚。伍員求他幫助，那老人便讓他登舟，渡他前往對岸。

船到中流，老人順便問及伍員的姓名家族。伍員不便多說，把話題岔開，同時解下隨身的配劍，送與老人說：「老丈助我渡河，我會終生記得，今天出門忘記帶錢，我願將這柄價值千金的寶劍，送給你以表謝意。」

那老人不肯接劍，搖頭笑道：「你知道嗎？楚國下了命令：誰能抓到伍員，馬上封官受爵，可執圭版，糧穀一萬擔，另賜黃金千鎰，這是重賞了呀！但早些時，伍員經過這裡，我都没有出賣他去領賞，今天要你這柄寶劍做甚麼呢？」老人看透了他的神情，明知他就是伍員，有心搭救於他，故意繞著圈子講話，又不直接講破，但卻拒絕任何報酬。

伍員過了江，投奔到吳國。爲報父兄之仇，佐吳王闔廬帶兵攻打楚國，攻佔了楚國京城郢都（今湖北省江陵縣）。他一直記住老人的恩德，派人到江邊多次去尋訪，始終查不到蹤跡。伍員在每次用餐之前，必定先祝祭這位恩人，尊稱這位不知姓名的老者爲「江上丈人」。丈人者，對老人之尊稱也。

【譯後語】江上丈人，明爲捕魚，實則是有心來搭救伍員過江避禍的，因爲百姓都認爲楚平王無道，而伍奢忠良，不然爲何江邊如此巧遇，而且拒絕酬謝？丈人這番義舉，做了改變歷史的大事，卻姓名不得傳，人身不知處。終生埋隱，見首不見尾。看來無爲，但大有爲。爵賞不愛，寶劍不要。須知幫助國犯脫逃，是要殺頭的，對自己無一好處，卻冒萬險，爲了甚麼？凡人不懂，他自有其崇高的理念存焉。超哉偉矣，江上之丈人！

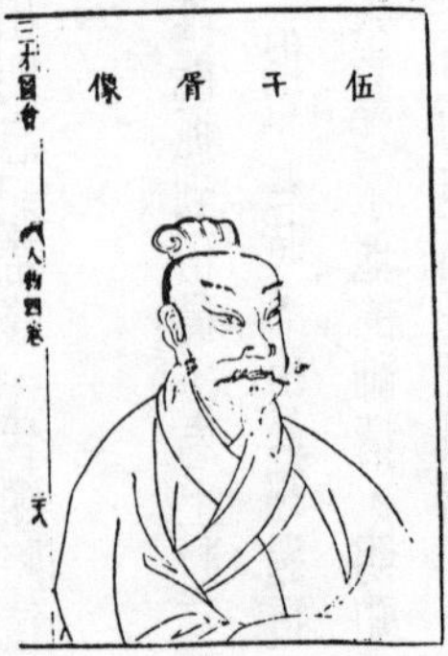

【原文】伍員亡，至江上，欲涉。見一丈人，刺小船，方將漁。從而請焉，丈人度之絕江。問其名族，則不肯告，解其劍以予丈人，曰：此千金之劍也，願獻之丈人。丈人不肯受。曰：荊國之法，得伍員者，爵執圭，祿萬擔，金千鎰。昔者，子胥過，吾猶不取，今我何以子之千金劍爲哉？伍員適於吳，使人求之江上，則不能得也。每食，必祭之，祝曰：江上之丈人。（《呂氏春秋》、異寶）

三七　何縣長拉縴

長官要徵用民伕，只爲享樂。縣長竟然親執勞役，結果怎樣呢？

何易于，唐代人，出身不詳，也不知何人引薦，做了益昌縣長。縣離州府四十里，州與縣之間，有大河通航。州刺史（州管縣，刺史是何的頂頭上司）崔朴，想趁春暖花開的時節，舉行遊河之旅，好好地欣賞一下山光水色。他邀集了貴賓雅客和高層僚屬，共登遊輪，在水面航遊。溯河而上，遊經益昌縣。由於是逆水行舟，刺史便下令徵集民伕（徵伕乃是義務役，沒有酬勞），爲遊輪拉縴（用長索一端繫在船頭，一端伸到岸邊，由一群力伕用肩挽著縴繩沿河岸向上游拉船逆水前進）。

遊輪冒著逆流拉行之時，崔朴正在船頭欣賞景色，不意中看到縣長何易于，將笏板（代表身分，兼可記事）插在背後的腰帶上，也排在力伕行列中沿著河岸拉縴引船，他大吃一驚，忙請何縣長前來問話。

何易于說：「現今正是春天，本縣百姓，男的忙於春耕，女的忙於養蠶，實在徵集不到足夠的民伕。只有我縣長没有急事待辦，所以自己當差來拉縴。」

崔朴一聽，滿臉慚愧，下令停止航遊，急將遊輪轉過頭來，順水疾划，快快折返州郡去了。

唐朝設置了鹽鐵使，實施專賣，到唐德宗時（七八〇—八〇四在位），增加榷茶之制（到唐穆宗時，又專設了榷茶使），皇帝向各州縣普遍頒下詔書，重徵茶稅。各縣都不敢懈怠，稅金雖重，都如數如期上繳。

何易于凝神看著詔書，憂心嘆道：「益昌人即令不徵茶稅，都活不下去；何況加重稅率，豈不是叫百姓毫無生路可走了嗎？」叫僚吏把詔書擱下不辦。

僚吏說：「這是天子的聖旨，是皇帝的命令，誰敢抗拒？如果不理，主辦官是死罪，縣長你也逃不掉要充軍呀！」

何易于道：「我怎麼可以爲了保護自己，就將暴政轉嫁到百姓頭上去呢？也罷，不要讓你們爲難，我一人獨自承擔好了。」他拿過詔書，點火將它燒掉了。

那一地區的觀察使（唐朝在各道設有觀察處置使，掌察善惡），素來知道何易于縣長是位好官，雖然風聞他茶稅未收，也始終沒有彈劾他。

【譯後語】何易于眞是個好縣長：農忙時，徵伕不易，竟然自己當差。收茶稅，百姓太苦，敢把詔書燒了。這才叫「一切爲人民」。這種視民如親的好官哪裡去找？如果他的職位再高一些，造福人民必會更大。但我看：他一定不可能升官，而且縣長一職也幹不長久。何也？首先，他對頂頭上司不敬，給刺史一番羞辱，夾尾而逃。刺史豈能忍受這種搗蛋的下屬再有第二次撒野的機會？不整掉他才怪，有何前途可言？其次，他竟敢燒皇帝的詔書，抗拒天子之命，這要殺頭，還可滿門抄斬，爲的是要殺雞儆猴。一個小小縣官，如此膽大妄爲，職位若高，那還了得？（他的薦舉者幸未曝光，否則也當株連有罪。）這就是現實的官場文化和政治倫理也。吁嗟乎！何縣長的思想，大概沒有搞通，只知體恤民艱，不知順承上意。他沒經過洗腦，才會做出這種大逆不道（？）之舉，哪有他發展抱負的天地？所以即令是大文豪歐陽修寫成的《新唐書》也僅留下這段小故事而已，悲夫。

【原文】何易于，不詳何所及所以進，爲益昌令。縣距州四十里。刺史崔朴嘗乘春與賓屬泛舟，出益昌，索民挽綘。易于身引舟，朴驚問狀。易于曰：方春，百姓耕且蠶。唯令不事，可任其勞。朴愧，與賓客疾驅去。鹽鐵官榷取茶利，詔下，所在毋敢隱。易于視詔書曰：益昌人不徵茶且不可活，矧厚賦毒之乎？命吏閣詔。吏曰：天子詔何敢拒？吏坐死，公得免竄耶？對曰：吾敢愛一身，移暴於民乎？亦不使罪爾曹也。即自焚之。觀察使素賢之，不劾也。（歐陽修：《新唐書》、卷一百九十七、列傳第一百二十二）

三八　李進士負薪

學問愈進，思想境界愈高。如果正逢末世，便不會接受掛名的虛官和白拿的俸餉。儘管俗人說他傻，高人自有深識。

李孔昭，字光四，又字潛夫，明末薊州人（今河北薊縣）。明崇禎十五年（一六四二）中了進士（皇帝御前殿試錄取，是科第中的最高等）。他不貪虛名，把起造進士牌坊的公款，捐給國家，幫助軍餉。

明代之末，世局敗壞。內有流寇張獻忠（一六〇六—一六四六）、李自成（一六〇六—一六四五）作亂，外有清軍入關，洪承疇（一五九三—一六六五）抗清被擒，內外危殆。李孔昭見時勢日非，個人無力回天，便帶著母親，隱居在盤山之中（又名田盤山，在薊縣西北），種田爲食，打柴爲炊，很少和外界接觸。日子久了，別人很少認識他了。

清朝統一了天下，普頒聖旨，訪求前代遺老（在野的年高賢士），李進士未予理會，不願出山奉詔。

過後，有一天，官府派了位專使，捧著徵召的文書和禮金，特意專程拜訪他，表達朝廷聘他出仕的誠意。

這位專使，路途不熟，登上盤山後，正好在山腰遇到一個背著薪柴的鄉下人，專使叫他停下來，問他道：「你知道住在這盤山中的李進士的家在哪裡嗎？」

扛柴的鄉下人頗感奇怪，爲何有人要找李進士？待明白了事因，便用手遠遠的指出了方向，就走開了。等到這位專使，東彎西轉，尋到了李進士的家時，進門一看，屋裡全是空的，家人早已避開不在了。

鄰居有位老翁，告訴這位專使說：「李進士搬走了，他剛才把話都告訴我了。你卻是當面錯過了呀，你在半路上遇到的那位背柴的人，他本人就正是李進士呀！」

【譯後語】現在讀書，偏重「智」育，其實「德」更爲重要。孔子說：弟子要先學做人立品，然後如果「行有餘力，則以學文」。知所進退，是分辨品格高低的試金石。《孟子・盡心上》說：「窮（在野時）則獨善其身（修己），達（在朝時）則兼善天下（福民）。」如果世局紛亂，抱負不能施展，就隱居待時。這必須看得開，視名利如敝屣，才可心安理得，乃是要很高的修養才能辦到的。宋代朱敦儒（字希眞）有一首《西江月》詞曰：「世事短如春夢，人情薄似秋雲，不須計較苦勞心，萬事原來有命。幸喜三杯酒好，況逢一朵花新，片時歡笑且相親，明日陰晴未定。」這個境界，足供我們去多多體會。

【原文】李孔昭，字光四。明崇禎十五年進士。見世事日非，奉母隱盤山中，躬執耕樵自給，形跡數易，人無識者。清初，詔求遺老，不出。一日，當道遣吏，持書幣往。遇負薪者，呼而問之曰：若識李進士耶？負薪者詰得其故，以手遙指而去。吏至

門，其室虛矣。鄰叟曰：汝面失之，向所負薪者，李進士也。（《淸史》、卷五百、列傳二百八十六、遺逸卷二）

【另文一】陶宏景（四五六—五三六），字通明。幼有異操，讀書萬餘卷。謂人曰：仰青雲，覩白日，不爲遠矣。入茅山，自號華陽陶隱居。特愛松風，遍植松，每聞其響，欣然爲樂。梁武帝手敕召之，不出。唯畫兩牛，一牛散於水草之間（比喩優遊自得），一牛著金籠頭，有人執繩，以杖驅之（做了官就失了自由）。（見《續世說》、卷八、棲逸。又見《梁書》、處士傳）

【另文二】魯君聞顏闔（戰國魯人）得道之人也，使人以幣先焉。顏闔守閭，而自飯牛。魯君之使者至，問曰：此顏闔之家耶？顏闔對曰：此闔之家也。使者因致幣（奉上禮金）。顏闔曰：恐聽謬，而遺使者罪，不若審之（恐怕你弄錯了罷？不如回去問個清楚再來）。使者還，反審之，復來求之，則不得也。（《呂氏春秋》）

三九　公使何敢替天皇拒客

辦外交，要運用智慧，見招拆招，用正理封住對方的歪理，這才是高著。

中華民國十五年，國民革命軍誓師北伐。十六年定都南京。此時日本還猶豫不曾承認國民政府。民國十七年（一九二八），適值日本裕仁天皇（昭和）將舉行加冕典禮，日本外務省以「共同公文」方式，廣發請柬。王芃生（一八九二—一九四六，醴陵人，曾留學日本）與我駐日公使汪榮寶（一八七七—一九三三，吳縣人）商議，決定代表中華民國政府，備辦禮物，前往致賀。

哪知事出意外，日本外務省東亞局局長有田八郎，忽然知會汪榮寶公使說：「貴國要來道賀，確是一番美意。但敝國尚未正式承認貴國政府，此項行動，大可不必。」

汪公使極為忿慨，卻不好如何對付。王芃生建議道：「你是公使，不方便由你出面駁斥他，免得彼此撕破臉，不好收拾。不如由我來講硬話，即令搞砸了，就推說那只是我個人的偏見好了。」

於是依期前往。第一關見到有田八郎，他在迎賓。王芃生開口問有田說：「你是新任命的外務省大臣嗎？」

有田聲明說：「不是，我只是外務省轄下的東亞局局長。」

王芃生又問：「天皇加冕盛典，你們的長官田中首相發了請柬奉邀，你有甚麼資格拒絕我中華民國的道賀？」又追著問：「你是否已經越級呈報，請示過天皇？經貴國天皇御前裁示，不准我國前來慶賀嗎？」

有田回答道：「這個，我没有，也不敢。」

王芃生責問道：「然則你憑何種權威代替天皇拒客？再者，貴國天皇加冕，賀客愈多愈光采，應當只怕鄰近的擁有四萬萬人民的中國不來道賀，那才臉上無光。現在你反而要辭退賀客，這是甚麼心態？若果眞是這樣，那我們中華民國公使館就打算在東京召開記者會，當眾發表聲明，指出你東亞局長的無禮，讓全世界都知道誰對誰錯。」

有田八郎理屈辭窮，不再申辯，急忙陪罪。王芃生說：「汪公使是中國官方代表，你應當向公使賠禮才是。」

經過這場辯駁，就不再有異言，順利參與了慶典。而那承不承認國民政府的難題，也自然消除了阻礙而水到渠成了。

【譯後語】《詩經·大雅》曰「折衝」，《晏子春秋》曰「折衝樽俎」，都指用言辭伸張外交正義之謂。強國辦外交，幾乎是予取予求，說了就算。國勢弱的，則必須在荊棘叢中衝破困難，去開展天地。此所以俗語說「弱國無外交」也。但突破艱局，必當抓住正理，理直才氣壯，得理不饒人，使敵手無詞以對，贏得勝算。這還要知彼知己，洞悉他國國情，才可打蛇打在七寸上。王芃生精諳日文，號曰日本通，僅從此事觀之，算是立下功勞一件。

【原文】民國十七年，當時日本尚吝於承認國民政府。適日皇將行加冕典禮；余商於汪榮寶公使，備禮道賀。日本外務省亦曾以共同公文方式，發出請柬。忽東亞局長有田八郎告汪：貴國道賀，固屬好意，但敝國尚未承認貴國政府，此舉大可不必。汪憤極，余曰：你係公使，不便嚴斥，免彼翻臉。但由我發言，必要時委責於我個人可也。遂往。余詰有田：汝為新外務大臣乎？曰：否。然則田中有函邀請，汝以何資格拒客？或汝曾越級建議，經天皇裁可乎？曰：何敢？曰：然則汝何權替天皇拒客？汝皇加冕，應惟恐隔鄰我邦四億人不來道賀，今汝反而辭客，是何居心？我將召集記者，發表聲明。有田惶急陪罪。余曰：公使代表國家，應向公使賠禮。而承認問題，亦水到渠成矣。（《王芃生回憶錄》）

四〇　私誼豈可向宰相求官

公私分明，毫不賣帳，這要有很強的決斷力才辦得到。所以特選錄這段對人當面直接親口說「不」的故事。

唐朝裴垍（垍音器，說文解釋是堅土），聞喜人（屬山西省），字弘中，進士出身。唐憲宗時，召爲翰林學士，升中書侍郎（中書省的長官），又任同中書門下平章事之職（這和上述中書侍郎，都是職同宰相，只是稱謂相異）。

唐代與番夷交往頻繁，有關國內國外大小政務，裴垍都能處理允當。擇官任職，必求適材適所，皇上十分信任他，史稱「元和之治」（元和是憲宗年號，八〇六—八二〇）。

裴垍宰治國家，一切恪遵法令，絕不循情，旁人也不敢以私誼來干政。曾經有一次，他的一位久交的好朋友，從很遠的地方到京都來看他。兩人會面敘舊，交談十分歡洽。裴垍除了親切的款待之外，並且給了他很豐厚的零花錢，可謂十分難得的了。

這位朋友，覺得裴垍對自己這樣關愛，必定會照顧到底，因就仗著聊天高興的時候，趁便請求裴垍派任他爲京兆判司（唐代在長安設京兆府，判司是批判文書的官職。元稹有詩句曰：多道蕭何是判司）。

裴垍正色回絕道：「你我長久相交，學識程度彼此都很了解。以兄台的才能，還差欠一截，不足以擔任這個官職。我不敢由於你我是知交，就不管好壞來委派你，這是循私。同時、破壞了朝廷用人的選拔制度，這是傷公。都是辦不到的。或許將來有朝一日，來了一位瞎眼宰相，他顧念到你，那時你不妨要他委派你出任此職。至於我裴垍對這件事，必然不能答應。」

【譯後語】我國人常說「情、理、法」，法最公平，爲何排在最末?情有厚薄，不應排在最前，難怪國家社會要亂。情是甚麼?情就是拉關係，熟人好辦事也。由於人情大似債，理與法就甩在一邊了。今日幸遇裴垍，敢向故友當面直接親口說「不」，有似從臭泥塘裡冒出一枝清蓮，出於濫污而不染，峻拒友情而不私，讀後心中一陣舒暢。

【原文】裴垍作相，器局峻整，人不敢干以私。嘗有故人自遠詣之，垍資給優厚，從容款狎，其人乘間求京兆判司。垍曰：公才不稱此官，不敢以故人之私，傷朝廷至公。他日有盲宰相憐公者，不妨得也。垍則必不可。（宋、孔平仲：《續世說》、卷三、方正）

四一　郭霸嚐糞

馬屁精何代没有？到如今更見高手。但若你做得過分，就會使別人作嘔。

盧江人郭霸，在唐朝官任寧陵縣丞（故城在今河南省葵丘縣東南）。因他刻意奉承武則天（六二四—七〇五，稱武后則天皇帝，在位廿一年），武后一高興，就調他到首都，升爲監察御史，掌糾察百僚之責，按理應是品德淸高的正人君子。

那時魏元忠（宋城人，卒謚貞）也在朝爲官，唐高宗（唐太宗之子）時，做殿中侍御史；武則天時代，官平章事（代行宰相職），以後中宗（唐明皇之父）時，做中書令（中書省之首長，有如宰相）。

有一陣子，魏元忠生了重病，臥床不起，大小解都在床上方便，用盂盆盛著。

魏元忠是國之重臣，郭霸有心巴結，特意親往探病，爲了獻諂討好，他竟然掀開盂盆蓋子，挑出一點糞便，親口嚐了，滿心歡喜地說：「糞便可以斷定人體健康。如果味是甜的，那就不好。如今我嚐了是苦的，表示體內的毛病，都隨著大便排泄出來了。大人不久便會康復，不要緊了。」

郭霸存心獻媚，不怕穢臭，但動作過於下賤。魏元忠見狀，十分厭惡這種小人無恥的舉動，見了人就提起這件醜事，大家都鄙夷不齒，譏訕郭霸是個「嚐糞御史」。

【譯後語】拍馬討好，動作雖然下流，自己卻不會察覺到低賤可恥。儘管別人瞧不起他，但只要長官偶一高興，隨便講一聲「某也賢，某也賢」，拍馬的人就會升官晉爵。因此獻媚的古今不絕，受媚的也各代都有。只要有人愛吃這一套，就會有人奉上這一套。施者與受者各有所欲，各取所需，都將樂此不倦。

【原文】寧陵丞盧江郭霸，以諂諛干武后，拜監察御史。中丞魏元忠病，霸往問之，因嚐其糞，喜曰：大凡糞甘則病可憂，今苦，無傷也。元忠大惡之，遇人輒告。（《淘沙集》）

【另文】郭霸爲右臺御史。魏元忠臥疾，諸御史盡往省之。霸居後，請嚐便液，曰：糞味甘，或不瘳；今味苦，當即愈矣。元忠剛直，惡之，以其事遍告於朝士。（宋、孔平仲：《續世說》、卷十二、邪諂）

長官對部屬關心厚愛，部屬會加倍回報，這是身爲首長的應當知曉的《領導學》中要項之一。

四二　吳起吮疽

戰國時代，有位吳起（？—前三七八），善於用兵。初爲魯國大將，攻齊國，大破之。其後聽說魏文侯是賢君，便投歸魏國，魏文侯委任他爲西河守，很有政聲。

吳起是戰國時代的偉大軍事家，和司馬穰苴（春秋齊國人，姓田，做過大司馬，故叫司馬穰苴，著有《司馬穰苴兵法》）齊名。吳起也寫了《吳子兵法》，和春秋時代孫武著的《孫子兵法》合稱《孫吳兵法》，是軍事學中之寶典。

他在魏國爲大將時，奉命去攻打中山國（古國名，約在今河北省偏西）。部隊裡有個小兵，身上生了個毒疽，紅腫化膿，非常痛苦。吳起親自用醫鍼挑破膿皮，用嘴去吮吸那膿癰的毒液和淤血，把膿根都吮出來了，幾天後新肌長合，完全痊癒。

這小兵的母親知道了，哭了起來。近旁的人勸道：「吳大將軍待你兒子這麼好，你還哭個甚麼呢？」

他母親回答道：「吳大將軍以前也吮過我兒子父親的膿疱，他父親就在泩水之戰的那次戰役中，奮勇殺敵，没多久就犧牲了。如今又吮我兒子，我準會料到我兒在哪一次戰役中又將送命，我哪能不哭呀！」

【譯後語】帶兵要帶心。一個小卒，生了毒癰，元師親口替他吮毒，比關愛親兒子還勝過。這小兵感恩感德，哪有不拚死報答之理。同樣的，領導者對屬下好，屬下也會盡心回報。

【原文】吳起，爲魏將，攻中山。軍人有病疽者，吳子自吮其膿。其母泣之。旁人曰：將軍於而子如是，尚何爲泣？對曰：昔者，吳子曾吮此子之父之創，父赴注水之戰，戰不旋踵而死。今又吮吾子，安知是子何戰而死？是以哭之。（《說苑》、卷第六、復恩）

【另文】唐太宗征遼東，攻白巖城，右衛大將軍李思摩爲流矢所中，帝親爲吮血，將士莫不感勵（吳兢：《貞觀政要》、卷之六、仁惻第二十）。

四三　信陵君不知人

孔子說：「不患人之不己知，患不知人也」（論語・學而）。又說：「君子病無能焉，不病人之不己知也」（論語・衛靈）。想要了解別人，或者想要別人了解自己，這兩者都不容易。

秦國的宰相范雎（元前？——前二二五，戰國魏人，字范叔），甚得秦昭王的尊重，威權很大。范雎有個大仇人魏齊（原是魏國宰相）知道自己處境危險，便逃到趙國的平原君（趙武靈王之子，叫趙勝。封於平原，故號平原君）家裡，藏了起來。

秦昭王傳話給平原君（？——前二五一）說：「從前，周文王得到呂尙，尊他爲太公，滅了商紂。齊桓公任用管仲，稱他爲仲父，開創了霸業。如今，我得到范雎，任他爲宰相，稱雄於六國（用遠交近攻之策，使齊楚燕趙韓魏都畏秦國），他等於是我的叔父一樣了。范雎的仇人魏齊，躲在你的家中，我希望取得他的頭顱，爲范雎雪恨。」

平原君回答道：「那魏齊是我的好友，即令果眞在我家，我不會交出他來送死，何況如今他並沒有在我家呢。」

秦昭王見平原君不肯承認，轉而威脅趙王說：「魏齊躲在平原君家裡，請你趕速取下他的頭顱送來。不然的話，我就會起兵攻入你趙國抓人。」

趙王害怕秦國，派兵包圍了平原君的莊園，要捉拿魏齊，魏齊趁黑夜逃了出來，偷偷的去見趙國宰相虞卿（參見本書第七篇）。盧卿連宰相都不要做了，把宰相的大印封存留下，一同跟魏齊逃走，前往魏國，想會見魏國公子信陵君（？—前二四三），打算借重他的關係，從魏國設法再逃往楚國。

那信陵君名魏無忌，是魏昭王的公子，仁而下士，食客三千，甚有賢名（戰國時，齊有孟嘗、趙有平原、魏有信陵、楚有春申，稱四公子）。但他也害怕秦國，不想會見，猶豫著說道：「那虞卿是個甚麼樣的人呀？」

這時候，有位高士侯嬴（又稱侯生）在旁，感慨的說道：「高明的人，想得很遠，行事與眾不同，固屬難以讓別人去了解他（別人難知我）。而要去了解一個人，也眞是不容易呀（我也難以知人）。那個趙國的虞卿，當初他第一次會見趙王時，趙王便送他黃金一百斤。第二次會見時，就請他作上卿。第三次會見時，趙王就請他接掌宰相。這些事實，天下人都已知道了。

「至於那個魏齊，原也是魏國宰相，受到要殺頭的威脅，在危急時去見虞卿。那個虞卿，不留戀自己現成的高官厚祿，棄尊捨貴，丟官封印，乃是認爲魏齊不錯，和他一同逃走。匆忙中想到你信陵君很有賢名，打算依託公子你的庇護和幫助，逃往楚國。

「而公子你卻反問虞卿是個甚麼樣的人？他便是這樣一個不愛官爵卻重道義的人。他還認爲你也是這樣一類的人呢？由此看來，要去了解一個人，或者要別人來了解自己，眞是很不容易的了。」

信陵君聽了，十分慚愧。連忙駕著車子，到郊外去迎接虞卿和魏齊。

【譯後語】爲了救朋友，前例尚多：東漢范滂，捲入黨錮之禍，朝廷急捕他，他竟自動去投案，縣長郭揖要棄官帶他同逃。此其一也（見《後漢書》卷七十九）。范雎原在魏國，被魏國宰相魏齊笞打得死去又活轉過來。虧得鄭安平與王稽偷偷把他運入秦國，此其二也（見《史記》卷七十九，是本篇的前半段）。今虞卿棄官帶著魏齊同逃，此其三也。類此義舉，史書還不少，卻因近世功利主義彌漫，要爲朋友而捐身捨命，似乎不多見了。

【原文】范雎之仇魏齊亡，過平原君。秦昭王請平原君曰：文王得呂尚以爲太公，齊桓得管夷吾以爲仲父，今范君亦寡人之叔父也。范君之仇在君家，願取其頭。平原君曰：夫魏齊者，勝之友也，在固不出，況今又不在臣所乎。昭王告趙王曰：魏齊在平原君家，王使人疾持其頭來，不然，吾舉兵而伐趙。趙王圍平原君家，魏齊夜亡，見趙相虞卿。虞卿乃解其印，與魏齊走大梁，欲因信陵以至楚。信陵畏秦，未肯見，曰：虞卿何如人也？時侯嬴在旁曰：人固未易知，知人亦未易也。夫虞卿一見趙王，賜黃金百斤；再見拜爲上卿；三見受相印。天下爭知之。夫魏齊困窮，過虞卿，虞卿不重爵祿之尊，急而歸公子。公子曰何如人？知人固未易也。信陵君大慚，駕、如野迎之。（東漢、應劭：《風俗通義》、窮通）

四四 蘇東坡要畫扇

隨意揮毫，助民償稅，子瞻仁澤，惠而不費。

北宋文豪蘇軾（一〇三七—一一〇一），字子瞻，號東坡居士（築室東坡，因以爲號），四川眉山人，嘉祐進士。他和父親蘇洵（一〇〇九—一〇六六）、弟弟蘇轍（一〇三九—一一一二）合稱三蘇。他善書法，又精繪畫，但詩詞文賦更好，名列唐宋八大家（指韓愈、柳宗元、歐陽修、曾鞏、王安石及三蘇）。

那時宰相王安石（一〇二一—一〇八六）當政，蘇軾上書給宋神宗，痛言新法不便民，王安石把他貶調到杭州。那西湖中的蘇堤（蘇東坡堤），夾岸垂楊，曲橋畫舫，選定爲西湖十景之一，命名「蘇堤春曉」，就是他在任內建的。

杭州有位市民，欠了官家稅款，累催未繳，蘇軾召他到府裡，審問他何以欠稅？若不繳納，就得羈押坐牢。

這位市民稟道：「小民是靠製造杭州團扇（扇面圓形，用綾絹製成）爲生，今年夏天氣候很涼，團扇沒人買，以致無錢交稅，並不是故意耍賴，請大人明鑒。」

蘇軾說：「你即刻回去，背幾梱團扇來給我看看。」

扇子拿來了。蘇軾當場在府衙公案上提筆揮毫，將每把團扇寫上幾句生動的草書詩詞，或繪上些枯樹、疏竹、遠山、奇石的國畫，並題款署名，一下子繪成了二十多把，囑咐扇主人出衙去賣。

這是蘇大文豪的手繪墨妙，一般人求也求不到。扇主人剛步出府門，許多人都搶著來買，每柄團扇爭著用高達一千個錢幣的大價一時都賣光了（比平常團扇的售價高了幾百倍），把欠稅全數繳清還有剩餘。

【譯後語】公堂畫扇衙前賣，欠稅還清尚有多，

爽意揮毫三兩筆，杭民懷惠頌東坡。

【原文】宋、蘇軾，知杭州。民有逋稅者，呼至，詢之。曰：家以製扇爲業，遇天寒不售，非故負之也。軾曰：姑取扇來。遂據案作草書及枯木竹石，須臾成二十餘柄。纔出府門，每柄爭以千錢購之，因盡償宿逋仍有餘。（《龍文鞭影》、二集、下卷）

四五　曹孟德斬殺糧官滅口

兩人同謀使壞，一旦事發，強的就藉故把弱的幹掉，眞相便不會洩露了。人際間的爾虞我詐，就有這麼險惡，作姦犯科者，最好三思。

曹操（一五五—二二〇）字孟德，東漢時人。他剿黃巾賊，討董卓，滅袁術，破袁紹。後來追尊爲魏武帝，廟號魏太祖。他富於雄才，和劉備評論當代人物說：「今天下英雄，唯使君（指劉備）與操耳。」只是他也長於權詐。

有一次，他帶領大軍遠征作戰，在外日久，軍中糧米存量不多，難以維持長久。他密喚那管軍糧的庫長前來，問有甚麼方法可以解除短糧的困擾？

這位庫長，可能同樣是個心多詭計的人，他低聲建議道：「存糧的確不足，一時運補也接濟不及，只有用小斛（音胡，量米穀的容器。用不合標準的小斛，可短斤少兩）來發米，就可以應付過去。」

曹操認爲這個主意可行，點頭同意，也輕聲回應說：「那就照這樣做好了。」

如此過不多久，有人發覺米量比從前少了，便說曹操用小斛發米，欺騙他們吃不飽。

大家傳了開來，軍心浮動，戰力大受影響。

曹操聞之不妙，他即刻把軍糧庫長叫來，向他說：「如今要借你身上一件東西，來平息大家的怨恨。」不容對方開口說話，下令將庫長馬上推出營外斬首，取下頭顱示眾，宣佈罪狀說：「軍糧庫長竟敢私用小斛發糧，剋扣官米，罪當斬首，以平眾怒。」

全軍都認爲曹操能夠即時查出舞弊的罪人，而且快刀斬亂麻，登時正法。這庫長罪有應得，而曹操則是個精明果斷的好統帥。大家的不平之氣，便消除了。

【譯後語】曹操是奸雄，兩面爲人。私的一面，同意小斛發糧，以紓不足之困。公的一面，把過錯全栽給糧官，自己脱落乾淨。我們若深一層探討，則糧官非死不可。其一，殺掉乃是滅口，免他嘴巴不緊，洩露曹操是同謀共犯。這是捨車保帥之法，故不得不死也。其二，把責任歸屬糧官，借他之頭，以平衆怒，軍心得以安定。這是推卸責任之法，故不得不死也。其三，糧官既死，便一了百了，沒有向死人追討欠糧之理。這是一筆勾銷之法，故更不得不死也。由此看來，殺糧官有許多益處，故他死定了。這是曹孟德的眞面目。傳説他「寧可我負天下人，不可天下人負我。」是否屬實雖尚存疑，但卻刻畫出奸雄的鮮活面孔。

【原文】曹操行軍，倉糧不足。私召主者問如何?主者曰：可行小斛足之。操曰：善。後軍中言操欺衆。操謂主者曰：借汝一物，以厭衆心。乃斬之，取首判曰：行小斛，盜官穀。軍心遂定。（《增廣智囊補》、卷下、雜智）

四六　鄭成功收復台灣抗清

鄭成功父子都在明朝任高官，父親鄭芝龍官封南安伯，進爵平國公，竟然變節投降清廷。鄭成功則矢志抗清，父子忠奸異路。

福建南安人鄭成功（一六二四—一六六二），字大木。明末、唐王賜他姓朱，桂王封他爲延平郡王。他據有自廣東潮州經福建到浙江台州的沿海地區，獨撐反清復明大業。

永曆十三年（明朝桂王年號，即清順治十六年，西元一六五九年），鄭成功北伐南京失利，大陸基地，只剩金門廈門兩處小據點，對籌措糧餉鞏固安全和圖謀發展都很困難，非另行開疆拓土不可，因而選定奪回台灣，作恢復明朝的中興基地。

鄭氏與台灣夙有淵源，鄭芝龍早就到過台灣，還協助福建的饑荒百姓移民台灣去開墾。那時台灣爲荷蘭人所佔（荷人趕走西班牙人而據有台灣），由於中國人的勤勉努力，已經成爲「農田萬頃，餉稅數十萬」（見《台灣省通志》）的富足之島了。

荷蘭本是歐洲小國，距離亞洲太遠，該國派守台灣的兵力也不多，島內眾多的福建移民，又可作爲鄭氏攻台的內應。在這些有利的條件下，一經何斌獻策，便確定了收復台灣的行動。

明永曆十五年四月一日（公元一六六一年四月廿九日），鄭成功誓師出海，率領數百艘艨艟巨船，二萬五千精兵，進抵台灣鹿耳門（今台南西海岸）。可是門外沙淤水淺，荷軍又用沉船堵塞了港口，大船没法進入。正在爲難，恰遇天助。由於適逢朔日前後，日月地球在同一軸上，引力相合，起了大潮，海水漲高了數尺，船隊都順利的駛進了港內。鄭軍一部份在鹿耳門南岸登陸，一部份直向赤嵌城（Providentia，永曆四年荷人所築，今稱赤嵌樓，在台南市）攻擊。當地華人也紛起呼應，初次接戰，荷軍敗了。

鄭成功向荷軍招降。那駐守熱蘭遮城（Zeelandia，在台南一鯤鯓，明崇禎三年荷人所築，俗名紅毛城，今稱安平古堡。當時是一島，今已與陸地相連，屬安平鎮）的太守菲特烈揆一（Fredriek Coyett，就是總督）不遵，開出條件，要求保有熱蘭遮及赤嵌兩城，才願和談。

鄭成功嚴予拒絕，說：「台灣本是中國領土，荷人原應歸還。」戰事繼續，赤嵌城荷軍不敵，先投降了。但熱蘭遮城則敵我對峙不下。鄭成功採取圍堵封鎖戰略，經過九個月，荷軍支持不了，投降。永曆十五年十二月十三日（公元一六六二年二月一日）雙方簽訂了媾和條約。至今台南市赤嵌樓大廳正面大牆上，還高釘著我方軍容壯盛、儀隊威森、接受荷人呈遞降書的巨幅油畫，供大家瞻仰。

荷蘭人在台灣留下的財寶、珊瑚玉、琥珀玉、現金及各項庫藏折計四十七萬一千五百西弗（Florin，歐洲昔時的幣名）。據西方傳教士記載說：「熱蘭遮的財富，連同軍需砲械，計五百萬銀，足證台灣爲東洋（指亞洲東部，相對西洋而言）兩大富裕倉庫之一（另一可能是日本）。荷蘭人佔據台灣三十八年，從此又重歸我國統治的疆土了。

【譯後語】鄭成功獨闢半邊天，惜乎明室衰頹，一木難能撐大廈；而清廷氣旺，孤臣無力挽狂瀾，良可慨也。台北新公園內爲他建了「大木亭」（鄭字大木），有聯曰：「騎鯨海上憶英風，重看一旅中興，更無遺憾留天地。焚服世間傳偉業，願種十圍大木，長有奇材作棟梁。」又台南「延平郡王祠」，有清代名臣沈葆楨贊鄭成功聯云：「開萬古得未曾有之奇，洪荒留此山川，作遺民世界。極一生無可如何之遇，缺憾還諸天地，是創格完人。」而鄭成功也自撰有《出師討滿夷，自瓜洲至金陵》詩曰：「縞素臨江誓滅胡，雄師十萬氣吞吳，試看天塹投鞭渡，不信中原不姓朱。」可惜他卅九歲死了。台灣寶島福摩莎（Formosa），古稱夷州，漢稱東鯷（音第，島形似魚之意），公認爲是「美麗之島」。卻由於中華子孫不肖，台灣先爲西班牙所佔，後被荷蘭續據卅八年。幸而鄭成功於永曆十五年（一六六二）驅荷復台，光緒十二年（一八八六）建省，九年後，馬關條約又割給日本五十載（一八九五—一九四五）。自稱「台灣遺民」的彰化進士丘逢甲有《春愁》詩曰：「春愁難遣強看山，往事驚心淚欲潸，四百萬人同一哭，去年今日割台灣。」直到民國三十四年（一九四五）抗日勝利，台灣光復，乃重回祖國懷抱。回顧此一辛酸之變，每興感喟之思，特錄此篇，以示毋忘往史云耳。

【原文】鄭成功自金陵戰敗，基地只餘金廈兩處，非謀自救不可。台灣乃選爲復明中興之基地。時台灣爲荷人所佔，已有田野萬頃，餉稅數十萬之富。而荷人軍力不強，移民亦可內應。經何斌之獻策，取台之議乃定。永曆十五年四月一日，成功以數百艨艟，二萬五千精兵，進至鹿耳門。門外舊有淺沙，又荷人沉船塞港，大船無從出入。幸是日水漲數尺，船隻均順利進港，部份在鹿耳門南岸登陸，部份直向赤嵌城進攻，當地華人起而呼應，初戰荷軍失利，成功向兩城勸降，熱蘭遮城太守揆一不遵，欲保有兩城從事議和，成功不允，曰：此原中國領土，荷人應當奉還。赤嵌城守先獻其城，熱遮蘭城則經九個月之力攻，於永曆十五年十二月十三日降，並簽訂媾和條約。荷方留下金貨珊瑚玉琥珀玉現金物品共四十七萬千五西弗。可知台灣爲東洋之二大富裕倉庫。荷人據台卅八年，自是重爲國人統治之疆域矣。（台灣省文獻會編：《台灣省通志》、卷三、政事志、外事篇、第二節、明鄭時代）

四七　恭王楚弓楚得

楊子說「爲我」（就是以我爲尊），墨子說「兼愛」（就是人我平等），莊子說「齊物」（就是物我齊一）。各有立場，各創門戶。若要比較誰家的說法最好呢？這就看各人眼光的是遠是近？範圍的是大是小，但眞也很難下定論。例如下面所引的故事，說辭就各不相同。

楚國有人（【原文二】說是恭王）遺失了珍貴的射箭的烏皚之弓，不想去尋回來。他的理由是「『楚人丟了，楚人得了』，何必去找？」

孔子聽了，說：「可惜這個說詞還不算宏闊。天下本是一家，何必限於『楚』呢？大可去掉『楚』字，只要說『人丟了，人得了』。那不是很好嗎？」

老子聽了，說：「可惜這個說詞還不算廣博。萬物本爲一體，何必限於『人』呢？大可去掉『人』字，只要說『丟了，得了』。那不是更好嗎？」

【譯後語】思想有深有淺，觀念有廣有窄，境界也有高有低。因之，有以國家爲本位的，有以人類爲本位的，也有以萬物爲本位的。在這篇短文中，如果不要「楚」，便打破了國家觀念，世界齊一了。如果不要「人」，便打破了人本觀念，物我齊一了。如果連「物」也不要，那便返回到宇宙初始時僅有基本元素的混沌境界中去了。試看我國兩千年前的老祖宗們，寫下了簡短的幾句話留傳下來，卻隱藏了個深奧的哲理問題，讓我們去思考，我們是不是得到了啓發呢？

【原文一】荊人有遺弓者，而不肯索。曰：荊人遺之，荊人得之，又何索焉？孔子聞之曰：去其荊而可矣。老聃聞之曰：去其人而可矣。（《呂氏春秋》、十二紀、貴公）

【原文二】楚恭王出遊，亡烏皚之弓。左右請求之。王曰：已之，楚王失弓，楚人得之，又何求之？（《孔子家語》、好生）

【原文三】楚共王出獵，而遺其弓。左右請求之。共王曰：止。楚人遺弓，楚人得之，又何求焉。仲尼聞之曰：惜乎其不大，亦曰：人遺弓，人得之而已，何必楚也？（《說苑》、卷十四、至公）

【原文四】龍聞楚王張繁弱之弓，載忘歸之矢，以射蛟兕於雲夢之圃，而喪其弓。左右請求之，王曰：止。楚人遺弓，楚人得之，又何求乎？仲尼聞之曰：楚王仁義而未遂也。亦曰：人亡弓，人得之而已，何必楚哉？（《公孫龍子》、卷上、跡府第一）

四八　裴度印失印還

機關的官印不見了，首長沉住氣，暫且裝成若無其事的樣子，好讓偷印者安全送回來，於是失而復得。

唐朝裴度（七六五—八三九）字中立，聞喜人，唐德宗貞元年間進士。累官中書侍郎（中書省之首長），同平章事（等於宰相），封晉國公。身繫唐室安危近三十年，名望跟前一代的郭子儀（六九七—七八一）相等，《新唐書》有傳。

當裴度擔任中書侍郎時，有一天，突然發覺中書省的官印不見了，裴度身邊親近的人匆忙跑來低聲向他報告此事，近旁的少數兩三人也聽見了，都大驚失色。因爲官印是官府的信物，不論往上呈送的奏稟，或是往下發佈的文告，都須蓋印，以示愼重而防造假，大印丟了，公務豈不要停擺了嗎？

裴度聽到了，全無表示，不動聲色，好像沒有發生這回事一樣，反而通告大家，傍晚時在中書省大廳堂中舉行集體會餐，歡迎全中書省大小官員一同參加酒宴，還請來劇團樂隊，演奏戲劇和樂曲助興，讓大家觀賞。這些人雖然不明白裴侍郎的用意何在。但口舌有酒肉享受，耳目有樂劇欣賞，也就趁此

暫時放下公務，離開辦公場所，盡情歡樂，一直到半夜，興緻都保持很高。

夜深了，此時與裴度親近的人走了過來，低聲向他報告說：那官印又在原處找到了。裴度不置可否，仍舊聆聽戲曲，大家盡歡才散。

同樂會過去了，有人問裴度官印失而復回的原由。裴度說：「這很可能是基層辦事人員偷偷拿去在文書契約上蓋印，以證明那書券的效力。這時只有舒緩其事，多給偷印者一些時間和空間，好讓他有機會從容順當送回來。如果沉不住氣，急切地內外搜索，逼得偷印者無路可退，他一時情急，就會把官印投入火爐中，或丟進水流裡，便沒法找到了。如今大印既已歸還，再去追查嫌疑者，並不遲呀！」

當時聽到的人，都佩服裴晉公的智高識宏，處變不驚，把難關輕易度過了。

【譯後語】印信有等級，規格有大小。皇帝的印曰玉璽，是用和氏璧雕成，篆刻「受命於天既壽永昌」八字。其餘機關則視等級而曰印曰關防曰鈐記曰圖記。公文書都蓋官印，以昭信守而杜假冒。官印由上級頒發，列入移交，丟了是大事。但裴度有過人之能，初聞失印，即想到要製造出讓印信有歸還的機會，張筵舉樂，公務暫停，便是給予偷印者有充裕的時間和良好的機會將官印還歸原處。裴度事前事後都不顯痕跡，非常人所能猜度者也。

九疊篆
（元帥府印）

此外，由於東西文化不同，我國用印信，似很麻煩。外國用簽名，當較簡便，國情相異之故也。中央政府內政官署不妨比較研究之。

【原文】裴晉公在中書，左右忽白以印失所在，聞之者莫不失色。度即命張筵舉樂。人不曉其故，竊怪之。夜半飲酣，左右復白以印存焉。度不答，極歡而罷。或問度以其故。度曰：此出於胥吏盜印書券耳，緩之則存，急之則投諸水火，不復更得之矣。時人服其弘量，臨事不撓。（無名氏撰：《玉泉子》、所記皆唐代雜事，列小說家）

【另文】明代有御史擬參劾某縣令。縣令偵知後，反欲設計先害御史。乃密遣一孌兒（可愛的美女）陪侍御史，御史暱之，孌兒遂乘隙竊其盒中印篆而去（偷走了官印）。御史雖心疑乃縣令所爲，然無證據而不敢詰。嘗聞某教諭（掌學政之官）有奇才，因求問焉。教諭獻策，囑御史夜半於官衙後房中失火，火光燭天，當地郡縣諸首長皆親臨救火，御史忙中急持印盒交縣令保管，他官亦各有所護。待火滅，隔日縣令送還印盒，則印在盒中矣（官印送回了）。或云：此教諭乃海瑞（一五一四—一五八五，《明史》有傳，京戲有「海瑞罷官」）也。（《增廣智囊補》、下卷、捷智、靈便）

四九　戴東原質疑朱夫子

做學問要處處存疑，思辨才有長進，否則只是個書呆子，犯了食古不化的毛病。

清朝戴震，字東原（一七二三—一七七七），休寧人（今安徽休寧縣），乾隆時代舉人，賜同進士出身。天資聰慧，讀書一過目就背得出來，是清代的名儒。著作很多，又是《四庫全書》（分經史子集四部，共八萬卷，耗時十八年）的纂修官。

他年輕時進入私塾，老師教他唸《大學》（是《四書》的第一本）。《大學》第一章的後面有一段「釋詞」（前人讀書，連這些解釋的句子也要熟背），是朱熹（字元晦，號晦翁，他集理學之大成，世稱朱夫子）說的：

「右經一章，蓋孔子之言，而曾子述之。其傳十章，則曾子之意，而門人記之也。舊本頗有錯簡，今因程子所定，而更考經文，別為次序如左。」

按右面這一段是朱夫子寫下的，意思是說：「這前面的第一章是正文叫『經』，乃是孔子的話而由曾子轉述的。這以後跟著的共十章是解釋經文意義的叫『傳』（音篆），則是曾子的意見而由曾子的學生記錄下來的。……」

戴震讀到這裡，心中有疑惑，問老師道：「這第一章『經文』（指「大學之道，在明明德」，到「未之有也」這一段，共二百零五個字），怎麼知道是孔子說的？又怎麼知道是由曾子轉述的？至於這以下的『傳文』，怎麼知道是曾子的意見？又怎麼知道是由曾子的學生記錄下來的呢？」

老師答道：「這是朱夫子朱熹他這樣說的。」

戴震問：「朱夫子是甚麼時代的人？」

老師答道：「南宋時人，生於宋高宗時代。（按朱熹生卒年代爲公元一一三〇—一二〇〇）

戴震問：「曾子是甚麼時代的人？」

老師答道：「東周時人，屬春秋時代。」（按曾子生卒爲公元前五〇五—前四三六）

朱熹

戴震問：「東周到南宋相隔多久？」

老師答道：「幾乎快近兩千年吧。」

戴震再問：「既然相隔這麼長久，那朱夫子怎麼會知道得如此肯定呢？」

老師這次也不能回答了。

【譯後語】《中庸》一書說：「博學之，審問之，愼思之，明辨之，篤行之。」博學審問，繼以愼思明辨，再去篤行，才可有得，這才叫眞正在讀書，也才叫眞正的治學。有如蜜蜂採的是花粉，釀出來的是「蜜」，蠶兒吃的是桑葉，吐出來的是

「絲」。在這入出之間，都已經產生很大的變化了。此外，清代江藩《漢學師承記》中，還記載了另一位大儒嚴若璩（一六三六—一七〇四）的認眞和執著：「年二十，讀《尚書》（就是書經），至古文，即疑二十五篇之僞。沉潛二十餘年，作《古文尚書疏證》八卷」。足見前人讀書，要尋根究柢，一處也不放過，故能發明古義，卓然成爲大師。《孟子》也說：「盡信書，不如無書。」做學問要與古人爲敵，才會有得。不像現代的我們，囫圇吞棗，搬弄些外國時髦名詞和摩登術語，硬生生的移植過來，也不怕水土不服，這距離眞實學問太遠了吧？

【原文】戴震，字東原，讀書過目成誦。塾師授以大學章句右經一章，問其師曰：此何以知爲孔子之言而曾子述之？又何以知爲曾子之意而門人記之？師曰：此朱子云爾。又問：朱子何時人？曰：南宋。又問：曾子何時人？曰：東周。又問：周去宋幾何時？曰：幾二千年。曰：然則朱子何以知其然？師不能答。（淸、江藩：《國朝漢學師承記》、卷五、記之五）

五〇　柳公權直諫唐文宗

唐文宗（八二七年登帝位）在便殿中與六位學士談話（唐置學士於學士院，掌制誥，受優寵），話題轉到漢文帝（前二〇二—前一五七），都贊歎漢文帝的謙恭儉樸，確是難得的好君王。

唐文宗這時舉起手肘，扯著衣袖說道：「這件內衫，已經洗過三次了，我仍舊在穿，捨不得丟掉換新的。」學士們都稱美唐文宗儉素的盛德，只有柳公權（七七八—八六五，元和初年進士，後爲太子太保）沉默不言。

唐文宗留下柳公權，問他爲甚麼沒有說話？

柳公權答奏道：「君王的要務，在治理天下，應著眼於進用賢良，罷斥佞幸，採納四方諍言，公平升遷賞罰。使國政清明，百姓安樂。至於穿一件洗了三次的內衫，這不過是生活中的小節而已，用不著特意誇耀的。」

學士周墀（字德升，後任中書侍郎），也留下還未走，聽了十分驚懼。直說皇上的壞話，是很嚴重的，腿股都抖戰起來。唯恐他頂撞了唐文宗，惹來殺身之禍。但柳公權的詞鋒和態勢，一點也不屈撓。

柳公權的書法，猷勁嫵媚，自成柳體。當時公卿大臣家裡，如果沒有懸掛柳字的，都引爲遺憾。直到現在，柳帖仍是我們習字臨書的範帖之一。

【譯後語】柳公權歷任唐穆宗、敬宗、文宗三朝。唐穆宗曾問他寫字之道，他回奏說「心正則筆正。」這是「筆諫」（見舊唐書卷一百六十五）。本篇又勸唐文宗要放眼天下，如此直士，惜乎太少了。俗語說：「字是敲門磚。」字寫得好，事業會更順利，因此我們對寫字也不要大意隨便才好。范仲淹《祭石曼卿文》說：「曼卿之筆，顏筋柳骨。」其實，顏眞卿何嘗無骨？柳公權何嘗無筋？有人說：「書法顯示個性。」柳字瘦挺剛勁，從字體就可看出柳公權是個守正不阿的人。

【原文】文宗便殿對六學士，語及漢文恭儉。帝舉袖曰：此澣濯者三矣。學士皆讚詠帝之儉德，唯柳公權無言。帝留而問之。對曰：人主當進賢退不肖，納諫諍，明賞罰。服澣濯之衣，乃小節爾。時周墀同對，爲之股栗。公權詞氣不可奪。公權書法，體勢勁媚，自成一家。當時公卿大臣家，不得公權手筆者不歡。（《舊唐書》、卷一六五、列傳第一一五。又見：孔平仲：《續世說》、直諫）

【另文一】宋太祖常服之衣，澣濯至再。（《宋史》、本紀、卷第三、太祖三）

【另文二】明成祖裡衣袖蔽，納而復出，侍臣合贊聖德。上曰：朕雖日易十衣，何患無之？念當惜福，故每浣濯更進。昔皇妣躬親補緝，皇考喜曰：后居富貴，勤儉如此，正可爲子孫法也。（《明史》、成祖）

五一　匹夫從者萬餘人曾侯受屈

文人去打仗，完全是外行，很難。在正規八旗軍之外辦地方團隊，只算雜牌，又難。後來奉命出湘，轉戰鄂贛皖蘇諸省，槍彈從何補充？糧服從何獲得？軍費從何籌辦？無一不是極難。尤甚的是要在滿族人疑忌之下作戰，進退都招謗，更難了。

曾國藩（一八一一——一八七二）字滌生，清嘉慶十六年十月十一日生於湖南省湘鄉縣荷葉塘都（都是清朝行政區域之名，約相當於現在的鄉）之白楊坪，二十八歲考取進士，後來封毅勇侯，贈太傅，卒謚文正。

道光三十年（一八五〇），洪秀全（一八一四——一八六四）起兵反清，建都南京，號太平天國，糜擾十六省，歷時十五年。當初天兵攻下長沙，進佔武漢，威勢正熾。由於清兵不堪一擊，連戰連敗，清廷乃詔諭在湘鄉守孝的曾國藩，就地招募壯丁，組訓地方團練（在家鄉創建地方自衛武力），保衛湖南，肅清盜匪。

曾國藩看到時局太亂，若不用嚴刑峻法，不足以綏靖地方，便採用治亂世用重典來立威，十旬之內，處斬了兩百多人，懸首示眾，治安算是轉好，但怨謗四起，給他取了個壞的綽號，叫「曾剃頭」，恨他殺人太多了。

咸豐四年（一八五四），湖南匪寇已全部肅清，於是奉命督師出湘，揮兵北上，首先光復了武昌。清廷欣然論賞，頒給曾國藩二品頂戴（清朝官服，帽頂珠子用珊瑚、寶石、水晶以分別等級，稱爲頂戴。二品頂珠是紅寶石）。

當那清文宗咸豐帝看到收復武昌的捷報時，十分歡喜，在朝廷中對軍機大臣（清廷設軍機處，以親王爲軍機大臣）說：「想不到這曾國藩只是個啃線裝書的文弱書生，竟然立下這件奇功！」

正想要打破常規，超擢曾國藩升任高職，好讓他有權獨當一面，多所倚重。卻有一位漢官、任職體仁閣（太和殿之東有體仁閣）大學士（清代在內閣設大學士四人，約等於行政院政務委員）祁雋藻（字實甫，嘉慶進士，後任禮部尚書，謚文端）說道：「這個曾國藩，雖然做過吏部侍郎，但是因爲丁憂（做官的人，遭逢父母之喪，必須辭官回家奔喪，叫丁憂），解職返回原籍，在家中守孝，只算是單純的一個唸書文士而已。他以匹夫之身，居鄉里之間，一聲吆喝，跟隨他的號召而起來參軍的竟然有一萬多人，影響力之強，豈能忽視？這恐怕不是國家之福吧？」

咸豐帝一聽，沉默了好久好久，臉色都變了，沒有再講半句話。

清朝是滿族所建立，深怕漢族奪權。經由這席話的阻撓，曾國藩在以後七年多的日子裡，一直得不到實權實授的官職，只是掛個空頭虛銜，轉戰長江各省。雖然統率了龐大的水陸部隊，到任何地方都只是客帥身分，受了無盡委屈，很難伸展他的大抱負。

【譯後語】想那曾國藩，只唸過子曰詩云，未曾進過軍校。那時節，還沒有步兵操典、射擊教範、陣中勤務令（簡稱典範令）等練兵典籍，幾乎對立正稍息都不知道，如何去編組訓練？如何進一步講求水陸作戰？既然都是外行，可能全靠摸索，這要費多少功夫？要克服多少困難？當他平定太平天國後，尚有幾則齊東野語：㈠《無象庵雜記》說：胡林翼想要擁護曾國藩爲皇帝，私送密函說：「今東南半壁無主，我公其有意乎？」（曾將信撕碎吞入肚中）㈡左宗棠送他「神鼎山」嵌字聯云：「神所依憑，將在德矣。鼎之輕重，似可問焉。」（問鼎就是要他做皇帝。這都是左傳中的話，想見古人之飽學。但曾把「似」改爲「未」字以明志）㈢湖南名儒王闓運替他策劃未來出路，三計中的上計是「效法滿清入關故技，驅軍直搗北京。」（曾連寫荒唐荒唐以謝）㈣太平天國忠王李秀成被俘，反勸曾帥該作皇帝，建議說：「他降漢不降滿，願領太平軍餘部廿萬作前鋒，掃除滿清。」（曾將李斬了）㈤《笑笑錄》說：南京克服後，大家以詩文捧他贊他，印成書冊。曾怕功高震主，又攔不住，就取書名《米湯大全》（都是言過其實的假意奉承話叫灌米湯），視同遊戲文字，以沖淡其嚴重性。㈥那時朝廷流行兩句話：「去了一個洪秀全，來了一個曾國藩」。（害怕曾國藩造反）如果他有異心，歷史必將改寫。

【原文】曾國藩，嘉慶十六年生於湘鄉，太平天國攻長沙，佔武漢，清廷諭國藩幫辦團練，以肅奸匪。國藩治亂世用重典，十旬之內，殺人二百餘，因此謗怨四起，稱爲曾薙頭。咸豐四年，以湖南全無敵蹤，督軍北上，克服武昌。清廷賞功，須二品頂戴。當清帝初聞捷音，喜形於色，謂軍機大臣曰：不意曾國藩一書生，乃能建此奇功。方擬不次擢陞，乃有漢人大學士祁雋藻對曰：曾國藩以侍郎在籍，猶匹夫耳，居閭里，一呼蹶起，從之者萬餘人，恐非國家之福也。清帝為之默然變色者久之。由此一阻，以後時逾七載，國藩不得實權實職，祇擁虛銜。轉戰各省，都為客帥。受盡委曲，不得伸其大志。（國防研究院：《清史》、卷五百四十二、補篇十三、洪秀全載記四）

【另文】洪秀全建太平天國，踞金陵（今南京），曾氏克之。天子褒功，封曾國藩毅勇侯，開國以來，文臣封侯，自是始。而國藩功成不居，粥粥如畏（卑謙柔弱之謂）。國藩為人威重，性好文學，治學終身不厭。尤其知人善任，所薦拔者不可勝數。對待將卒僚吏，若子弟然。故雖嚴憚之，而樂為之用。同治十三年，薨於位，年六十二。朝廷震悼，輟朝三日，贈太傅，諡文正。（《清史》、卷四百六、列傳一百九十二、曾國藩）

五二　莠民扯下一把稻陶侃施鞭

世上資源，終究有限，總有一天會用光。富如美國，也要將報紙鋁罐回收再用，且已蔚爲風氣，全國推行。我們富足不如人，當知惜物就是惜福。

晉代有位陶侃（二五九—三三四，是不爲五斗米折腰的陶淵明的曾祖），字士行，潯陽人。歷任江夏、武昌、荊州、江州、湘州五個州郡的太守或刺史，乃是當代重臣，也是都督交、廣、寧等七州軍事的大將軍。又常搬運磚塊，以習勤勞，「大禹乃惜寸陰，我輩當惜分陰。」便是他的名句。

他既多處爲官，不時會有人送他禮物。每次他都要問明禮物從何而來？如果是自己家裡栽種的，或親手縫製的，即令是小東西，都很歡喜，嘉慰和回賜對方的常會超過三倍。如果是來歷不明不正的禮物，則會嚴正的斥責，拒絕接受。

有一次，他出城往郊外巡視，看見一個行路人，手中握著一把還未長熟的青綠稻穗。陶侃問他道：「你拿著這束禾穗作甚麼用？」

那人說：「不爲甚麼。只是走過路邊無事，看到田裡稻子長得可愛，就隨手拔來一把玩玩罷了。」

陶侃大怒，罵道：「你既不種田，還要拔掉別人栽的禾稻，不體卹農人的辛苦，卻只爲了好玩，必定是個莠民！」吩咐抓起來，帶回官衙，打了他一頓鞭子示警，這事傳開後，百姓們都更勤奮耕作，家給戶足，社會欣欣向榮。

那時東晉偏安在長江之南（首都是南京），北方爲五胡十六國所分據。爲了收復中原，要建造大批船隻。陶侃將施工剩下的竹頭木屑，全都收存起來，僚屬們都不懂留儲這些廢物有何意義？

後來，新春時節，要舉行大規模的正會，場地積雪，而天已放晴，廳堂前的大廣場中雪融濕滑。陶侃命人將木屑鋪在地上，行走穩便，使大會進行順利。

及至桓溫（三一三—三七三，晉明帝時爲征西大將軍）要西伐蜀國（即後蜀，又稱成漢，首都在四川成都），陶侃又將儲存的大批竹頭，劈作竹釘造船（鐵釘生鏽不能用）。當時東晉國庫空虛，也省掉一筆經費。

陶侃愛惜物資，考慮細密週到。一生行事，都有如這樣的遠見。

【譯後語】「食」是生存的第一個條件，《孟子》說「民以食爲天」。我國現在耕作，仍停留在小農制度，唐宰相李紳（七七二—八四六）《憫農》詩云「鋤禾日當午，汗滴禾下土，誰知盤中飧（熟食曰飧），粒粒皆辛苦」，千年後的今天，依舊適用。農人春耕夏耘，施肥除草，半年力作，稻穀乃熟。何方劣民，乃戲拔禾稻盈把，遇到惜時惜物的陶侃，宜乎痛笞也。至於木屑竹頭，雖是剩棄之物，亦預見可作二度利用，何所慮之遠也？須知我們賴以生存的地球只有一個，卻已養了六十億人口。吾人若爲自己著想，或爲後代子孫著想，愛惜地球，冀求來日資源不虞匱乏，所該致力之空間必然既廣且多。

【原文】陶侃既仕，有奉餽者，皆問其所由。若力作所致，雖微必喜，慰賜參倍。若非理得之，則切厲訶辱，還其所饋。嘗出遊，見一人持一把未熟稻。侃問用此何爲？人云：行道所見，聊取之耳。侃大怒曰：汝既不田，而戲賊人稻，執而鞭之。是以百姓勤於農殖，家給人足。時造船，木屑及竹頭悉令舉掌之，咸不解所以。後正會，積雪始晴，廳事前餘雪猶濕，於是以屑鋪地。及桓溫伐蜀，又以侃所貯竹頭作釘造船。其綜理微密，皆此類也。（《晉書》、卷六十六、列傳第三十六。又見：《資治通鑑》、卷九十三、晉紀十五）

五三　早救不若晚救

早救是先不先就替人去打頭陣，抵擋新銳；輸了划不來，贏了費力大。晚救是等著看鷸蚌相爭，然後坐收漁翁之利，獲益最多。

【一】

春秋時代，強大的晉國，出兵攻打邢國（春秋國名，封給周公的兒子，約在今河北邢臺縣）。那時齊桓公是春秋霸主（公元前？——前六四三，五霸之首），有維持國際和平的義務，打算立即出兵援救邢國。

鮑叔（即鮑叔牙，與管仲齊名）建議說：「出兵太早了。邢國不可能一會兒就滅亡，晉國也不可能一會兒就疲敝。晉國若不疲敝，便顯不出我齊國的強大了。但是，今我齊國居霸主之位，有道義去濟弱扶傾，維持國際均勢，然而早救晚救，大有分別。戰爭初期去消除危局的功勞小，後期去拯亡救國的恩德大。君王你不如晚一步去救，也就是不必由我齊國首先替邢國去硬抗晉國的銳兵。不妨靜待邢晉雙方先期互相拼鬥，等晉國因久戰而疲弱了，對我齊國才具有實質上的利益。待到邢國快要滅亡了，我們再出兵去復興其國，使邢國續存，這樣才名實雙美啊。」

齊桓公覺得鮑叔言之有理，便不急於提早去救了。

【二】

戰國時代，魏國和韓國（都是七雄之一）互相攻打，一年都無法解決。西鄰就是強大的秦國，有人對秦惠王說愈早去解救愈好，有人說愈遲愈好，似乎都有理由。

秦惠王拿不定主意，便問陳軫（音診，善於說話）該怎麼辦才好？陳軫智慧很高，說了下面這一大段話：

「可曾有人把《卞莊子刺虎》的故事告訴過大王嗎？

「從前，有個勇士叫卞莊子（春秋魯國卞邑的大夫，極有勇力，齊人懼之，不敢侵魯國。《論語憲問》也說：卞莊子之勇），極爲神武，力可殺虎。有一天，他看到山坡邊有兩隻老虎，就想去刺殺。

「旁邊有個牧童勸他說：『且慢！你看這兩隻老虎正在吃牛，都想搶食好肉，一定會起爭執。爭執不下，就會相鬥，鬥的結果，力小的鬥死了，力大的受傷了。到那時你再去刺殺那隻傷虎，一揮劍不就得到了兩隻老虎嗎？』

「卞莊子認爲有理，站在山頭等候。不一會兒，兩虎果然相鬥，弱的鬥死了，強的也受了重傷。卞莊子輕易地刺死了受傷的虎，一舉而獲兩虎之功。

「如今韓魏兩國相攻，一年都不得解決，勢必大國傷重，小國敗亡，那時再對慘傷之國發兵，一役就可降服兩國，這就有如卞莊子刺虎的事例一樣呀。」

秦惠王一聽，這故事很妙，理由也充足，說道：「好呀！等著瞧瞧再行動吧！」於是不急著去干預，果然大國傷殘了，小國破亡了。這時秦國才起兵，一次把兩國都剋服了。

【三】

魏國大將軍龐涓（是鬼谷子的學生），領兵攻打韓國（都是戰國七雄），韓國向齊國求救。齊威王召集大臣們共同商議。齊威王說：「早一點去救呢？還是晚一點去救呢？」

鄒忌（為齊相，是文人，封成侯）說：「韓魏交兵，與我不相干，不必去救。」

田忌（為將軍，是武人）說：「如果不去救，韓國會併入魏國，對我齊國是威脅，不如早一些去救。」

孫臏（也是鬼谷子的弟子，善兵法）說：「如果早救，那韓國的兵力未疲，而魏國的士氣正旺，讓我齊國代替韓國去硬擋魏國的強兵，這不是上策。而且魏國要攻破韓國的決心很強，韓國如見到有亡國之禍，向我求救之心必然急切，我們就當深深結交韓國這個親密的鄰邦，而稍晚一些時日出兵，就容易去對付那已經疲弱的魏國。這才讓我國獲得重大利益，也建立了我國的威名。」

齊威王說：「這個決定極好。」便暗地裡允諾韓國使者的請援。韓國因恃有齊國作後盾，就敢與魏國龐涓作戰。但交兵五次，都敗了，只好將國家的安危，寄望齊國施救。

齊國後來出師，由田忌、田嬰（就是孟嘗君田文的父親）為正副指揮官，用孫臏為軍師，採用孫臏的策略，直接進攻魏國的首都大梁，因為魏軍主力遠征在韓，本國的防務空虛故也。

龐涓知道了，趕忙丟下韓國（解危了），回師來迎戰齊軍。他傍晚時分，急急趕到馬陵道（在今河北大名縣東南），那是一處狹長的深谷窄道，兩旁岩陡樹密，形勢險惡，乃是兵家行軍之忌。此時孫臏的無數伏兵，從兩旁山上，居高臨下，萬箭齊發，射向谷底的龐涓。他前後被堵截，進退不得，兵敗智窮，只好自刎而死。臨終時嘆道：「終於讓孫臏這小子成名了。」

【譯後語】不是早晚之分，而是得失之別。蓋因國與國之間，只有利害關係，沒有公理道義，古今中外，一律如此。英相邱吉爾（Winston L. S. Churchill，一八七四—一九六五，兩度爲首相）坦白說過：「國際間沒有永遠的朋友，也沒有永遠的敵人。」試看兩國互攻，必有勝負，鷸蚌相爭，到後來不是一疲一危，便是一死一傷，此時就讓第三者得利了。至於要扶傾救危，也多從本國的益損來考慮。早救若對我有損，便不會去早救。晚救若對我有益，便會延後晚救。今天我們如細察到人際關係上，也要看清楚這一點。雙方相忌相鬥，會弄到兩敗俱傷，旁邊的人，要早一步勸他們息爭呢？或者要晚一步讓他們鬥垮呢？很難說了。有的人正樂於等候壞的結果，你衰他才盛，你弱他便強，你失敗了他才有機會取而代之。他不落井下石，就很不錯了。慎之慎之。錄此三篇，可供借鑑。

【原文一】晉人伐邢，齊桓公將救之。鮑叔曰：邢不亡，晉不敝。晉不敝，齊不重。且夫持危之功，不如救亡之德大。君不如晚救之以敝晉，則齊實利。待邢亡而復存

之，其名實美。桓公乃弗救。（唐、魏徵：《群書治要》）

【原文二】韓魏相攻，期年不解。或謂秦惠王早救便，或曰晚救便。秦惠王不能決，問於陳軫。軫曰：亦嘗有以夫卞莊子刺虎聞於王者乎？莊子欲刺虎，館豎子止之曰：兩虎方且食牛，食甘必爭，爭則必鬥。鬥則大者傷，小者死。從傷而刺之，一舉必有雙虎之名。卞莊子以爲然，立須之。有頃，兩虎果鬥，大者傷，小者死。莊子從傷而刺之，一舉果有兩虎之功。今韓魏相攻，期年不解。是必大國傷，小國亡。從傷而伐之，一舉必有兩實。此猶莊子刺虎之類也。惠王曰：善。卒弗救。大國果傷，小國亡。秦興兵而伐，大剋之。（《史記》、卷七十、張儀列傳第十）

【原文三】魏龐涓伐韓，韓請救於齊。齊威王召大臣而謀曰：蚤救孰與晚救？成侯曰：不如勿救。田忌曰：弗救則韓且折而入於魏，不如蚤救之。孫臏曰：夫韓魏之兵未敝而救之，是吾代韓受魏之兵也。且魏有破國之志，韓見亡，必東面而愬於齊矣。吾因深結韓之親而晚承魏之弊，則可受重利而得尊名也。王曰：善。乃陰許韓使而遣之。韓因恃齊，五戰不勝，而東委國於齊。齊因起兵，使田忌田嬰爲將，孫子爲師，以救韓，直走魏都。龐涓聞之，去韓而歸。龐涓至馬陵，萬弩俱發，射龐涓。涓智窮兵敗，乃自刎曰：遂成豎子之名。（《資治通鑑》、周紀二）

五四　快諾何如慢諾

快快爽利答應，或慢慢勉強答應，都不是出自眞心，而是耍手段騙人。

【一】

齊國攻宋國（宋國夾在齊楚兩國之間）。齊強宋弱，宋國難以抵抗，便派臧孫子（臧孫是複姓，見通志氏族略）南行，前往楚國求救（楚國原稱荊國，故原文曰荊。《左傳》莊十年：荊敗蔡師）。

臧孫子見到楚王，楚王顯得非常高興，還毫不遲疑地立即答允派兵援救，交談過程中一直表現得十分歡樂。

臧孫子求救順利獲准了，但他在返國途中，卻憂心忡忡，沒有喜色。駕車的御者問道：「大人你去楚國求救，楚王爽快的允諾了，這不是很圓滿嗎？而今你卻面有憂色，爲的甚麼呢？」

臧孫子說：「我宋國太小太弱，而齊國太大太強。倘若楚國爲了援救弱宋而結怨於強齊，這在一般常理上說，須要愼重考慮而不可能很快就承諾的。可是這次楚王輕易地即時就一口答應了，我猜他是要堅定我宋國的信心，拚力抵抗、等到我宋國城邑被佔而土地減少了，同時齊國也筋疲力竭了，便是楚國漁翁得利的時期了。」

果然，臧孫子返回宋國後，始終抵擋不住齊國的攻勢，被齊軍奪去了五個城邑。而楚王當初承諾的援軍，一直不見來到。

【二】

戰國魏文侯（名斯，他奉田子方爲師，稱爲賢君）要向趙國借路去討伐中山國（魏文侯派樂羊攻中山，請看本書第四及第一〇三篇）。

趙肅侯（趙威侯之子，名語）覺得讓魏國大軍穿越自己的國土去打中山，未免欠妥，不想答應。

大夫趙利說道：「大王你失算了呀！魏國去攻中山國，如果打不下來，那魏國勢必疲敝，國力就弱了。魏國一旦變弱，我趙國相對就強了。這樣一來，不是很合算嗎？再者，假如魏國果眞打下了中山，他總不能跨過我趙國去保有中山吧？這樣一來，用兵的是魏國，得地的卻是我趙國，這不又是很合算嗎？因此，不管將來的結局爲何，大王都應該答允借道的。

「但是，在表面上，你不可太爽快地答應，以免過於高興而露出馬腳，使魏國醒覺到我趙國正反兩面都坐享利益，那他就中止出兵了。大王必須慢慢的勉強承諾他可以借道，表示實在是不得已而同意的才好。」

【譯後語】世界上風風雨雨，脫離不了相互利用以求獲益。因此國際間的或迎或拒，雖很詭譎，卻不必以奇怪視之。楚國對宋國求援承諾很快，趙國對魏國借道承諾很慢，看來好似南轅北轍，卻都是本著自己利益而作的決定。答應爽快，是使對方安其心；答應緩慢，是要對方不疑心。快諾與慢諾都是正確的，爲己身謀取利益的目標都是相同的。原則是讓別國消耗力量，自己不勞而獲得漁利。但怎樣因人因事因地因時去運用得宜，這靠智慧，龍蛇之分，就在這些關鍵處。臧孫子想得深，看穿了。趙利想得遠，看準了，都是高人。

【原文一】齊攻宋，宋使臧孫子南求救於荆。荆大悅，許救之，甚歡。臧孫子憂而返。其御曰：索救而得，今子有憂色，何也？臧孫子曰：宋小而齊大，夫救小宋而惡於大齊，此人之所以憂也。而荆王悅，必以堅我也。我削而齊敝，荆之所利也。臧孫子歸，齊人拔五城於宋，而荆救不至。（清，陸心源：《群書校補》）

【原文二】魏文侯借道於趙而攻中山，趙肅侯將不許。趙利曰：君過矣。魏攻中山而弗能取，則魏必疲。疲則魏輕，魏輕則趙重。魏拔中山，必不能越趙而有中山也，是用兵者魏也，而得地者趙也。君必許之。而若太歡，彼將知君利之也，必將輟行。不如借之道，示以不得已也。（明、陶宗儀：《說郛》）

五五　劉錡不屑與小兵對質

對質是兩造所說的話各不相同或互相矛盾時，使雙方面對面質詢，以明眞象。這是視同罪犯，如果人事時地皆不合，自當斷然拒絕。

南宋劉錡（一〇九八—一一六二），字信叔，是抵抗北方金國南侵的名將（與岳飛同時）。宋高宗紹興年間，奉命鎮守孤城順昌府（今安徽阜陽縣）。己方兵卒不足兩萬，金兵幾十萬來攻，由金太祖第四太子金兀朮（名完顏宗弼）指揮。敵方紮營相連，接續綿亘十五里，聲勢懾人。劉錡毫不畏懼，施用奇襲，接戰下來，金兵遭受慘敗，棄屍斃馬，枕藉郊野，擄獲戰車兵器盔甲，堆積如山，獲得大勝。不久之後，朝廷任命劉錡爲淮北宣撫判官（宣撫是總指揮，判官是僚佐）。

紹興十一年（一一四一），金兀朮又計畫再攻南宋。宋高宗急詔各路兵馬，會集於淮西（宋設淮西路，今淮河上游地，又叫淮右），嚴陣以禦。

有個張俊（一〇六八—一一五四），字伯英，盜匪出身，頗有才氣。由於多次抗金作戰，也成了名將（後來秦檜害岳飛，張俊乃是幫兇）。他的部隊也調集來此，和劉錡同駐淮西地區。

一天晚上，張俊的士兵，放火夜燒劉錡軍營，藉火搶劫。劉錡當場捉到十六個放火賊，將他們斬了，把首級刺在一丈八尺高的長矛尖上示眾，其餘的賊兵逃回去了。

不久，劉錡往訪張俊，在張俊軍營中見了面。張俊怒責劉錡道：「我乃是宣撫（指揮官），你只是個判官（二把手），膽敢斬我的士兵，是何道理？」

劉錡說：「並不知道是宣撫你的部下，我只是斬決一批放火劫寨的強盜罷了。」

張俊道：「有些逃回來的士兵，他們辯稱並沒有去搶劫你的營寨。」還即時喚來一名兵丁，打算與劉錡當場互相對質。

這成甚麼體統？劉錡當時臉色嚴正的答道：「我劉錡是國家任命的將帥。如果我有錯，你做宣撫的，應當向朝廷檢舉，發交大理院審判，接受國法制裁。豈可與小兵在這裡隨便對口供？」

劉錡不待回應，雙手一揖，再不多言，翻身上馬，逕自揚長回去了。

【譯後語】國有國法，家有家規，幫會也有幫規，盜黨亦有其道，這些都是規則，不然就天下大亂了。縱火搶劫，又是結夥，必須斬首，刑律和軍法都有明確條文。不可由於是「我」的人，傷了「我」的面子，就不追究。張俊出身匪盜，不遵重規則，還找來小卒，想用謊話對質。劉錡正色反詰張俊，不待答話，上馬走了。官位雖有高低，義理當分邪正。我們雖未統兵，但政商學界之中，容或也會遇到類似此種事例，也要從這方面去深深體會。

【原文】劉錡，兵不盈二萬，守順昌孤城。金兵數十萬，連營亘十五里。錡大破之。

棄屍斃馬，血肉枕藉，車騎器甲，積如山阜。後命爲淮北宣撫判官。紹興十一年，兀朮復謀再舉，帝詔大兵合於淮西以待之。錡軍與張俊軍會，一夕，俊軍縱火劫錡軍，錡擒十六人，梟首槊上，餘皆逸。錡見俊，俊怒謂錡曰：我爲宣撫，爾乃判官，何得斬吾軍？錡曰：不知宣撫軍，但斬劫寨賊耳。俊曰：有卒歸，言未嘗劫寨。呼一人出對。錡正色曰：錡爲國家將帥，有罪，宣撫當言於朝，豈得與卒伍對事？長揖上馬去。（《宋史》、卷三百六十六、列傳第一百二十五）

五六　延陀豈敢來大國迎親

唐太宗時，唐朝國力很盛，國境外圍的番邦部落，共同擁戴唐太宗爲天可汗（可汗音渴寒，是番邦稱國君的尊號，他們擁唐太宗爲天下共主，故叫天可汗）。其中西北疆外有一個叫鐵勒別的部落。鐵勒別是種族名稱，又叫敕勒，本是匈奴苗裔，居於現今青海一帶，與回紇、拔野古、同羅、僕固、薛延陀，都是源出於同一族類，隨不同居地而異其名稱。

有個叫契苾何力的，乃是鐵勒別酋長的後代，他內附唐朝，曾經幫助唐太宗李世民打敗吐谷渾（應讀突浴魂，西番國名，約今青海一帶），所以唐太宗很關愛他。

唐太宗貞觀十六年（六四二），薛延陀部落轉爲強大，契苾部落捉住何力，把他押送到薛延陀部落囚禁起來。

那薛延陀，也是種族名稱，先祖原分爲薛部和延陀部，同屬敕勒。後來，薛部吞滅了延陀部，因合併稱爲薛延陀（約在今杭愛山一帶，到太宗末年，派李勣討滅了）。

唐太宗得知何力被薛延陀扣留，特派兵部侍郎崔敦禮（字安上，後爲中書令）爲外交特使，前往談判，允許將唐朝皇室的一位公主嫁給延陀酋長，來交換釋放何力，雙方達成了協議，由是契苾何力回到唐朝（其後太宗征遼東，何力隨軍。白崖城之戰，何力被敵刺傷，太宗替他敷藥，見舊唐書卷一百〇九）。

太宗旣已答允把公主遠嫁延陀酋長，便選定了出嫁的日期，準備屆時護送出塞。可是何力堅持反對，一直說不應成行。

太宗說：「常言道得好，天子無戲言。我已經許親了，怎可反悔不送？」

何力道：「陛下的承諾是對的，天子不可失信。我只是請求暫且從緩，不必急著送親而已。我聽說婚姻六禮之中，女婿要來『親迎』，這是婚禮程序中早有規定的（儀禮一書說：婚禮有六個程序，其中之一是「親迎」，是要女婿親到岳家迎回新婦）。唐朝是天朝大國，應當告知延陀，望他遵從婚禮，親來迎回新娘。即使他不敢遠來首都長安，也至少應當到邊關靈州（今寧夏靈武縣，已在黃河之東了）才對。不過，依我看來，延陀是畏怕漢人的，他必然不敢南來，這件許親案終將不會成爲事實的。」

唐太宗採納了何力的建議，諭告延陀，應來親迎新婦。延陀害怕這是一場詐計，竟連靈州也不敢冒險親到，婚事就此解除了。

【譯後語】番邦邦主，要考慮他孤身遠入中國首都來作嬌客，而只是迎回一個少女，是否合算？在深入大國途中，似是禍福難料，哪裡值得冒此危險？故終於決定，以不來最爲穩當。而契苾何力，乃是匈奴後裔，一生習武，不是儒生，接觸中原文化不深，竟比漢人更懂得婚娶六禮，且料到延陀不敢遠來，難題輕易化解了，眞愧煞唐代滿朝漢人。

【原文】契苾何力，其先鐵勒別部之酋長也。何力內附太宗，破吐谷渾。貞觀十六年，薛延陀強盛，契苾部落，執何力至延陀所。太宗遣兵部侍郎崔敦禮持節入延陀，許降公主，求何力，由是還。太宗既許公主於延陀，行有日矣，何力固言不可。太宗曰：吾聞天子無戲言，既已許之，安可廢？何力曰：然，請延緩其事，臣聞六禮之內，婿合親迎；宜告延陀，親來迎婦。縱不敢至京邑，亦當使至靈州。延陀畏漢，必不敢來，未可成也。太宗從之，延陀恐有詐，竟不至靈州。（《舊唐書》、卷一百九、列傳第五十九）

五七 劉大夏守貧慈母去鄰家磨麵

家裡無錢不是罪，如果過得和樂，比有錢而耽心被綁票的富人要幸福多了。

明代劉大夏（一四三六——一五一六），字時雍，華容人。明英宗天順八年（一四六四）進士，明孝宗弘治十五年（一五〇二）任兵部尙書，等於國防部長。卒謚忠宣。《明史》有傳。

他父親劉仁宅（永樂年間舉人）在瑞昌縣（屬江西省）作縣令時，有一次，與高安縣（同屬江西）嚴縣令一同進京謁見皇上。那時掌理國政的是宰相楊恭襄，楊和劉家嚴家都有姻親關係，便先差遣一位親丁，私下去探察劉嚴兩人。回來報告說：「那位嚴縣令，富貴豐厚，眞夠稱得上是位大官人。至於那位劉縣令，只有草蓆子、布被子、瓦盆子、煤爐子，仍然只是個窮官而已。」

嚴縣令乖巧，搶先一著，瞞過劉仁宅，特別提前去拜見當朝楊宰相，奉上金幣一匣，作爲贄禮。但楊恭襄婉卻了，沒有收下。劉仁宅以後才來，送上兩件菲薄的土產：一筒茶葉，一罐蜂蜜。楊恭襄很歡喜，都收納了。

隔不多久，劉仁宅被拔升爲御史（專司彈劾貪官污吏）。他上任後，在柏臺署（御史官衙稱柏臺署）裡請同僚吃飯，桌上像樣的菜，只是一條乾魚而已。

後來，宰相楊恭襄回鄉掃墓，返程時，順道就便探望已是御史的劉仁宅的家。這時他的兒子忠宣公劉大夏還只是個小孩，在大門口遊戲。

楊恭襄問他：「你爸爸在家嗎？」

劉大夏答道：「我爹還在官署裡辦公。」

楊又問：「你媽媽安好吧？」

劉大夏答：「我媽正在隔壁鄰家磨麵。」

楊恭襄進入屋內，看到寢室床上，只有一張蒲葦織成的草蓆，和一床粗布縫製的被子而已。他很感動，也很高興，贊歎道：「這樣安貧守分，可以稱爲眞正的御史了！」

【譯後語】《論語》說：貧而不巴結高官，還不如貧而快樂（學而：貧而無諂，未若貧而樂者也）。劉大夏家，吃的是親手磨的粗麵（家無手推石磨，須去鄰家借用），睡的是草墊布被。他自己澹泊自甘，耿介自勵。他父親身爲御史，堅守樸素，勤於公務。她母親已是一品夫人，卻不慕虛榮，親操井臼，雖然家境不富，但一家人過得安寧和樂而充實。這種模範家庭，現今已少見了。今日我們過的日子，比劉大夏優越，便須講求生活品質的提升，倒不必提倡磨麥，而是要跳出追求物質享受的桎梏，才是高人。

【原文】劉忠宣公大夏，尊人名仁宅，令瑞昌，與高安令嚴某同入覲。時楊恭襄當國，與劉嚴皆姻親也。遣一介往瞰，介還報曰：嚴富厚，雅稱一官。劉草薦布被，瓦盆煤灶，猶然窮人耳。嚴責劉，特先見，贄以金幣，公卻之。劉嗣見，具茗一封，蜜一罐耳。公嘉納之。尋擢劉爲御史，在臺中饗同僚，一枯魚而已。後楊展墓還朝，便道造劉，時忠宣公（劉大夏）尚幼。問：父在否？曰：在署中。母安否？曰：在鄰家磨麵。詣寢處，床上唯蒲蓆布被。喜曰：可稱眞御史矣。（萬叔豪：《崇儉篇》、第二章、法戒）

【另文】隋代房彥謙（字孝沖，授司隸刺史），前後居官，所得俸祿，皆以周卹親友。家無餘財，車服器用，務存素儉。自少及長，一言一行，未嘗涉私，雖致屢空，怡然自得。嘗從容謂其子元齡（即房玄齡，唐太宗時爲宰相）曰：人皆因祿富，我獨以官貧。所遺子孫，在於清白耳（《隋書》、房彥謙傳）。

五八　樂羊子輟學賢妻在草堂斷機

求學是一輩子的事，要不斷的努力，一點一點的累積。若是三天打魚，兩天曬網，只恐怕把原先已經學到的都忘記了。

東漢時代，有個樂羊子，他的妻子，不知是誰家閨秀？身世已無可查考了（依據《後漢書·列女傳》說：她後來遇盜，自刎而死。太守以禮葬之，號曰貞義）。

有一天，羊子在田邊拾到一錠金塊，回家交給妻子。以為平白得此橫財，面露喜色。妻子道：「我聽到別人說：有志氣的人，渴了也不喝盜泉的水，因為用強盜做泉水的名稱不好聽。有節操的人，餓了也不接受惡言叱喚勉強施捨的飯食，因為這對飢餓者的態度不尊敬。他們的品德是何等的高潔？回頭請看你自己，把不該屬於你的東西撿回家，以為是儻來的財富。實際上乃是別人遺忘而你想據為己有，這不是你自己使品德蒙上一層污垢了嗎？」

羊子聽了很慚愧，便把金塊丟回到原來拾到的地方，然後離別家鄉，到遠處去從師，以求品學兼進。

讀了一年，羊子突然回來了。妻子問他為甚麼回家。羊子說：「只不過離家太久了，很想念家裡，就跑回來看看，也沒有甚麼大事故。」

他妻子順手拿把刀子，走到堂屋中的織布機前，對羊子說：「你看我織的這匹綾緞，是由蠶兒吐絲作繭，繅成絲縷，裝進機梭，編織而成的。我是一絲復一絲，累積而成寸。一寸復一寸，累積而成丈。一丈復一丈，累積會成匹。今天如果用刀將它割斷，不但前功盡棄，而且還浪費了我幾個月的時光，這樣花得來嗎？

「做學問也好比織布一般，貴在累積，應當『日知其所亡』（見論語子張。亡讀作「無」，是「己之所未有」之意，每天都該學一些己所沒有的新知），使品學兼進。如果半途放棄，只挂念回家，那與我想把織物割斷的後果不是一樣嗎？」

羊子聽了這番譬解，很受感動，便照妻子的話，仍舊回到老師那裡，完成了學業。

【譯後語】《孟子盡心篇》說得更透徹：爲學好比挖井，雖然挖了七十二尺深（掘井九軔），快要挖到泉水了，如果停止不再往下挖，那依然只是一口廢井而已。

【原文】樂羊子妻者，不知何氏之女也。羊子嘗行路，得遺金一餅，還以與妻。妻曰：妾聞志士不飲盜泉之水，廉者不受嗟來之食。況拾遺求利，以污其行乎？羊子大慚，乃捐金於野，而遠從師學。一年來歸，妻問其故。羊子曰：久行懷思，無它異也。妻乃引刀趨機而言曰：此織生自蠶繭，成於機杼。一絲而累，以至於寸，累寸不已，遂成丈匹。今若斷斯織也，則捐失成功，稽廢時月。夫子積學，當日知其所亡，以就懿德，若中道而歸，何異斷斯織乎？羊子感其言，復還終業。（《後漢書》、卷八十四、列女傳。又見：《增廣智囊補》、卷下、閨智）

五九　子翬傲語喇嘛師

儒佛兩家，各有千秋。儒家講修身立品，佛家在度化世人，都有很崇高的目的。喇嘛教是佛教中的一支，也以尊尚德行戒律爲主，兩者當在伯仲之間，不好分誰大誰小。

孛朮魯翀（翀是名，音充。孛朮魯是姓，女眞族的姓），元代人，字子翬（音揮）。元成宗大德五年（公元一三〇一），做到監察御史，卒諡文靖。他記問宏博，文詞馴雅，正直無私，學者都很尊仰他。

有一次，元成宗問他說：「你能擔任宰相嗎？」

孛朮魯翀答道：「宰相綜理國政，位崇權重，我固然不敢當此。但我一生所學的，卻都是與宰相有關的事。若問作宰相應當具有的條件，必須『福（運佳）』、『德（品端）』、『才（識卓）』、『量（氣宏）』四者齊備，乃可當此大任。」

那時拜柱（後來在元英宗時爲丞相，有古大臣風）也在座，聞言十分欽佩，舉起酒杯致敬道：「不是你翀公，聽不到這番讜論。」

元文宗在位時（一三二八—一三三二）孛朮魯翀爲集賢直學士（在集賢院任直學士，見元史職官志），兼國子祭酒（國子等於大學生，在國子監讀書，國子監是全國最高學府，只有一所。祭酒是國子監之長，猶今國立大學校長）。皇帝對他只稱其號曰「子翬」，而不直呼其名，可見推崇之重。

元朝崇敬喇嘛（喇嘛乃西藏語，乃最勝無上之義），賜封大喇嘛爲帝師（皇帝的老師）。迎接帝師駕臨首都時（元代首都是北京），皇帝下令：朝中官階在一品以下的所有大臣，一律要騎白馬，遠去郊外恭迎。到了皇殿裡，馬上擺酒洗塵。喇嘛帝師，高踞首座，大臣們都不敢仰視，一個個依序俯身低頭，眼睛看地，雙手捧杯，恭向帝師敬酒。那大喇嘛帝師一臉傲岸之色，略爲沾唇示意而已，更不用說起身答禮了。

輪到國子祭酒孛朮魯翀，卻一反他人逡巡畏縮之態。他步向席前，昂然挺立，既不俯身，也不低頭，舉起酒杯，直視首座，向大喇嘛說道：「帝師是尊者，乃佛祖釋迦的門徒，也是天下衆僧的師長。至於我，身爲祭酒，乃聖師孔子的門徒，也是天下儒士的師表。儒釋兩家，地位齊等，應可不分尊卑，請以平禮相見。」

這番道理，義正辭當。帝師一聽，心裡暗自佩服，登時站了起來，面露笑容，端起酒杯，竟一仰頭喝乾了，表示完全接受了子翬的意見。

大家當初見狀，都屏住了氣息，惶悚惴懼，替子翬捏了一把冷汗，卻以圓滿收場。

【譯後語】儒家與佛家，難分高下。儒家要己達達人，兼善天下。佛家要明心見性，普濟衆生，可謂各擅佳勝。喇嘛教乃是佛教密宗的一支，唐代中期傳入吐蕃，即今西藏（英文稱西藏爲土伯特（Tibet），即吐蕃之音轉）。元世祖忽必烈征服吐蕃時，自吐蕃請來喇嘛八思巴（一二三五—一二八〇，西藏密教薩迦派領袖，七歲時，能背誦佛經數十萬言，因名爲八思巴，藏語即聖童之意），尊爲國師，定喇嘛教爲國教，八思巴還創造了蒙古文字，故喇嘛地位極爲崇高，而儒士則低卑矣。今孛朮魯翀代表儒者，昂然以平禮對帝師，一番正理，確然胸藏大識見也。考孛朮魯翀乃是女眞族人，非孟荀嫡傳弟子，卻能不卑不懼，可見儒家薰陶之宏博。而現代社會，萬象紛呈，我們常會遇到同樣的這種大場面，如何侃侃發言？恐需平日多讀有用之書，乃能蘊積也。須知我國典籍，是千百位先知的心血結晶，又經千百年的汰劣存優，能夠流傳到今日的，都該是屢經篩汰後的精品，「知識就是力量」，本篇可算一例。

【原文】孛朮魯翀，字子翬。大德五年，拜監察御史。元成宗間謂翀曰：爾可作宰相否？翀對曰：宰相固不敢當，然所學，宰相事也。夫爲宰相者，必福德才量四者皆備，乃足爲也。拜柱大悅，以酒觴翀曰：非公，不聞此言。文宗立，嘗字呼子翬而不名。帝師至京師，有旨、朝臣一品以下，皆乘白馬郊迎。大臣俯伏進觴，帝師不爲動。唯翀舉觴立進曰：帝師、釋迦之徒，天下僧人師也。余、孔子之徒，天下儒人師也，請各不爲禮。帝師笑而起，舉觴卒飲。衆爲之慄然。（宋濂：《元史》、卷一百八十三、列傳第七十）

六〇 寇準應讀霍光傳

怎樣分別有學識與沒有學識？這條分界線很難畫定。如果取了進士（最高學位），做了宰相（最高官位），仍然說他學識不足，那就必須天天不忘讀書，才可跟上時代。

北宋寇準（九六一—一〇二三），字平仲，封萊國公。十九歲就考取了進士，可謂少年才俊，得志很早。

宋太宗趙光義（九三九—九九七）在中年才登上帝位，因而對年輕的京官，常予罷黜，認爲他們歷練不夠。寇準初入仕途，有人教他假增年齡，虛報歲數，以利仕途發展。寇準說：「我正開始循直道求取上進，怎可初期就欺騙朝廷呢？」他不肯造假，只求盡力報效，後來終於官拜宰相。

他有位好友張詠（九四六—一〇一五，常講直話，），在成都任益州知州，聽聞寇準做了宰相，很高興，但又說：「寇公才幹奇高，可惜他學養尚不太足，頗爲可惜。」

後來，寇準往陝西公幹，張詠正從成都東來，兩人約好見面。寇準隆重的特設客帳，備齊各種起居用具，盛情款待張詠。離別時，特意陪行，直送到郊外才分手。

寇準想要張詠臨別贈言，說道：「張兄別矣，有甚麼可以指教我的話嗎？」

張詠不好當面說穿，只慢慢的回答了一句話：「《霍光傳》（西漢人，霍去病之弟。

前？——前六八。權傾內外，秉政二十年，屢行廢立，《漢書》有傳）不可不讀呀！」

寇準當時不懂張詠的話意，也不便多問。回來後，特地找出《霍光傳》細讀，一直看到文中「不學無術」這句話，才笑著自語道：「這就是張詠勸勉我的話了。」

【譯後語】從古到今，有學有術的人太少，不學有術的人太多。不學而無術的其害尚小，不學而有術的爲禍甚大。我們試看：寇萊公英年早慧，七歲時，作《詠華山》詩云：「只有天在上，更無山與齊，舉頭紅日近，回首白雲低。」十九歲就成進士，以後且兩次爲宰相。宋太宗比他爲唐代的魏徵，難道是不學無術嗎？張詠則剛方正直，自號乖崖，曾以一錢誅吏，傳爲嚴範。兩人都是進士出身，詩書必然爛熟，豈會不學無術？而張詠採用了最高標準來勸勉，這當是愛之深而責之切者也。寇準已是宰相，仍欣然自省，笑著坦受，這種風範，讓人敬佩。反觀我們，比寇準張詠差遠了吧？張詠說霍光傳不可不讀，我則說現代人對此篇更不可不讀也。

【原文】寇準，字平仲。年十九，舉進士。宋太宗取人，年少者往往罷去。或教準增年，答曰：準方進取，可欺君耶？後爲相。張詠在成都，聞準入相，曰：寇公奇才，惜學術不足耳。及準出陝，詠適自成都罷還。準嚴供帳，大爲具待。詠將去，準送之郊，問曰：何以教準？詠徐曰：霍光傳不可不讀也。準莫諭其意。歸取其傳讀之，至：不學無術，笑曰：此張公謂我矣。（《宋史》、卷二百八十一）

六一　帶有淫具行街何不治罪

對於不近情理的刑罰，如從正面直接說它不好，要費許多唇舌。倒不如從側面找個譬喻，出之以輕鬆詼諧，把難題在笑談中化解了。

三國時代，蜀漢有位簡雍，字憲和，涿郡人，和蜀主劉備（一七〇—二二三）自小就有交誼，為人靈活，受到劉備的看重。公元二二一年，劉備在四川省成都市稱蜀漢昭烈帝，是謂先主（以別於後主劉禪），封簡雍為昭德將軍。（《三國志》說：簡雍本姓耿，耿簡聲母相同乃變為簡雍，長於滑稽諷諫，和劉備很親近）。

有一年，四川久旱不雨，農作物收成大減，官府下令禁止私自釀酒，以免耗費麥穀而影響民食，犯禁的都定有刑法處罰。

成都執法的官吏，在一戶商民家中，搜出了釀酒的器具，認為抓獲了製酒設備，證據確鑿，要用禁止釀酒的法條來重辦他。

此事傳揚開來，大家都知道了。正好有一天，簡雍陪著劉備便服在街衢閒步，見前面有一對男女並肩偕行，簡雍說：「前面這對男女要行淫，為甚麼不抓起來判罪？」

劉備甚爲奇怪，問道：「你怎麼會知道？」

簡雍說：「他們兩人身上，都有行淫的器官，與那個有釀酒器具的嫌犯一樣的嘛！」

先主劉備一聽，不覺大笑，便交待不要追究那有釀具的民家了。

【譯後語】犯罪判刑，必須法律有明文規定，才可處罰，這叫「罪刑法定主義」。我國舊刑法第一條說：「行爲時之法律，無明文科以刑罰者，其行爲不爲罪。」是從負面作規定，這不好。現在的刑法總則第一條說：「行爲之處罰，以行爲時之法律，有明文規定者爲限。」是從正面作規定，這才對。禁止釀酒，必須有「釀」的行爲，當場抓到證據，這是要件，才能處罰他，否則就不能判罪。不過，簡雍的譬喻，仍有些牽強：男女身有淫具，這是天生的，總不能閹割吧；而釀具乃是人爲的，自可視旱情輕重，延伸立法，妥爲限禁，這是合理的，兩者不能混舉。但一時隨機詭辯，也不失戲譬解紛之效。

【原文】簡雍，少與先主有舊。先主入成都，拜簡雍爲昭德將軍。時天旱禁酒，釀者有刑。吏於人家索得釀具，論者欲令與作酒者同罰。雍與先主游觀，見一對男女行道。謂先主曰：彼欲行淫，何以不縛？先主曰：卿何以知之？雍對曰：彼有其具，與欲釀者同。先主大笑，而原欲釀者。（《三國志》、蜀志、卷八）

六二　點著蠟燭繼晝豈可怠時

文人學士，嗜書成癖的很多。清代文豪袁枚（字子才，有小倉山房集），淡薄名利，歸隱於「隨園」，專事讀書。他的嗜書詩篇說：「隔夜硯常溫，晚離燈尙明。」「論文每到夜三更，睹背詩書口應聲。」他不喜應酬：「應酬乏意懶安排，閒人自愧少閒情。」爲了珍惜時間：「攤書愛坐西窗下，多得斜陽一刻明。」清代左宗棠（字季高，諡文襄）書齋門聯則曰：「身無半畝，心憂天下。讀破萬卷，神交古人。」

又有一位學者，是南北朝時代的劉昺，敦煌郡人，字延明，在酒泉郡（敦煌酒泉，都屬甘肅）任撫夷護軍之職。他雖政務煩忙，但仍手不釋卷，日夜勤讀。五胡十六國的西涼開國國君李暠（三五一—四一七，即李玄盛，西元四〇〇年建國）對劉昺說：「先生把所讀的書，都詳細注釋，一字不肯放過。白天如此，倒也不妨，但到了夜晚，還點著蠟燭繼續苦讀，該休息了吧！」

劉昺答道：「我溫讀《論語》，孔子說：『朝聞道，夕死可矣』（見《里仁》篇。是說早晨聽懂了至道，晚上去死也無不可）。孔子又說：『不知老之將至』（見《述而》篇。意謂學無止境，研究不停，竟不知道老年快到了）。孔子是聖人，他還這樣用功，我劉昺是甚麼人，哪敢荒怠時日，不自努力呢？」

劉昺認爲前人所著的「三史」（有多種説法，唐時則以《史記》《漢書》《後漢書》爲三史）文章太繁了，他精簡爲《略記》一百卅篇、八十四卷。又替《周易》（伏羲作卦，周文王繫辭，孔子撰十翼）、《韓子》（韓非子撰）、《人物志》（劉邵撰）、《黃石公三略》（圯上老人黃石公撰）作了注解。還撰有《涼書》、《敦煌實錄》，都刊行流傳於世。

建立北涼國的蒙遜（三六八—四三三，全名叫沮渠蒙遜，匈奴族人）攻下酒泉郡，在張掖建國（十六國之一，在位卅三年），任劉昺爲秘書郎（掌管奏事及文書），號爲「玄處先生」。學生有幾百人，每月送他羔羊美酒。

繼蒙遜爲北涼國君的牧犍（全名叫沮渠牧犍，蒙遜之子），尊奉劉昺爲「國師」（國家的老師），親自拜禮他，命令所有朝廷官員以下，都執弟子禮，恭聆他的教誨。

【譯後語】人不能無知，「知識就是力量」。它的最佳來源是書本。東漢王充説：「讀書使人知一通二，達左見右。」晉代陶侃説：「大禹乃惜寸陰，吾輩當惜分陰。」南齊蕭鈞，貴爲衡陽元王，他將五經用細字各抄一遍，置於巾箱中，説：「手提箱裡有五經，翻閱方便，且經手抄，不會忘記。」宋代王巖叟説：「讀書非造次可成，須在積累，積累之要，在專與勤。」明末儒家顧炎武每天讀《資治通鑑》，又手抄一遍，把原書及抄本變成兩部。清代大儒王闓運勤讀，早晨讀的書背不完全就不吃飯，下午讀書不解其義就不睡覺。這些都是勤學的好例子。須知如今這個時代，即算做個櫃枱售貨員，也要懂得操作收銀機或電腦，不求知怎麼活下去呢？我們如少壯不努力，就愧對自己了。

【原文】劉昞，字延明，敦煌人也。後居酒泉，遷撫夷護軍。雖有政務，手不釋卷。李暠曰：卿注記典籍，以燭繼晝，白日且然，夜可休息。昞曰：朝聞道，夕死可矣。不知老之將至。孔聖稱焉。昞何人斯？敢不如此。昞以三史文繁，著略記百卅篇，八十四卷。注周易、韓子、人物誌、黃石公三略，並行於世。蒙遜平酒泉，拜祕書郎，號玄處先生。學徒數百，月致羊酒。牧犍尊爲國師，親自致拜，命官屬以下皆北面受業焉。（魏收：《魏書》、卷五十二、列傳第四十）

【另文】晉平公問於師曠（是位音樂老師）曰：吾年七十矣，欲學恐已暮矣。師曠曰：何不炳燭乎？平公曰：安有爲人臣而戲其君乎？師曠曰：臣安敢戲君。臣聞之：少而好學，如日出之陽；壯而好學，如日中之光；老而好學，如炳燭之明。炳燭之明，孰與昧行乎？平公曰：善哉。（劉向：《說苑》、卷三、建本）

六三　桓公管仲密謀卻被東郭郵識破

【一】

猜中別人尚未曝光的未來行動，這要憑眞知卓識，非江湖術士可比也。不要以爲官大學問大，有些高官，只是虛有其表，不必盲目崇拜。也不要以爲一切下等人都無知，不宜輕視他們。下下人或有上上智。多少賢能之士，隱身卑賤，只可惜你沒有發現罷了。

春秋時代，五霸之首的齊桓公（元前？——前六四三）任用管仲（元前？——前六四五）爲宰相。君臣齊心合力，使得國富兵強。後來「九合諸侯，一匡天下」（孔子的讚語，見《論語憲問》）。兩人威名赫赫，同是當時的風雲人物。

有一次，齊桓公和管仲二人關起門來秘密商議，計劃要攻打莒國（春秋時之小國，今山東莒縣）。不料謀略還未發動，全國都知道了。

齊桓公一時怒起，對管仲說：「我與你在私室裡密商要討伐莒國，事情尚未交付實行，竟然大家都知道了，這是甚麼緣故？」

管仲答道：「國門之內，必然有絕頂聰明的高人，甚至就在我們身邊，猜中了我倆的心意。大可查問一下。」

齊桓公也有同感：「恐怕確然是這樣的。」

於是首先召喚王宮裡的執役人員，一一來問話。隔一會兒，役者東郭郵（東郭是複姓，《說苑》作東郭垂）也姍姍其遲地來見了。

齊桓公問東郭郵道：「是你散播出去，說我要討伐莒國的嗎？」

東郭郵回答說：「是的。」

齊桓公問道：「我沒有說要伐莒，而你卻說要伐莒，你是根據甚麼判斷的？」

東郭郵回答說：「常言道得好：『君子（高位者）善於決策定謀，小人（低卑者）善於察言觀色』。我是猜測出來的。」

齊桓公問道：「你是如何猜的？」

東郭郵回答說：「大凡一個人，露出歡樂高興臉色的，是鐘鼓喜慶的預兆。露出沉悲愁慨臉色的，是喪亡哀痛的預兆。若是信心飽滿而手足大幅度活動的，是干戈兵刀的預兆。前幾天，我偶然瞧到你們兩位關門議事，但出來講話時，嘴唇半合（《說苑》作吁而不吟），我猜想你們說的是莒國。舉手時，所示的方向，我猜指的是莒國。再者，如今小國諸侯中，不聽話的，我猜也只有莒國。所以我判斷你們議定要對莒國用兵了。」

齊桓公道：「想不到你倒猜得很準呀。用精微的觀察，作出明確的結論，這不就是個好例子嗎？至於這次討伐，既已內外皆知，當再從長計議爲好。」

【二】

齊桓公是春秋霸主。他伸張正義，主持公道。有時使用武力，有時召集盟會，來維持國際和平。「尊周室，攘夷狄。」便是歷史對他的評語。

有一次，他邀集各國諸侯舉行盟會。那衛國國君，挨到最後才勉強趕來，一副不肯聽話的樣子。齊桓公很不以爲然，事後與管仲密商，決定要討伐衛國，以維國際紀律。

退朝之後，齊桓公回到內宮，夫人衛姬（衛侯之女）注視了桓公一陣，就退到堂下，轉身伏地向桓公下拜，口中代衛君請罪。

齊桓公說：「我和衛君之間，一晌沒有事嘛，衛姬你爲甚麼要告罪呢？」

衛姬說：「我觀察你一路進入後宮時，趾高氣盛，我猜這是要討伐別國了。你一見到我，臉色就由堅定而轉爲不自然，我猜要討伐的必是我的娘家衛國呀！」

第二天早朝，齊桓公先向管仲雙手一揖。管仲問道：「君王你不討伐衛國了嗎？」

齊桓公問道：「仲父（對管仲的尊稱）！你怎麼會知道的呢？」

管仲答道：「你今天對我揖手，態度比往常恭謹多了。及至對我講話，言詞比往日舒緩多了。望著我的時候，又露出慚愧之色。我就知道你不伐衛國了。」

齊桓公說：「這可眞好哇！仲父你管理對外的國事如此精明。而我夫人衛姬，管理宮中對內的事又如此能幹，我就知道我的行事不會有錯，而免被諸侯取笑了呀！」

【譯後語】誠於中則形於外，用現代話來講，叫「肢體語言」(body language)。從音容笑貌，可推知內心秘密。眉頭的挑或蹙，嘴角的翹或垂，眼神的正或邪，臉色的哀或樂，語調的緩或急，態度的朗或凝，心神的暢或愁，情緒的喜或怒。甚至於昂頭擺臂，捶胸頓足，更是肢體的大動作，由智者留心觀察，應可找到結論。

【原文一】桓公與管仲，闔門而謀伐莒，未發也，而已聞於國矣。桓公怒謂管仲曰：寡人與仲父闔門而謀伐莒，未發也，而已聞於國，其故何也？管仲曰：國必有聖人。桓公曰：然。於是乃令役者。少焉，東郭郵至。桓公問焉曰：子言伐莒者乎？東郭郵曰：然。桓公曰：寡人不言伐莒，而子言伐莒，其故何也？東郭郵對曰：臣聞之：君子善謀，而小人善意。臣意之也。桓公曰：子奚以意之？東郭郵曰：夫欣然喜樂者，鐘鼓之色也。淵然清靜者，縗絰之色也。漻然豐滿而手足拇動者，兵甲之色也。日者，臣視二君之在台上也，口開而不闔，是言莒也。舉手而指，勢當莒也。且臣觀小國諸侯之不服者惟莒，於是臣故曰伐莒。桓公曰：善哉！以微射明，此之謂乎？（春秋、管仲：《管子》，小問雜篇。又見：漢，劉向：《說苑》、卷十三、權謀篇。又見：東漢、王充：《論衡》）

【原文二】齊桓公合諸侯，衛人後至。公朝而與管仲謀伐衛。退朝而入，衛姬望見桓公，下堂再拜，請衛君之罪。公曰：吾於衛無故，子曷爲請？對曰：妾望君之入也，足高氣強，有伐國之志也。見妾而有動色，伐衛也。明日，桓公朝，揖管仲而進之。管仲曰：君捨衛乎？公曰：仲父安識之？管仲曰：君之揖朝也恭，而言也徐，見臣而有慚色，臣是以知之。桓公曰：善、仲父治外，夫人治內，寡人知終不爲諸侯笑矣。（秦、呂不韋：《呂氏春秋》、精諭）

六四　項羽劉邦述志要向秦始皇看齊

誰不想攀爬到萬人之上，爲帝爲王？英雄所見相同，請欣賞史書分別記下項羽劉邦兩人的壯語。

【一】

西楚霸王項羽（前二三二—前二〇二），名籍，下相人（**舊縣名，在江蘇宿遷縣**）。他身長八尺，力能扛鼎。叔父項梁很愛他，希望他成大器。

項羽小時候，命他讀書習文，他提不起興趣，不願學。轉而要他去學劍習武，也心不在焉，學不好。叔父項梁見他這也不學，那也不愛，發脾氣罵他。項羽說：「讀書幹嘛？只是學來寫記姓名罷了。學劍幹嘛？也只能敵一個人而已，都不值得學。我想學的，乃是學萬人敵。」

於是項梁教他兵法（**用兵之學，戰陣之道**），項羽大喜，認爲這才符合他的心意，項梁也十分看重他。

秦始皇統一六國後，做了皇帝（**自謂功蓋三皇，德邁五帝，故合稱皇帝**），在位三十七年（**元前二四六—前二一**

〇）。有一次，始皇出京東巡，途經會稽（今浙江省紹興縣），橫渡浙江（又叫之江、錢塘江）。項梁和項羽一同在輦道（皇帝御車所經大路）之旁看熱鬧。只見儀仗生輝，旌旗耀目，皇威赫赫，御衛森森，排場極爲豪偉。

項羽看到這種場面，忍不住大聲逞口說道：「他夠神氣了呀！看我哪一天把他扳倒，讓我來代替他風光風光。」

項梁急忙用手搗住項羽的嘴巴，警告他說：「不可亂嚷，如果他們聽到了，是要砍頭滅族的！」

由此一事，項梁更覺得項羽的確不凡了。

【二】

漢高祖（前二四七—前一九五）劉邦，字季，沛縣人（江蘇銅山縣西北）。他性喜施捨，心胸豁達，度量宏闊，但不注重理家生財。父母認爲他比那顧家的二兒子（劉仲是次子，劉季就是劉邦，排行老三）差遠了（請參《史記》卷八）。

有一次，劉邦在咸陽（秦代首都），遇到秦始皇御駕出巡，大隊儀仗人馬簇擁著鑾輿轔轔行進。他站立在皇騎通過的馳道（《史記秦始皇紀》：馳道，天子道也）旁邊，恣意瞪眼觀看了許久，直到車馬通過遠去了，才收回目光。

漢高祖像

劉邦深受感動，不禁喟然慨歎道：「哎呀！生爲大丈夫，就

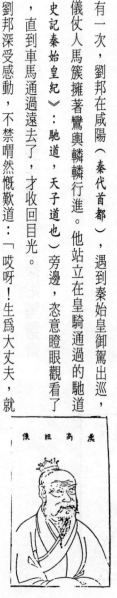

該要像這樣才對呀！」

【譯後語】人人都想做帝王，但帝王只有一個，故難免以戰相爭。項羽和劉邦，都是一世之雄，不宜以成敗分高下。研究他倆人的個性和事蹟，足可作爲博士論文的題材。項羽分封六國的後裔各立爲王（他並未獨尊稱帝）；鴻門宴上不忍殺劉邦（狠不下心）；烏江自刎前，贈馬贈頭（豪情萬丈）。至於劉邦，不惜父親下油鍋（反說要喝肉湯）；與項羽約和，以鴻溝爲界，卻違約進擊（垓下一戰，定了勝敗）；即位後翦除諸王（韓信、彭越、英布、臧荼、盧綰、張耳等）。這都顯示兩位人傑的相異處，大可留給學者來論斷。在未發迹之前，他二人對秦始皇出巡都有感慨，項羽直率而坦爽，逞口就說：「彼可取而代也」。劉邦含蓄但歆羨，只是委婉感歎：「大丈夫當如是也」。心志兩同，口吻互異，各自顯其性格，如聞其聲。將本篇兩段合參對照來看，頗饒趣味。

【原文一】項籍者，下相人也，字羽。其季父項梁。項籍少時，學書、不成，去學劍，又不成。項梁怒之。籍曰：書，足以記姓名而已；劍，一人敵，不足學，請學萬人敵。於是項梁乃教籍兵法，籍大喜。秦始皇遊會稽，渡浙江。梁與籍俱觀。籍曰：彼可取而代也。梁掩其口曰：毋妄言，族矣。梁以此奇籍。（《史記》、卷七、項羽本紀第七。又見：《資治通鑑》、卷七、秦紀二）

【原文二】高祖、沛人。姓劉，字季。仁而愛人，喜施，意豁如也。常有大度，不事

家人生產。嘗繇咸陽，縱觀秦始皇帝，喟然太息曰：嗟呼！大丈夫當如是也。（《史記》、卷八、高祖本紀第八）

【另文】漢王拜叔孫通爲博士。漢五年，諸侯共尊漢王爲皇帝。群臣飲酒爭功，醉或妄呼，拔劍擊柱。高帝患之，叔孫通説高帝，可共起朝儀。上曰：可試爲之令易知，度吾所能行者爲之。漢七年，長樂宮成，諸侯群臣皆朝。功臣列侯諸將軍軍吏陳西方，東向。文官丞相以下陳東方，西向，無敢讙譁者。於是高帝（劉邦）曰：吾廼今日知爲皇帝之貴也。（《史記》、卷九十九、列傳第三十九）

六五　林則徐選沈葆楨作女婿

挑選東床佳婿，應非一朝一夕決定的。必然平時就已暗中觀察，心中預有合意人。除夕徹夜折磨，乃是通過耐力測試，再增加一層確認而已吧。

清朝道光咸豐年間，岳父與女婿同時因豐功偉業而彰顯於世的，都說唯有岳丈林則徐（一七八五—一八五〇）和佳婿沈葆楨（一八二〇—一八七九）。他倆都是福建侯官（今福州）人，先後都是進士。林任湖廣總督，後爲欽差大臣，在廣州燒掉英商鴉片二百餘萬斤，卒諡文忠。沈後來任江西巡撫，繼爲兩江總督，卒諡文肅。

林則徐的愛女名叫林敬紉，閨名普晴，秀慧而有膽識。父親挑選女婿很嚴，他看中沈葆楨的經過頗富奇趣。

林則徐

當那時，沈葆楨還僅以生員的身分，在林的官署裡當一名書記。有一年除夕之夜，署裡各人都回家了，獨有沈葆楨一人留下處理公文。林晚間在署巡視時發現了沈，問道：「今晚是大年夜，別人都回家團年去了，你何事留在這裡？」

沈答道：「我因公事還未辦完，不敢就走，打算留下辦完再離開，過年時就不會牽掛。」

林注視他好一陣，近距離看得更清楚，見他器宇不凡，相貌堂堂，而且如此忠誠盡責，來日自會出人頭地，有心進一步試煉他一番，就對他說：「我有一封呈給皇帝御覽的奏章，今晚要寫好送出，恰巧你在署裡，太好了。」交給他一疊文稿，叫他謄寫。那封奏章很長，幾乎是萬言書。沈高燃蠟燭，振筆端楷，寫到三更，才算恭抄完成。自己檢查一遍，覺得並無漏字錯字，就送呈林過目，順便辭歲，打算回家了。

這原是臨時抓差，非本職份內之事，但林約略瀏覽了一下，並不滿意，說道：「這奏章字太草率，不合格，必須重寫。」把奏摺往茶几上一擱，沒有再看一眼。

沈拿回奏章逡巡退下，也不敢擅自回家，打起精神，用心再寫一遍。等到重繕完畢時，天已快亮了。再度送呈林閱。林看了看他，笑著說：「這才差不多，可以了。」

此時已是初一元旦早晨，一會兒，拜年的都來了，署中聚了許多賓客。林向大家宣佈說：「今天大家向我賀歲，也應當賀我得了個好女婿。」客人都感錯愕，不知道說的是誰？林把沈從旁叫出來，要他對大眾拱手長揖，說：「這位沈君，就是我的佳婿也。」

林選沈，乃基於兩個理由：一是除夕還在辦公，沒有回家，公爾忘私的精神勝於常人。二是額外命他抄寫奏章，無故要他重錄兩次，折騰了除夕夜一整晚，始終細心敬事，沒有半點急躁或怨言。果然獨具慧眼，以後沈葆楨和林則徐的成就竟不相上下。

【譯後語】先是，林囑沈抄稿時，即另備酒食，送往沈的寡母居所，告以署中公忙，必須留沈連夜趕辦，無法返家度歲，請曲諒之。故沈雖未歸，伊母心已安矣。

林則徐歿後，清文宗皇帝輓以聯云：「答君恩清慎忠勤，數十年盡瘁不遑，解組歸來，猶是心存軍國。殫臣力崎嶇險阻，六千里出師未捷，騎箕化去，空教淚灑英雄。」又甘愚泉輓沈葆楨聯：「慕公可謂賢哉，陸嘉定雖曰罷官，無悲言猶感知己。武侯從今逝矣，廖長沙誰能復起，常痛心永作廢人。」又曾國藩輓林敬紉聯：「爲名臣女，爲名臣妻，江右佐元戎，錦繖夫人參偉業。中秋日生，中秋日死，天間圓皓魄，霓裳仙子誕前身。」按南北朝高涼洗氏之女，在家張錦繖，騎駿馬，嫁高涼太守馮寶，擊賊大捷，功封譙國夫人，錦繖夫人之典本此也。

【原文】清道咸間，翁婿以功業顯者，世皆稱林則徐與沈葆楨。林之相沈也甚奇。某歲，沈以諸生傭書於林署。值歲除，幕僚皆散歸，而沈獨留治文書。林偶至亭舍，見之，詰沈曰：今夕除夕，餘人均寧家，汝奚事留此？沈曰：治事未竟，故獨後。林諦視良久，曰：吾有奏章，今夕須繕發，汝留此，大佳。畀疏稿囑書。文累千萬言，沈燃燭疾書，漏三下始竟。自視無訛脱，遂以報林，且告歸。而林忽曰：字太草率，宜重錄。置於几，不復審。沈逡巡不敢歸，復寫一通，天將曉，重以進。林顧而笑曰：此差可。無何，賀歲者紛集，林笑謂曰：今日賀正，並當賀我得佳婿。衆皆愕異，林乃招沈，使揖於衆，曰：此我婿也。蓋林之重沈，殆有二端：歲除治事不歸，有異儕輩。再囑易書，不涉躁怨。宜其後功業如林也。（徐珂：《清稗類鈔》）

六六　歐陽銘抗常遇春撻悍兵

地方文官，對抗國家武帥，若非硬漢，哪敢去捋虎鬚？何況對方是皇上的愛將？

歐陽銘，字日新，明代初期人。明太祖朱元璋（一三二八—一三九八）洪武年間，任為江都（在今江蘇）縣丞（約等於副縣長）。縣民有位後母，來縣衙控告兒子不孝。歐陽銘傳呼他兩人到公堂案前，委婉的耐心勸解，雙方感動得哭了起來，叩謝了縣丞開導的恩德，回家去了。後來終於傳出母慈子孝的美稱。

後來，他調升為臨淄縣長（屬山東省），他親民愛民，境內大治。明初開國大將封開平王的常遇春（一三三〇—一三六九）帶領大部隊過境臨淄，要停留十來天。部下有個士兵，進入民家，為買酒起了衝突，互相毆打，老百姓被打得慘傷，全市都喧嘩鼓噪起來，幾乎要鬧成事變。歐陽銘抓到那名悍卒，當街用鞭子痛打了一頓，才放他走了。

這個兵卒回歸營裡，向常遇春哭訴，說縣長當街打他板子，羞辱了部隊的名譽，還咒罵了你常將軍。常遇春一聽大怒，找來歐陽銘質問，要討回公道。

歐陽銘抗聲道：「將軍的兵卒，是國家的武士，沒錯。但我縣的百姓，也是國家的良民呀。老百姓挨了打，快要被打死了，這個毆人的兵卒，難道不該受鞭責，以平民憤嗎？再說，我歐陽銘雖然愚昧，處理這樁小事，何至於要辱罵到將軍頭上呢？分明是無中生有，造謠中傷吧了。賢明如將軍，當也不致於袒護一個部卒而反對國法的施行吧！」常遇春覺得解釋有理，轉頭斥責那個士兵的不是，還向歐陽銘道謝。

後來，官封大將軍的徐達（一三三二——一三八五，與常遇春同爲朱元璋的左右手）大軍也來到臨淄。士兵們互相告誡說：「在這臨淄城裡，我們不可胡來。這位歐陽縣長，可是個錚錚鐵漢。不久之前，還硬抗而折服了常將軍，我等不要犯在他的手上呀！」

【譯後語】天下萬事紛紜，總當受到公認軌範的約束。不成文的軌規是道德，例如讓座老弱婦孺，這是禮貌。而成文的軌範是法律，例如毆人成傷，這是觸犯刑罪。歐陽銘遵此軌範，氣就壯了。俚詞調寄西江月以詠之：世亂法不能亂，國安民要先安；當街撻士滿城觀，悍卒刁兵喪膽。縣長敢違軍長，文官壓服槍官；頂多丟掉爛紗冠，永博吾人激賞。

【原文】歐陽銘者，字日新，爲江都縣丞。有繼母告子不孝者，呼至案前，委曲開譬，母子泣謝去，卒以慈孝聞。後遷知臨淄。常遇春師過其境，卒入民家取酒，相毆擊，一市盡譁，銘笞而遣之。卒訴令罵將軍，遇春詰之。曰：卒、王師；民、亦王民也。民毆且死，卒不當笞耶？銘雖愚，何至詈將軍？將軍大賢，奈何失一卒而撓國法？遇春意解，爲責軍士以謝。後，大將軍徐達至，軍士相戒曰：是健吏，曾抗常將軍者，毋犯也。（《明史》、卷一百四十、列傳第二十八）

六七　張曜目不識丁拜夫人作老師

不識之無的壯夫，在戰場上可憑勇力而成名，但遇到要用文字的場合，就爲難了，甚至被譏爲「目不識丁」而惹來羞辱。如果不甘心，奮發圖強，則會開闢另一番新天地。張曜便是一例。

清代張曜，字朗齋，直隸（今河北省）宛平縣人。上天賦他神力，兩臂能舉千斤。但家境貧寒，未曾入學。因無一技之長，只好四方流浪，賴做零工度日。由於孑然一身，常以四海爲家。後來飄泊到了河南省固始縣城，算是暫時安定下來，仍舊賣勞力過活。

清朝咸豐同治年間，捻匪（抗清的民間武力）四處作亂，蔓延於山東安徽江蘇湖北河南一帶，匪酋叫張洛型（又叫洛行、樂行，一八五三年爲盟主）。清廷派名將僧格林沁親王（？—一八六五）往剿，竟以身殉，可見賊氛勢大。後來捻匪分爲東西二派，騷擾了十多年才消滅。

捻匪各處流竄，殺人擄掠，其中一股竄到河南固始，圍攻縣城，百姓紛紛逃難，眼看有破城之危。張曜在固始城裡，自念逃避非男兒所當爲，憑著自己一身力氣，對烏合之衆的匪盜何懼之有？因趁時號召縣民，就地組合了百多壯漢，一齊聽他指揮，守城抗匪。因他孔武有膽，終於將圍城匪衆打潰，賊夥退擾別地去了，固始縣城保全了。縣令感激他主動破賊，戰鬥立功，保城護民，義勇雙備，除報准任以武職之外，還將女兒許配給他，從此順利步上帶兵作戰的志業。後來調歸在左宗棠（一八一二—一八八五）的麾下，更能大展其長。

左宗棠西征新疆，平定回亂，是一重大軍事行動。張曜與劉錦棠（一八四五—一八九四）同爲大將，左宗棠倚他二人爲左右手，立了殊勳。勝利歸來，左宗棠因向朝廷保舉張曜爲布政使（**官名，掌管一省之政**），以酬功蹟。不料遭到朝中御史劉楠的極力反對，並公然昌言道：「張某人一個老粗，目不識丁，哪有能力勝任宣督政令之文職？」在強力的抗阻之下，自然沒有獲得任命。

此時張曜已是總兵官，地位不低，名氣也不小，哪能受得了公開指自己目不識丁的羞辱？他一宿不曾合眼，尋思幼年失學，確也本是實情。如何雪此大恥呢？他痛切地想了一晚，必要爭贏這口氣。當夜下定了決心，第二天一早，他特意將朝服冠袍花翎穿戴整齊，愼重其事的把夫人恭請到正廳中堂高坐，尊奉她爲老師，自己在堂下屈膝行弟子禮，聲稱誠心向學，謹請督教。

夫人本是書香門第，儒家閨秀出身，文理熟諳，學識豐足。爲欲堅定嚴師出高徒之威，便絲毫不存客氣，端然接受叩拜。並立下規約：「既然一心唸書，就得遵從老師教導，若有違背，當施重罰。」張曜俯首應允，全盤接受。

從此之後，三更燈火五更雞，晨昏苦讀。張曜天資並不愚昧，且因激於雪恥，自然加倍發奮。由於自己努力，老師督教適宜，乃日見進步。

他認爲這樣還不夠狠，又特意刻了一顆印章，雕的正是「目不識丁」四個字，不管是公文或私信，送出之前，都一律蓋上此印，來警惕自己上進。古時的懸樑刺股，苦的只是自身，他卻要把這片苦衷，公之於大眾，可見他用心之深了。

如此這般，經過了三年，居然學業大進，文章明暢，詩詞典雅，書法也甚爲勁秀了。左宗棠尤爲喜賞，因再檢附他的詩文書法，重行奏稟推薦。張曜此時已非昔日吳下阿蒙，朝臣們也都心服，乃廷授河南布政使，後來又升任山東巡撫，先後總攬兩省民政軍政，築河隄，修道路，開廠局，精製造，凡有益於官民者，莫不畢舉。他在這兩屆方面大員的職位上，都極具政聲。

當張曜調職履新時，返回首都北京，依禮要拜會吏部兵部各大臣，並接受指示。這時那位駁斥他目不識丁的劉楠已經過世了。張曜認爲若不是老御史的一句重話，自己何能有今日？爲感念他的恩賜，特意恭備三牲厚禮，親臨老御史墳前，以弟子名分，上香拜祭。哀思良久，才辭歸上道。

【譯後語】張曜雖是粗人，卻能立功新疆，當非泛泛之輩可比也。年歲大了，回頭再拾書本，需要痛下狠心，這種精神，哪能不叫人佩服？而經三年苦讀，居然詩文清麗，可見他的天賦原本不差。至於後來已任方面大員，竟把仇人尊爲恩人，胸懷何等宏大。本篇事蹟雖然簡略，過程卻是動人，語譯之餘，不禁有感，因贊曰：少來失學轉操弓，叱咤西征劍似虹；更勵文場謳善政，懷恩拜墓謝劉公。

【原文】張曜，清直隸宛平人。生有神力，能舉千斤。家貧，未入學，流浪河南固始。時捻匪圍城，甚急。曜募百人，逐匪遠退，縣令以女妻之。左宗棠西征新疆，張曜與劉錦棠同爲大將，左公倚之如左右手。新疆定後，左保薦張曜出任布政使，爲某御史所阻，謂張目不識丁，何能勝任文職？曜受此刺激，經一夜深思，次日，乃整肅衣冠，將夫人請出，執禮拜師。夫人原係宦家閨秀，熟知書文，受拜之後，乃曰：既欲讀書，須遵師命，違者重罰。張曜俯首應命。並自雕一目不識丁小章，不拘公牘私函，咸蓋印，俾自警。經三年苦學，居然詩文雅麗，書法亦佳。左宗棠乃檢具詩文，再爲呈薦。廷授河南布政使，復擢山東巡撫，極有政聲。曜過北京，時老御史已死，因執弟子禮，親往弔祭，然後赴任。（《湘軍掌故》）

六八　樊燮目不識丁訓兒子成進士

另一個目不識丁蒙羞之例，延至下一代才洗清，此期間之傷痛，何其沉重。

清代左宗棠（一八一二—一八八五），湖南湘陰人，字季高。當他初出仕時，是在湖南巡撫駱秉章（一七九三—一八六七）的衙署裡擔任幕僚長（有似秘書長），深受倚重，大權獨攬。那時永州府（在湘南，轄七縣）總兵官（約相當於軍長，旗下所轄爲鎮、協、標、營）名叫樊燮（音洩，恩施人），有公事來參見左師爺，卻因話不投機，左宗棠竟然當面叱罵他說：「你目不識丁，不准囉嗦，滾出去！」

樊燮退出撫衙，心想這次受到的羞辱眞是太重了。雖然貴爲總兵官，可是目不識丁，也是事實。要如何才能雪此大恥？唯有反求諸己。他雖尚未死，卻預先作了一塊神主牌位（先人亡故的靈牌，由子孫供奉），上寫「目不識丁樊燮之神位」，供在自宅正廳的神龕裡，以資惕勵。

樊燮有個兒子，名叫樊增祥（一八四六—一九三一），字嘉父，別號樊樊山，那時只十來歲，長得聰敏異常。樊老總兵花費重金，禮聘了一位學問淵博的老翰林（清代最高等考試錄取的叫進士，再廷試得庶吉士的叫翰林）作西席，就是專責的家庭老師，教兒子苦讀。到了十八歲，樊總兵告誡兒子說：「你若考不上翰林，就不算是我的兒子；我這個

『目不識丁』的神主牌位，必須繼續留著，天天上香供奉，一直到你的兒子考到翰林之後，才可撤掉。」他心裡的傷痛，眞是又深又久，到了極點。

樊老總兵死後，樊增祥愈加發憤，終於在淸光緒三年（一八七七）考上了進士，後來還做到江寧布政使。他文詞典雅，著作很多，學者稱爲樊樊山先生。他點了翰林之後，自己恭撰了祭文，到亡父墳前哀哀拜祭，詞情悲惻，陪祭的人都聽不下去，一同眼淚汪汪。

左宗棠罵樊燮目不識丁，按理來說，樊增祥應該記恨。但他不僅沒說抱怨的話，反而對左宗棠西征新疆勝利一事，極力揄揚。可見古人胸懷之寬大，確實有過人之處。

【譯後語】 罵我目不識丁，誓必洗此羞愧。自己年事已高，厚植兒子遂願。每晨靈位供香，痛徹兩代心肺，孜孜得中翰林，惻惻墳前告慰。

【原文】 左宗棠在駱秉章幕府時，有永州總兵樊燮，因事參見，左面斥以目不識丁。及樊退出，自以受辱太甚，乃於生前先立一靈牌曰：目不識丁樊燮之神位。樊燮有一子名增祥，年十餘歲，聰敏過人。樊燮以重金聘一老翰林，課子苦讀。至十八歲，樊燮又告其子曰：汝如不點翰林，便非吾子，此目不識丁之神位，便須俟汝子點翰林後始可撤去，其傷痛之情極矣。老總兵死後，增祥愈加發憤，卒點翰林，爲文祭父，哀惻不忍卒聽。樊增祥對左，非但無怨恨之詞，且於西北軍事成就，備極頌揚。足見前人胸襟，確有過人之處。（見《淘沙集》）

六九　作官一年賺到三千兩

「三年清知府，十萬雪花銀。」一個清白縣官做了一年，竟然賺到三千三百兩銀錢，足證這話不假。

清代胡林翼（一八一二—一八六一），號潤芝，湖南益陽人，道光年間進士，卒謚文忠。他任湖北巡撫時（巡撫本是巡行地方，安撫軍民之謂，後改專任，總攬全省民政軍政，權職都重），有個等待派職的候補縣長（依次序派實職而需要等待的叫需次）來拜見他。那時節正是大熱天，他任巡撫的清代咸豐年間（一八五一—一八六一），還沒有電風扇或冷氣機，這位候補縣長帽子袍掛穿戴齊全，隨手不停的搖著扇子。

這種當著長官之面搖扇的態度不夠莊敬，胡林翼不很高興，但又不便明講，便說道：「可以把帽子摘下來！」縣令果然依言取下官帽，卻仍舊搖著摺扇。

胡林翼心裡厭惡，想要他停止揮扇，便又說：「可以再把上衣掛子脫下來！」縣令眞的又脫下了馬掛上衣。

對著上司卸衣，這是有虧禮儀的。這個候補縣令，竟然猜不到長官的心意？胡林翼一生氣，登時拂袖而起，逕自退返內室裡去了。縣令這才知道犯了大錯，倉皇間拎著帽子及掛子，身上祖著的是粗布單長袍，趕忙出府離去。

胡林翼的老母親湯太夫人，在後堂見胡面色不悅，問是何事？胡將搖扇脫衣的實情稟告了，說：「這個人有辱衣冠，哪能勝任人民社稷之託？」

湯太夫人說：「這也未必盡然，其實這就是讀書人的本色，不過他不懂得官場中的禮儀吧了。爲何僅因一把扇子就抹殺一位文士？而且你是上司，屬下有不對的，應該正面相告，你卻出於顛倒作弄，說的是反面話，你也有過失呀。」

胡林翼有了悔意，第二天，再召那人見面。這次沒帶扇子了，氣度安閒，拘謹畏縮的神情也沒有了。胡問他爲甚麼要做官？他答道：「想賺三千兩銀錢而已。」

胡林翼心中又不高興，但忍住沒有發作。再問他賺三千兩銀錢做甚麼？他答道：「卑職家中貧寒，沒有財力讀書，完全靠祠堂津貼（**祭祀本族祖先的公所叫祠堂，對該族清寒子弟讀書，每有獎助**），和族人親戚的資助。如今幸而有資格服官了，只想掙得一千兩捐獻給祠堂，一千兩償贈族人親戚，剩下的一千兩養妻活子，心願就足了。」

胡林翼微微點頭，覺得這人倒也老實。不久，委任令發出來，派他去當某縣縣長。他做了一年多，這期間沒有發生一樁上訴的冤案，沒有一件未結的訟獄，沒有一宗欠繳的糧稅，政清民和，治績良好，全然不要巡撫操心。胡林翼歎道：「若不是當時母親的一番訓戒，幾乎錯失了這位好官。」

未隔多久，這位縣官呈來稟牒，請求晉見。

胡林翼笑著問道：「三千兩銀錢到手了没有？」

縣令答道：「託撫臺大人的洪福，俸祿積存所得，還多了三百兩，連同縣府大印，恭謹一併繳呈。卑職心願已達，要請求辭官回里去了。」雙手獻上三百兩銀包與官印大盒，留在几案上，長揖告辭走了。

【譯後語】清代李寶嘉，寫了《官場現形記》一書，都是迎合、鑽營、矇混、羅掘、傾軋等故事，官場險惡，當屬實在。本篇這位老實人，言行憨直，是塊璞玉，沒有經過政治大染缸的浸泡，還不懂得官場中的應對。哪像胡林翼？猶如飽經砲火的老兵，去看初入伍的新兵，必然一無是處也。試觀胡林翼，自己是巡撫，就刻意結交同駐武漢的滿清正白旗人湖廣總督官文，胡夫人且拜官文的太夫人為義母，因而官文對胡的措施一律贊助，這是實行抱負的必要方策。又看曾國藩平定太平天國，立下殊功，慈禧太后召見，曾故意步履蹣跚，語言遲滯，這乃是保身免禍的必要動作（功高震主，務必裝傻裝衰，出了皇宮，又健步如飛了）。以上都算正道，至於歪道，其黑暗面就不必多述了。官場不是老實人可以久戀的，見好就收，不如歸去。現今社會更趨複雜了，上下關係，平行關係，以至同業敵我關係，國際縱橫關係，交錯糾纏，波濤洶湧；你要壓倒群雄，獨步青雲呢？還是要反璞歸真，全身而退呢？這就是考驗你的智慧了。

【原文】胡林翼撫鄂，一新需次縣令晉謁。時方盛夏，令搖扇不止。胡心不喜，曰：可脫帽。令如之，仍搖扇。胡慍，謂可再卸上衣，令又如之。胡拂然返內堂，令始知獲咎，倉皇袒裼而出。湯太夫人見胡有慍色，問故，具以實告。曰：此眞辱沒衣冠，安能任民社之任？太夫人曰：不然，此乃讀書人本色，特不知官場儀注耳，奈何以一扇棄士？且汝爲上司，屬吏有過，當正言諭之，今出之以播弄，是汝亦有過矣。胡悔，明日再諭見，則已不復持扇，氣度安閒，亦無縮澀態矣。詢何爲而服官？答曰：想賺三千銀耳。胡雖不懌，而隱忍未發。再問賺三千銀何爲？曰：卑職家貧，力不能讀書，胥賴祠堂津貼，族戚資助。幸獲一官，欲得一千銀捐入祠堂，一千銀分贈族黨，餘則養妻子也。胡頷之。已而委署某縣。在任年餘，無一上控案，無一未結獄，無一欠收糧。胡曰：微母訓，幾失一好官矣。亡何，令具稟求謁。胡笑問三千銀已到手否？曰：託大人洪福，尚餘三百金，謹與印俱呈，卑職自是歸矣。遽袖出銀並印置几上，長揖而去（湖南省《益陽縣志》）

七〇 省親半月吃了兩隻雞

讀書人有志於學問，卻又嫌衣服不漂亮，飯菜欠美味爲羞恥者，這種人不足以與他談大道理也。這是《論語·里仁》孔子的話。

明代胡壽安，安徽黟縣人（黟音依，著名的黃山，就在黟縣西北）。他在明成祖（一三六〇—一四二四）永樂年間，作過信陽知縣，後來又調職爲新繁縣（在四川成都之北）縣長。那時政務淸簡，大家生活都很儉樸，他自己在官餘之暇，在縣府後院裡的空地上種菜，時人戲稱他爲「菜縣長」，他不以爲忤。平日也很少買肉佐餐，生活節儉。他的兒子想念父親，遠從安徽老家來到四川新繁縣省視老父。住了半個月，卻要廚子殺了兩隻雞吃了。

胡壽安縣長十分不滿，責備兒子說：「孔子告訴我們：『君子謀道不謀食』（《論語·衛靈公》）。孟子告訴我們：『飮食之人，則人賤之矣』（《孟子·告子下》）。講究美食的人，把志向降低了，會讓別人瞧不起。我作官二十多年了，不是不能每天大魚大肉，想想看：商紂王酒池肉林，窮奢極慾，終於亡國；晉代何曾日食萬錢，猶說沒有下筷子之處，正派人都說不該。所以我常常以奢侈爲戒，還恐怕不能謹守到老。「如今你來了，府中旣沒有宴請賓客，也不是祭祀祖先，卻多次貪享肥鮮，以飽口腹之慾，這不是增添我的憂累嗎？」

【譯後語】節儉是美德嗎？老一輩人都說「儉以養廉」是必要的。但時至今日，大家卻把節儉視同吝嗇、小氣，不合社會潮流，看成是笑話了。君不見：景氣低迷，專家說要鼓勵消費，才可使經濟起飛，正好與節儉相反。於是，一個午餐飯盒要五百元，一客鮑魚要二萬元，一場麻將輸了百萬元，一隻勞力士鑲鑽手表花三百萬元，好像人人多財，揮金如土。其實，這種暴發户的浪費，對生活品質並未提升。物質面雖然表現出有似闊老富豪，但精神面仍然只算是貧民窮光蛋。而且我們還不能和美國人相比，也不必學他們。美國人口只有兩億，僅佔全球人口百分之四，卻消耗了全球能源百分之十四。他們夏天披上毛衣吹冷氣，冬天穿短袖開暖氣，去街口買份報紙也得開車，不肯走兩步路。假如全世界人人如此，地球上的自然資源很快就會用光了。開汽車要燒汽油，四五十年後，石油就枯竭了（不能說這是下一代人的問題）。我們只有一個地球，爲了給子孫後代留點陰德著想，浪費是不對的，節儉仍然應當謹守（不是吝嗇）。舉一個例：提倡共乘制度，好處多多，不就節約能源了嗎？

【原文】胡壽安在官，未嘗食肉。其子自徽來省，居半月，烹二雞。公怒曰：飲食之人，則人賤之矣。吾居官位二十餘年，常以奢侈爲戒，猶恐不能令終。今不設賓，不祭先，而爲此甘鮮，詎不爲吾累乎。（萬叔豪：《崇儉篇》、第三章、窒欲）

七一 老臣古弼改派弱馬供打獵

討好君主於一時較爲重要？還是保衛國家於永遠較爲重要？這是管家婆的難題，也是忠與佞的考驗。

南北朝時代的古弼，代郡人，好讀書，又善於騎馬射箭。北朝的北魏建國後，北魏明元帝（拓拔嗣，號太宗。四〇九—四二三）很賞識他，賜他的名字叫「筆」，意思是剛直而有大用。後又改賜爲同音字的「弼」，意思是他有輔佐國事的才識。

北魏世祖太武帝（拓拔燾，四二四—四五一）繼承帝位後，有一次舉行大規模的打獵之旅，地區在河西（黃河以西，今陝西一帶）。古弼那時官任尚書，指定他在京都留守。世祖（太武帝的廟號）自河西傳來聖旨，要將京裡好的駿馬，撥去打獵。古弼代理國政，沒有照辦，改用瘦弱的馬，撥交出去。

世祖大怒，因爲弱馬跑不快，極不稱意，罵道：「何物古弼，竟有好大的膽，敢違抗朕的命令，這不是反了？等我回京，首先就要斬掉這個奴才！」

亂世殺人，乃是家常便飯。世祖說了狠話，古弼手下的官員都惶悚恐怖，害怕牽連起來，他們的性命不保，會連帶一起殺頭。

古弼安慰他們說：「大家不必驚慌。想我得罪世祖，只是沒給好馬，打獵不盡興而已，這個罪很小。如果在保國衛疆的防禦上不注意，讓敵國得逞，這個罪就太大了。如今北方的柔然（即蠕蠕）氣焰正盛，亟想攻我。北燕北涼，也得提防。至於南朝的劉宋（劉裕），他們有個太尉檀道濟（?—四三六），有謀有略，更不可忽視。這都是我最不放心的，所以留下駿馬充實軍力，這是深長考慮後的做法。如果對國家有利，何須規避自己的生死呢?而且這是我一個人決定的，不是你們的錯，一切由我擔起來就行了。」

這番話傳到世祖耳中，贊歎古弼有忠心和遠識，說道：「有這樣忠良耿直的輔佐大臣，這是國家的瑰寶。」回京特別賜他錦袍一套，驃馬兩匹，馴鹿十頭，以示褒獎。

【譯後語】南北朝君王的暴戾不必置評。倒是古弼不肯奉迎上意，認爲國防第一，軍事爲先，這才眞是輔弼邦國的棟樑，是有宏觀意識的大人物。

【原文】古弼，代人也。好讀書，善騎射。太宗嘉之，賜名曰筆，取其直而有用。後改名弼，言其有輔佐才也。世祖校獵於河西，弼留守。詔以肥馬給騎人，弼命給弱者。世祖大怒，曰：敢裁量朕耶?朕還京，先斬此奴。弼屬官惶怖懼誅，弼告之曰：吾以爲事君使畋獵不適，其罪小也。不備不虞，使戎寇恣逸，其罪大也。今北狄孔熾，南虜未滅，是吾憂也。故選肥馬備軍實，爲不虞之遠慮。苟使國家有利，吾何避死乎?此自吾罪，非卿等之咎。世祖聞而歎曰：有臣如此，國之寶也。賜衣一襲，馬二匹，鹿十頭。（北齊、魏收：《魏書》、卷二十八、列傳第十六）

先天聰慧，加上後天培育，乃成人才。如不重用，就太可惜了。

七二　幼童嚴復戲爬井架罰背詩

清代嚴復，福建侯官人。咸豐二年出生，民國十年去世（一八五二—一九二一）。原名宗光，字又陵，或幼陵。後改名復，字幾道，或畿道。他留學英國，回國後曾任北京大學校長（**當時叫京師大學堂**）。他翻譯西洋名著甚多，重要的有：

赫胥黎（Thomas Henry Huxley 1825－1895）的《天演論》（Evolution and Ethics and Other Essays）——譯介進化學說，物競天擇，適者生存。

亞當斯密（Adam Smith 1725－1790）的《原富》（An Enquiry into the Nature and Causes of the Wealth of Nations）——經濟學的經典之作。

孟德斯鳩（Baron Montesquieu 1689－1755）的《法意》（De L'esprit des Lois）——主張三權分立。

而由嚴復所倡「譯事三難：信達雅」的名言，至今仍是翻譯界遵奉的圭臬。

他小時候就很特出，天資穎悟，超過一般小孩。在他童稚時代，得力於母親的教導很多，奠定他後來發展的基礎。

嚴復五歲時，有一天，鄰居開鑿深井，地上搭起了高架，井底已鑿通了水源，但還未竣工。嚴復好奇又貪玩，他獨自一人，爬上那井架的最高處，俯身直往下看，只見井底那平靜的水面，恍如一塊明鏡，反映出天光雲影，煞是地底奇觀，不覺大樂，小嘴巴在嘻嘻呵呵，小身體也在搖晃扭動。小孩子不懂得甚麼叫危險，如果不小心掉下去，那就會沒有命了。

嚴太夫人在屋內聽到笑聲，出外一看，大吃一驚。此時還不敢大聲呼喝，免得小傢伙驚慌出事。只是溫和地緩慢地要他小心爬下來，還耽心他那小腿兒夠不到下一根橫樑，每一步都提醒他不要踩空了。平安下到地面後，領著回家，才又愛又憐地怒聲責備他。

為了使他記住這次教訓，太夫人命他學背唐詩，先從絕句教起。嚴復天資甚高，三天就記熟了不少，算是懲罰。

這種先寬後嚴的教導，正顯出用心的細密，和母愛的偉大，宜乎以後終成偉器。

【譯後語】慈母護兒，用心深矣。兒攀高架，驚惶即會失足。宜先緩言誘使徐離險境，返家後再嚴申誡約。兒成偉器，母功大焉。可惜的是，嚴復雖畢業於英國格林尼次海軍大學，回國後，政府卻未予重任，沒有讓他接觸中國海軍之籌建工作。日本首相伊藤博文（一八四一—一九〇九，明治維新的內閣總理）問李鴻章說：「貴國有位嚴復，是與我一同留學英國的同班同學，他是常考第一名的高才生，回國之後，何以迄無消息？」李鴻章返國遍訪，最後獲知嚴復蝸居上海租界一小閣樓中，壯志難伸，只好埋頭譯書，賣文度日，眞是糟蹋人才（按嚴復是辜振甫夫人嚴倬雲的先祖父，而胡適稱他是「介紹西洋近世思想的第一人」，大家公認他是中國近代中西思想交通史上的開山人物）。在當年那風雨晦暝的時代，一個似「龍」之飛騰，爲明治維新的首相，一個像「蛇」之蜷縮，賴筆耕以維生，從這點也看得出日本爲何盛強，中國爲何積弱的原因了。嚴復自己也說：「憶昔在英留學，與伊藤博文同窗。伊藤回國後，所學竟成大用。而余返國後，始終不獲一展所長，何懸殊之甚也？」（見一九一〇年嚴復《致梁啟超書》，引自《嚴復合集·未刊函稿》頁八）歷史是面鏡子，我們不但要「鑑往」，尤應「觀今」，現在是不是已經做到了人盡其才了呢？

【原文】嚴復，原名宗光，字又陵，或幼陵；號幾道，或畿道。生於咸豐二年，籍福建。幼岐嶷，天資穎悟，異於常兒。髫齡之年，多得力於母教。五歲時，一日，鄰家鑿井，先生戲登高架上，俯視井底，晃如圓鏡，大樂。然若不愼下跌，則必粉身碎骨。太夫人聞笑聲，出視，大驚。顧不敢重責，反溫語令其徐徐下爬，庶不致跌。既下，入室，始怒斥之。罰他背誦唐詩三日。其先寬後嚴如此，可見用心之細，母愛之大也。（見：《淸史》）

七三　去做太守劉琦避禍

有權有勢的大家庭，內部紛爭很多，曲直難以論斷，要怎樣避免傷到自己呢？

三國時代的劉表（一四二—二〇八），字景升，是漢朝皇室宗支，家大業大，任荊州牧（就是州長），封成武侯。他的大兒子劉琦，對蜀國的諸葛亮（一八〇—二三四，劉備三顧茅廬，出任蜀相）十分敬佩。

劉表聽信後妻的小話，偏愛少子劉琮，厭惡劉琦。劉琦十分不安，屢次想向諸葛亮請教如何自保。但諸葛亮不願觸及別人的家庭問題，一直沒有替他出主意。

有一天，劉琦邀請諸葛亮到侯府後面的花園裡遊觀，信步一同登上一座高的樓臺。兩人在樓中酒宴，酒酣之際，劉琦事先安排，暗地裡命人把登樓的梯子撤走了。

劉琦懇求道：「此時此地，上不接天，下不著地，只有你我兩人當面。先生能否對我惠賜指教？話只出自你口，也只進入我耳，並無第三人聞知，你可以放心說了吧！」

諸葛亮答道：「你沒有看清前人的例子嗎？那春秋時代，晉獻公寵信後妻驪姬（驪戎之女，立爲夫人）。驪姬屢次進讒言，晉獻公便要殺掉太子申生。弟弟重耳（元前六九七

—前六二八，即晉文公）勸申生逃走。申生說：『我不能出奔。父親說我要弑他，天下哪有無父之國？』終於被殺了，可見在宮廷內是很危險的。再看那聰明的重耳，他設法跑到狄國去躲避，遠離了危險，後來終於有了機會，回到國內繼位爲晉文公。察古以觀今，留在府內危而險，出任外藩遠而安，你難道不明白嗎？」

劉琦猛然醒悟，悄悄地策劃著要離開。正好遇到江夏（郡名，約今湖北雲夢縣一帶）太守黃祖（殺掉孫堅彌衡的人）死了。劉琦請求外放獲准，赴江夏接任太守去了。

【譯後語】複雜的大官家，常因利害衝突，彼此勾心鬥角。那時代，禮教的束縛很嚴，黑白莫辯。唯有遠離是非圈，才能自保。在外建立起基業，羽翼豐滿後，便進退自如了。諸葛亮智慧特高，但別人侯府裡的家庭糾紛，局外人豈可隨便表示意見，最好避談。劉琦卻巧施絕招，逼他非指教不可。臥龍先生沒有正面回答，只舉歷史往例，原文僅說了兩句話：「申生在內而危，重耳在外而安。」簡潔得儘夠了。我們於一千七百年後的今天，開卷展讀，仍覺得有栩栩如生的臨場感。

【原文】劉表長子琦，深器亮。表受後妻之言，愛少子琮，不悅於琦。琦每欲與亮謀自安之術，亮輒拒塞，未與處畫。琦乃邀亮游觀後園，共上高樓。飲宴之間，琦令人去梯。因謂亮曰：今日上不至天，下不接地。言出子口，入於吾耳，可以言未？亮答曰：君不見申生在內而危，重耳在外而安乎？琦感悟，陰規出計。會黃祖死，得出，遂爲江夏太守。（《三國志》、卷三十五、蜀書、諸葛亮傳第五）

七四　願任元帥准相救王

君主要造反，正面反對會弄糟，要摸順毛。得到信用後，遂行自己的計畫可也。

漢高祖劉邦的子孫很多，其中有個孫兒叫劉安（元前一七九—前一二二），漢文帝（漢高祖之子）十六年（元前一六四），劉安繼承父親爵位爲淮南王。到了漢景帝（漢文帝之子）三年（元前一五四），景帝聽信鼂錯（元前二〇〇—前一五四）的建議，要削減諸侯封地的領土，因而引起吳楚七國（另五國是趙、膠西、膠東、菑川、濟南）聯合起來反叛，歷史上稱爲「七國之亂」。領頭的吳王濞還專派使者來見淮南王，遊說他一齊造反。淮南王同病相憐，決定響應吳楚七國，共同起兵叛漢。

淮南王的丞相，眼見王爺心意已決，不好當面反對，卻預知反叛的後果很糟，念頭一轉，計上心來，向淮南王建議道：「大王如果決意追隨吳王反漢，我願意擔任元帥，統領國內精兵，佈署作戰。」

淮南王見丞相贊同己意，還自願出任軍事指揮官，當即應允，並將兵符交付（授予兵符，即是賜給指揮軍隊的符信），授權丞相來調度統轄全國部隊。

這位丞相既已掌握了兵權，便將部隊重新佈防，把主力調來在首都固守，以抵禦叛軍前來騷擾。不但沒有與吳楚七國連成一氣，反而聽命於漢天子，使東南半壁穩住了。

淮南兵力不強，漢景帝還指派曲城侯（姓蟲名捷，父親名逢，是漢高祖功臣）領兵來增援，使淮南免受七國叛軍的侵襲。

景帝四年，吳楚七國之亂，被周亞夫（前？—前一四三，就是本書第二篇周勃的兒子，後來做了丞相）剿平了，各依叛亂定了罪。淮南王以前雖然說過要倒向吳楚七國那邊，但由於丞相的實際行動是效忠漢室，所以王位安然穩固如昔。

【譯後語】淮南丞相，不愧是高智之士。王爺決意起兵響應叛軍，此時如果正面反對，不但不會接受，而且把局面弄僵，不好收場。虧得他反應快捷，立即將計就計，輕易得到軍權。兵符既已掌握，反而抗吳助漢，淮南賴以全固矣。想此丞相，以往必是一心輔國，才會獲得淮南王的信任，而順利得售其騙術也。騙是暫時的權宜措施，久後觀之，更顯忠藎。惜乎司馬遷寫史記未錄此人的姓名，頗有憾焉。「風雨見龍蛇」，前賢存嘉範。我們在緊急關頭上，有時也不妨從權；但從權只是手段而已，藉來達成正當的目標則可，枉尺直尋以求己利則不可。

【原文】漢景帝三年，吳楚七國反。吳使者至淮南，淮南王欲發兵應之。其相曰：大王必欲發兵應吳，臣願爲將。王乃屬相兵。淮南相已將兵，因城守，不聽王而爲漢。漢亦使曲城侯將兵救淮南，淮南以故得完。孝景四年，吳楚已破，淮南王如故。

（《史記》、卷一百一十八、淮南列傳第五十八）

七五　此夜宴賓徐勉僅可談風月

私情與公務分清，很難做到。本篇和下篇選錄兩個範例，以供參照。

南北朝時代，南朝由宋齊梁陳遞嬗。南朝蕭梁時代，有位徐勉（四六六—五三五），字修仁，孤貧好學，篤勵情操。梁武帝（四六四—五四九。蕭衍，是梁朝開基始祖）登帝位時，封徐勉爲尚書左丞，官聲極好，是個賢相。

天監二年（公元五〇三，梁武帝年號），梁武帝北伐，徐勉掌軍事文書，日夜辛勞，幾十天才回家一看。每次回去，一群家犬都驚起吠叫，不認識主人了。徐勉歎道：「我憂心國事，没有顧家，竟然狗都欺我。也好，將來我死之後，歷史上也當記此一筆。」

天監六年（公元五〇七），徐勉升爲吏部尚書，常須選官派職，擢用人才。他手掌進退大權，處理得公平有序。徐勉不但長於書牘，而且善於辭令。雖然公文堆積案頭，訪客坐滿廳堂，也能一面接見賓客，一面筆不停揮，眞可算得手腦兼用，上下交相稱贊。

有一天夜晚，徐勉與一群朋友宴會，話題無所不談，大家都很歡洽。一位友人叫虞嵩的，趁機求作詹事五官（掌太子東宮事務之官）。徐勉正色說道：「今天晚上歡聚，是暢敍私誼，只合談淸風明月，不合談授官派職。各人的才幹，都有公評，尙書府（就是徐勉主管的吏部）自會有處置。此時這個場所，我想最好避免討論公務，免得把氣氛弄得嚴肅了，不是很好嗎？」大家都敬佩他講話有分寸，能謹守公私分際。

徐勉的官位雖高，但沒有置產業，家中也沒有多少錢財。一些舊識好友，勸他聚些財富，留給下一代。徐勉說：「別人留給子孫金錢，我卻只願留給子孫清白。子孫如果成器，他們自會有華車駿馬。子孫如果不肖，最後那些財帛還不是歸別人所有嗎？」

【譯後語】 朋友讌集，乃是聯誼。情止於私，非涉公務也。如果趁勢求官，該是答應好呢？不答應好呢？若逕答應，是私相授受；若予拒絕，會傷了友誼。兩都不妥，便只能談風詠月了。史稱後梁宰相，值得稱贊的，只有徐勉及范雲（四五一—五〇三，南史有傳）而已，爲何好人太少？還請讀者諸君思之。

【原文】 徐勉，字修仁，篤志好學。高祖踐阼，拜尚書左丞。天監二年，王師北伐，勉參掌軍書，劬勞夙夜。動經數旬，乃一還宅。每還，群犬驚吠。勉歎曰：吾憂國忘家，乃至於此。若吾亡後，亦是傳中一事。六年，遷吏部尚書。勉居選官，彝倫有序。既閑尺牘，兼善辭令。雖文案塡積，坐客充滿，應對如流，手不停筆。嘗與門人夜集，有虞嵩求詹事五官。勉正色答云：今夕只可談風月，不宜及公事。時人咸服其無私。勉雖居顯位，不營產業，家無蓄積。故舊或從容致言，勉答曰：人遺子孫財，我遺之以清白。子孫才也，則自致輜軿。如其不才，終爲他有也。（唐、姚思廉：《梁書》、卷二十五、列傳第十九）

七六　今宵設酒蘇章只是敍私交

東漢時代，有位蘇章，字孺文，博學能文。漢安帝時（一〇七—一二五在位），被舉爲賢良方正，後來出任冀州刺史（冀州是九州之一，跨河北河南山西。刺史是刺舉不法，有如巡按御史）。他有位從前的好友，官任清河太守（清河郡也在河北，太守是一郡之長），貪贓枉法，政聲很壞。

刺史蘇章打算究問清河太守的罪，然後參劾他。爲顧及以往交情，便先備辦了酒菜，邀請他來餐敍。兩人互訴生平，言談十分歡洽。

這位清河太守十分高興，趁著酒酣，歡然說道：「別人都只有一片天，我卻獨有兩片天。因爲孺文故友（指蘇章）念及舊交，必會幫我，原諒我以往的過錯。」

蘇章解釋說：「請你不要誤會了。今天晚上請宴，是我蘇孺文和老朋友相聚敍舊，這是先盡私誼；在友情上，我應當有此表示。可是到了明天，我不得不以冀州刺史身分，審問案情，那是執行公務，我也不能廢弛國家的法紀呀！」

私誼已經彌綸，公法仍須追究，蘇章果眞舉發了他的罪狀，給予應得的懲罰。全冀州的政風，因而變得更端肅了。

【譯後語】宋代王以詠（和岳飛同時代）嘗有語云：「治公家如私家，自符天理。

惜官物如己物，乃合人情。」，他終生未嘗妄費。這幾句話說得眞好。問題是：「公私要分明」，人人都懂。但怎麼來「分」？怎樣叫「明」呢？舉個小例：用辦公室的電話與海外親人通話，或用公家的小轎車順道送兒女上下學，算不算公器私用呢？有位大人物訓斥小孩說：「我從公家拿回來的鉛筆那麼多，哪會不夠用？也罷，明天我再拿一打回家就是了。」這還只是一個人的行爲，比較容易判定；至於牽涉到朋友之間，就常產生彼此兩方認知上的差異，較爲複雜了。如本篇所述：蘇章若單要逕行究辦故人，似乎對舊誼有虧，顯得太絕情了。如要念及友情，則對執法有損，又顯得不公正了。於是他先盡私誼，後伸公權。這就不因私情而影響公務，不因公事而廢斷私交。法理情都顧全了。本篇「此夜我獨有二天」，上篇「今夕只可談風月」，這兩篇宗旨相同，請合併參看。

【原文】蘇章爲冀州刺史，有故人爲清河太守。蘇章欲案其姦贓，乃請太守，爲設酒宴，陳生平之好，甚歡。太守喜曰：人皆有一天，我獨二天。章曰：今夕蘇孺文與故人飲者，私恩也。明日冀州刺史案事者，公法也。遂舉正其罪，州境肅然。（《資治通鑑》、卷五十二、漢紀四十四）

七七　兒童問孔聖太陽遠近

孔子（公元前五五一—前四七九，明嘉靖九年尊爲至聖先師）赴東方旅遊，東方是太陽升起的方位，是觀賞日出的方向。他在途中見到兩個小孩在辯鬥，就停下來問爲甚麼事在爭執？

小孩甲說：「我認爲太陽在初升時離我們最近，而日中當午時離我們最遠。」

小孩乙說：「我認爲太陽在初升時離我們最遠，而日中當午時離我們最近。」

小孩甲說：「太陽初升時，大到有如車輪，等到日中當午時，小得好像盤盂。這不是證明看來小的距離遠，而看來大的距離近嗎？」

小孩乙說：「太陽初升時，溫度淸淸涼涼，等到日中當午時，溫度炎熱難當。這不是證明灼熱時的距離近，而涼爽時的距離遠嗎？」

孔子聽了，一時也不知如何決斷。

兩個小孩笑道：「你都不能斷定，誰說你是位高智的聖者呢？」

【譯後語】 這似是屬於物理學的範疇。甲童乃是從距離的遠近，亦即以視角（visual angle）的大小來推斷的；乙童乃是從溫度的高低，亦即以熱幅射（thermal radiation）的強弱來推斷的。這是兩種不同的領域，不可以擺在一起來比較的。可是，列子是兩千三百年前戰國時代的人，竟然有這種天文物理學與天體光度學的思想，足證華夏前人的優越。惜乎後代不長進，要能繼續發揚才好。

【原文】孔子東遊，見兩小兒辯鬥，問其故。甲兒曰；我以日始出時去人近，而日中時遠也。乙兒曰：我以日初出遠，而日中時近也。甲兒曰：日初出，大如車蓋，及日中，則小如盤盂，此不爲遠者小而近者大乎？乙兒曰：日初出，滄滄涼涼，及其日中，如探湯，此不爲近者熱而遠者涼乎？孔子不能決也，而小兒笑曰：孰謂汝多智乎？（《列子》、湯問）

【另文】晉明帝，幼而聰，爲元帝所寵。年數歲，嘗坐置膝前。適長安使來，因問明帝曰：日與長安孰近？對曰：長安近，不聞人從日邊來，可知也。明日，宴群僚，又問之，對曰：日近。元帝失色，曰：何乃異乎？對曰：舉頭見日，不見長安。（《晉書》、卷六、帝紀第六）

七八　魏王詢扁鵲醫術高低

愈有本領的人，愈懂得謙遜。謙遜不是看輕自己，反而會獲得尊重。「良賈深藏若虛」，正是同一道理。

名醫扁鵲，是戰國時代渤海郡鄭縣人（鄭音莫，古地名，約今河北省任丘縣北）。他本名秦越人（姓秦，名越人），精於醫道，天下聞名。爲甚麼又叫扁鵲呢？根據《史記·扁鵲列傳·正義》注解說：古時有位扁鵲，本是黃帝軒轅氏時代的良醫，如今這個叫秦越人的醫術，和扁鵲同樣的高明，所以就逕稱他爲扁鵲。

魏文侯（元前四四五—前三九六在位）很賞識扁鵲，問他道：「你家兄弟三人，都精醫術，誰是最好的呢？」

扁鵲回答說：「長兄最好，中兄次之，我最差。」

魏文侯再問道：「這話聽來倒很有趣了，你能再說明白一點嗎？」

扁鵲說：「讓我分別來解釋吧：我長兄行醫，是醫之於病尚未生之前。當疾病還沒有發作，就預防了。別人根本不知道會起病，他的名氣也就傳不開，只有在家裡的我們知道。但他卻是最高等的神醫。

「我的中兄治病，是治之於病情初起之際。當小病還沒有擴大，就醫治好了。別人以爲那只是輕微的毫毛小病，並非嚴重之疾，因此他的名氣不算很大，只有本鄉本縣的人知道。但他卻是次高等的良醫。

「至於我扁鵲嘛，我的醫術，是老師長桑君（古之良醫，扁鵲師事之，乃以禁方傳給扁鵲）特意傳授給我的，我學了十多年才成。不過我治病時，常常是醫之於病況轉重之後。當病情已經變得很危急之際，我把它治好了。別人看到我挖肉刮骨，開腸破肚，大動各科手術，皮膚上敷貼烈藥來攻毒，經脈上穿刺針管來放血，起死而回生，因此名氣最響，天下各國都知道。但我卻只是個普遍的醫生而已，没甚麼好誇耀的。」

魏文侯贊道：「先生診脈最靈，還可看淸病人五臟六腑的癥結（心、肝、脾、肺、腎爲五臟。胃、膽、膀胱、大腸、小腸、三焦爲六腑），更能藥到病除，先生的醫術已夠精深了，没人可以比得上，卻仍然這樣謙虛，眞不愧是當代的名醫呀！」

【譯後語】千里之堤，潰於蟻穴；星星之火，可以燎原。同理，小病若不除掉，可能會釀成大患。而事前從容弭禍的措施，比事後匆忙的補救高明多了。但是，「預防重於治療」之語，卻常常爲一般人所忽視。君不見：「焦頭爛額爲上客，曲突徙薪無恩澤」乎（見《漢書》霍光傳）？本篇採自《鶡冠子》一書，是戰國時代楚國一位不露姓名的隱士所撰，似乎是假託扁鵲以寄意，要旨在暗示高尚的人，不須自抬身價，旁人自會有定評也。我們試看孔夫子，他已是「至聖先師」，卻常「夫子自道」說：「吾有知乎哉？無知也。有匹夫問於我，空空如也」（論語子罕）。又說：「君子多乎哉，不多也」（論語子罕）。又說：「君子道者三，我無能焉」（論語憲問）。他愈謙虛，我們對他愈加崇敬。

【原文】魏文侯問扁鵲曰：子昆弟三人，其孰最善爲醫？扁鵲曰：長兄最善，中兄次之，扁鵲最爲下。魏文侯曰：可得聞耶？扁鵲曰：長兄於病，視神未有而除之，故名不出於家。中兄治病，其在毫毛，故名不出於閭。若扁鵲者，鑱血脈，投毒藥，副肌膚間，而名聞於諸侯。魏文侯曰：善。（《鶡冠子》、卷下、世賢第十六）

【另文】柳太后病風不能言，脈沉而噤。許胤宗曰：口不可下藥，宜以湯氣薰之。乃造黃蓍防風湯，置床下，以氣蒸之，其夜便可言語。或問何不著書？胤宗曰：醫者意也，在人思慮。又脈候幽微，苦其難別。意之所解，口莫能宣。且古之名醫，長於把脈，脈既精別，然後識病。夫藥之爲病，有正相當者，只須單用一味，譬之於獵，未知兔所，多發人馬遮圍，或冀一人偶然逢也。如此療法，不亦疏乎？夫脈之深趣，既不可以言傳，若虛設經方，豈加於舊？吾思之久矣，故不欲著書也。年九十餘卒。（《舊唐書》、卷一百九十一、列傳一百四十一。又見《新唐書》、卷二百〇四、列傳一百廿九）

七九　正由幼兒掌天下

老皇帝過世後，繼位的新君是個幼童，由黃口小兒掌舵，要保住江山便很難了，這是家天下傳承最大的弊病。

趙匡胤（九二七—九七六），原在殘唐五代（由梁唐晉漢周五朝遞繼）的後周朝中，任殿前都點檢，掌管禁軍，大權在握。周世宗（柴榮）死後，帝位傳給年僅七歲的兒子宗訓，是爲後周恭帝（公元九五九年）。還來不及改元，北漢（當時北方十國之一，都太原）引領北方遼兵（契丹）入寇周室，趙匡胤率兵禦敵。大軍行至陳橋驛（首都汴京東四十里），將士們一致擁護趙匡胤作皇帝，黃袍加身，後周恭帝是個幼童，只好禪位。於是改國號爲宋，是爲宋太祖，他統一南北，在位十六年。

宋太祖建隆二年（九六一），皇太后（趙匡胤的母親）年老生病，病況嚴重了，太后自知在世不久，特別召喚宰相趙普（九二二—九九二，請參看本書第一篇）進入寢宮，料想會有重要後事交待。

宋太祖一直都在床前陪侍老母。此時太后先問他說：「你知道爲何你能夠輕易地得到天下登上帝位的原因嗎？」

宋太祖傷心悲泣，喉頭噎塞了，不能回答。太后一直追問，他才說道：「這都是託祖宗的庇佑，以及太后您善積的陰德所致的。」

太后說：「這話不對。眞正的原因，乃是周世宗死後，把帝位傳給年幼的兒子（恭帝）來掌天下的緣故。假使他後周有年長的接任皇位，政權穩固，天下哪會歸你所有呢？這個教訓，你須謹記。因此，你百歲之後（死的代稱），應當把帝位傳給你弟弟（趙光義）。四海這麼寬廣，國事這麼繁重，能夠擇立年長的來繼承，這才是國家的幸福。」

宋太祖跪著叩頭，流淚應道：「孩兒哪敢不照您的慈訓行事？」

太后又轉頭對趙普說：「你也聽到了，在這裡同作見證。大家要記住我的話，不可違背。」命趙普在床邊寫下約誓書，並在文尾簽上「臣普書」三字，以表愼重。交待將這約誓書封藏在金匱裡（金製寶櫃，愼保珍藏），指定一位穩當可靠的宮人保管守護它。

【譯後語】趙匡胤母親有此卓識，強過許多鬚眉男子。史載趙匡胤初登帝位時，他母親並不欣喜。有人問她：「兒爲天子，胡爲不樂？」她說：「吾聞爲君難，若治得其道，則此位可尊。苟或失馭，求爲匹夫不可得，所以憂也」（見《宋史》卷二四二）。這種看得深而慮得遠的見解，常人哪可幾及？從前是家天下，將邦國視同私產，末代常弱敗而亡，這是必然的。今天是民主時代，領導人由選舉產生，這就對了。但是有不少的大企業，股份不開放，仍是家天下，然而子孫爭氣的並不多，所以有人提出大企業的所有權（資產歸屬於老闆）與經營權（業務遴聘專家操作）

兩者要分開，才可大可久。這種新觀念，大可深思。

【原文】建隆二年，太后不豫。疾亟，召趙普入受遺命。太后因問太祖曰：汝知所以得天下乎？太祖嗚噎不能對。太后固問之，太祖曰：此皆祖考及太后之積慶也。太后曰：不然。正由於周世宗使幼兒主天下耳。使周氏有長君，天下豈爲汝有乎？汝百歲後，當傳位於汝弟。四海至廣，萬機至衆，能立長君，社稷之福也。太祖頓首泣曰：敢不如教。太后顧謂趙普曰：爾同記吾言，不可違也。命普於榻前爲約誓書，普於紙尾書：臣普書。藏之金匱，命謹密宮人掌之。（托克托：《宋史》、卷二百四十二、列傳第一）

八〇　且讓老卒安軍心

弱勢作戰時，士氣須要鼓舞。今由低階的自己人當眾說出一番壯語，竟然產生了很大的振奮作用。

宋代國勢不強，外番時常入侵。宋仁宗寶元元年（一〇三八），西夏（黨項族人建國曰夏，因在西邊，故曰西夏）強人元昊稱帝，國號夏，又叫大夏（據今綏遠寧夏甘肅境）。他要擴充地盤，出兵攻宋，圍困了延安城（在陝西北部）七天。

西夏兵力強悍，宋軍寡弱，好多次幾幾乎被攻進來了。宋朝的統兵官是侍御范雍（字伯純，又是節度使），他雖然竭力固守城池，但情況危急，不免憂形於色。

這時部隊裡有一位當兵很久的老軍士，因他經驗豐富，原本頗得人緣，他趁在集會之間，對大眾宣告說：「你我都不必憂慮。這座延安城，因為是邊關要地，從前就受到多次圍攻過。以往被圍的緊急情況，比今天還要嚴重得多，但每次都保住了。依我看來，黨項軍隊飄忽慓悍，打游動戰是高手，但不長於攻堅，沒有一次打進來過。這一次也萬萬沒有危險，我可以擔保守得住。如果我的話說錯了，甘願殺我的頭抵罪，大家儘可安心！」

這位老兵詞氣很壯，范雍深感安慰。全體士氣因而受到鼓舞，軍心為之穩定不少。

敵軍圍攻了七天，多次瀕危，但都挺住了，西夏眼見沒有進展，退走了。戰爭解除，延安終於安保。這位老軍士大蒙贊賞，上下都說他善曉兵略，料敵如神，預言竟然應驗，眞是軍中瑰寶，即時提拔他升級。

但也有戰士私下問他道：「你敢於事先誇口，話也講得太滿，萬一沒有兌現，你就會被殺頭，你怎麼有膽敢冒這個大險呢？」

老軍士笑著答道：「你們沒有進一步想想吧了。假如延安城眞的打進來了，大家搶著逃命還來不及，誰有閒功夫來抓我殺頭呢？我乃是特意安撫軍心，讓大家振作起來，一齊盡力把敵人打退呀！」

【譯後語】老兵久經陣戰，見多識廣，雖然吹大法螺欺人，但因他是老行伍、老資格，且也言之有理，大家自會聽信他。幫助主帥定軍心，收效大矣。他之所以放言高論，大膽吹牛，乃是預先猜到萬一城破，大家逃命第一，他樂得自在逍遙，全然不要擔心，事前說說大話，有益而無傷，莫謂低階無高智也。

【原文】宋仁宗寶元元年，黨項圍延安七日，瀕於危者數矣。侍御范雍爲帥，憂形於色。有老軍較出，昌言曰：此邊城遭圍攻者數次，其急迫有甚於今日者。黨項人不善攻，卒不能拔。今日萬萬無虞，某可以保住。若不如吾言，某願斬首。范嘉其言壯，人心亦爲之安。事平，此較大蒙賞拔。言其知兵，善料敵。或謂之曰：汝敢肆妄言，萬一不驗，汝須伏法。老軍較笑曰：汝未之思也。若城果陷，誰暇殺我耶？聊欲安衆心耳。（《淘沙集》）

八一 師德薦仁傑仁傑害師德

我有恩於人，對方不知道，反過來竟然幾次排擠我，我也不生氣，也不必說破。這種豁達度量，眞是偉大。

唐代婁師德（六三〇—六九九），字宗仁，胸懷寬廣，度量恢宏。別人侵犯了他，總是自己遜讓，從不與人計較。「唾面自乾」的故事，便是他勸勉胞弟要養成遇事容忍的雅量。他總攬邊要，出將入相三十年，心無適莫。

同時代有位狄仁傑（六三〇—七〇〇），在外州擔任地方官，曾任河南巡撫，豫州刺史等職，是婁師德推薦他引入京都長安爲官的，等到兩人同朝參政，狄仁傑後來又做了宰相，對婁師德頗不友善，好幾次特意把他排擠到邊疆去打仗，婁師德每次都坦然接受。

那時是武則天皇后（六二四—七〇五）臨朝稱帝，發覺他們兩人好似不太協和，因趁便問狄仁傑道：「你看婁師德這人賢良嗎？」

狄仁傑說：「他擔任元帥，統兵打仗，能攻即攻，能守則守（史載婁師德與吐蕃作戰，打八次，勝八次），表現得不錯。至於賢不賢，我還看不出來。」

武則天又問：「他長於識別人才和提拔賢能嗎？」

狄仁傑道：「我和他一同在朝，相處很久了，還沒聽說他識才知人。」

武則天說：「我之所以重用你，其實就是婁師德推薦的。我看他的確能識賢薦才，只是你不知道就是了。」隨手拿出以前婁師德保薦狄仁傑的奏章，給他過目。

狄仁傑看了，十分愧疚。當時沒有出聲，過了一陣，才歎息道：「婁公師德，盛德似海，我被他寬厚包容，卻一直不自知，我比他差得太遠了！」

【譯後語】爲國舉賢，雖是難得，但不算很難。舉賢而不讓對方知道，已是很難了，但還不算最難。碰到被舉者不但不知恩，反過來多次故意設計排擠，自己不但不加辯解，卻還坦然接受，這才是最難的事。婁師德幾次無端被派遣遠赴邊陲打仗，打仗是要吃苦的，他從未顯露慍色，這是何等雅量？怪不得婁師德勸勉弟弟：以兩人位高，如何自謹爲慮。弟弟說：「這樣吧：即使別人對我臉上吐痰，我自己抹乾就是了。」婁師德說：「別人向你吐痰，乃是恨你，你揩掉不是使他更加恨你嗎？應當讓它自乾，笑而受之」（見《續世說》卷三雅量）。他確實能夠做到這點。可是，現今社會上，寬宏大量、忍讓爲懷的人已很少了，而錙銖必較、睚眦必報的人太多，大家都不肯各退一步，以至政界、商界，甚至於在軍界、學界中，都難免一股乖戾暴氣，不但細故必爭，甚至多看別人一眼，也會被人捅一刀，中國不是素來自稱爲禮義之邦嗎？如今禮在哪裡？義在何方？豈不慚愧？

【原文一】婁師德，有度量。人有忤己，輒遜以自免。仁傑未輔政，師德薦之。及同列，數擠令外使。武后覺，問仁傑曰：師德賢乎？對曰：爲將謹守，賢則不知也。又問：知人乎？對曰：臣嘗同僚，未聞其知人也。后曰：朕用卿，師德薦也，誠知人矣，出其奏。仁傑慚，已而歎曰：婁公盛德，我爲所容乃不知，吾不逮遠矣。（歐陽修：《新唐書》、卷一百八、列傳第三十三）

【原文二】唐、狄仁傑未入相時，婁師德嘗薦之。及爲宰相，不知師德薦己，數排師德，令充外使。則天嘗出師德舊表示之，仁傑大慚，謂人曰：吾爲婁公所容如此，方知不逮婁公遠矣。（劉昫：《舊唐書》、卷九十三、列傳第四十三）

八二　丁公救劉邦劉邦斬丁公

對敵人放一馬，就是對自己過不去。事隔多年，再想邀恩求報，哪會有好下場？

西漢初年的丁公，名固。是季布（重然諾。諺語說：黃金百斤，不如季布一諾）的同母異父之弟。也是楚霸王項羽（元前二三二—前二〇二）麾下的大將。那時項羽和劉邦交鋒，爭奪天下，丁公在彭城（今江蘇銅山縣）之西郊追殺劉邦（元前二四七—前一九五），劉邦兵疲，逃生無計，十分危急。

丁公追上了，眼看殺戮開始。劉邦自忖抵擋不住，生死難保，便對丁公說：「你我才氣本都不相上下嘛，難道兩賢相逼，一定非要把對方置之死地不可嗎？」

丁公心腸一軟，就藉故引兵岔開。劉邦因得解除危機，免此一死，趁隙逃走了。

經過幾年戰爭之後，項羽被消滅了，劉邦稱帝，是為漢高祖。這時丁公自認對劉邦有放生大恩，因來謁見。心想劉邦念及舊情，應可給個一官半職，不成問題。

可是劉邦認為丁公原是項羽手下的大將，卻對項羽不忠，私自縱放敵人逃走，罪惡重大。而使項羽丟掉天下的過錯，就是丁公一手造成的。於是下令將丁公斬首示眾，宣告說：「私放敵人逃生者死。」儆告後世為臣僚部屬的人，不可學丁公的行徑。

【譯後語】戰場上私縱敵帥脫逃，軍法以死論罪，其可誅一也。既能放我逃生，將來也可放走其他大敵人，其可誅二也。爲免丁公日後隨時宣稱有恩於我，殺掉他永絕後患，其可誅三也。執法不徇私，殺雞儆猴，毋效丁公，其可誅四也。有恩於我的人還有許多，殺掉丁公，免得別人都來求官，很難對付，其可誅五也。丁公不得不死，也虧得劉邦使出了這一手絕招。但是有人說：「丁公放劉邦逃生，劉邦反而論斬，恩將仇報，不合情理。」我們要知道：成大事者，全不理會私恩或私仇，而只從大目標作考慮。淺識的婦人之仁，短視的匹夫之見，都會破壞大局。他們的行事，必要時大放大收，自有異於常人者。劉邦「分我一杯羹」，孔明「揮淚斬馬謖」，曹操「小斛殺糧官」（見第四十五篇），都是例證。吾人作首長的，或作伙計的，都須瞭解這一點。

【原文】丁公爲楚將，丁公爲項羽逐窘高祖於彭城西，短兵接。高祖急，顧丁公曰：兩賢豈相厄哉？於是丁公引兵而還，漢王遂解去。及項王滅，丁公謁見高祖。高祖以丁公爲項王臣，不忠。使項王失天下者，迺丁公也。遂斬丁公，曰：使後世爲人臣者，毋效丁公。（《史記》、卷一百、列傳第四十）

【另文】宋藝祖（即宋太祖趙匡胤）推戴之初（指陳橋兵變，做了皇帝），陳橋守門者，拒而不納（回師京都，即帝位，但陳橋城門官拒不開門）。遂如封邱門，關吏望風啓鑰（轉往封邱門入城，守城官提早開門迎入）。及即位，斬封邱吏（不忠該斬）而官陳橋者（獎他忠於職責）。（見：《增廣智囊補》、卷上、上智）

八三　不擅四六駢文司馬溫公辭制誥

「四六」文，是文言中的駢偶文體，講究排比對仗，讀來聲調鏗鏘，必須工整華贍，搖曳生姿，故很難下筆。司馬溫公且曾一度謙辭，應是文壇中的佳話。

司馬光（一〇一九—一〇八六），字君實，在北宋仁宗寶元年間（一〇三八—一〇三九），就考取了進士，那時他大約二十歲。他連續在仁宗英宗神宗哲宗四朝爲官，後來做了宰相，贈封溫國公，所以後人尊稱司馬溫公。

宋神宗（一〇六八—一〇八五）即位後，有意選拔他任翰林學士，這是自唐朝起就設置的顯職，專責替皇帝撰寫制誥。凡是頒賜爵位、追贈大臣、謫貶罪官、以及昭告百姓，都由皇帝用詔書宣示。這種公文書的執筆人，就叫制誥。

這個職位，聲望崇高，而且隨時親近皇帝，他人求之不得，司馬光卻極力推辭。

宋神宗說：「我看滿朝儒臣，有的雖學養深厚，但下筆爲文卻不甚佳，有的雖文詞流暢，卻又缺少眞知實學，都不是理想人選。你的文才特優，且又飽學，兩者並美，爲何要推辭呢？」

司馬光答奏道：「我不擅長於撰寫四六文體，所以不敢擔任。」

原來這種四六文體，淵源於南朝，盛行於唐宋。唐代李商隱有《樊南四六甲集》《乙集》兩集行世，宋代王銍有《四六話》二卷，宋代李劉有《四六標準》四十卷，宋代謝伋有《四六談塵》一卷，明代王志堅有《四六法海》十二卷，清代孫梅有《四六叢話》卅三卷。四六之名，便沿用以爲通稱。乃是用四個字和六個字的句子，寫成對偶款式。《文心雕龍》說：「四字密而不足，六字舒而非緩」。四六體就是駢文。要謹策精切，使人讀來蕩氣迴腸。

宋神宗說：「我並不要求那種極其華麗的辭藻堆砌，只須倣照兩漢時代的制式，寫成平實的詔告就行了。況且你在前朝能取得高名次的進士，卻說不會四六文章，這不是過謙了嗎？」竟然不許推辭，仍任他爲制誥。

司馬光鑒於歷代古史太繁，皇帝沒有那麼多的餘暇去遍讀，便把安邦定國的重要治道選摘出來，編成一部《資治通鑑》，每篇還加上「臣光曰」的釋論，獻給皇帝。這部書上起戰國，下迄五代，計一千三百六十二年，分爲二百九十四卷，費時十九年才完成，神宗親撰了御序。司馬光每天在皇殿講授，直到六十八歲（一〇八六），逝世了。

宋朝自王安石（一〇二一—一〇八六）變法，朝中大臣，分爲兩派，改革派叫新黨，保守派叫舊黨，新舊兩派互鬨，交相執政，鬥爭了幾十年。到宋徽宗（一〇八三—一一五五）即位，新黨蔡京（一〇四五—一一二六，殘害忠良）爲相。他把舊黨誣爲姦人。到崇寧三年（一一〇四，司馬光早過世了），蔡京竟然撰頒了「姦黨碑」，將先賢司馬光及舊黨共三〇九人列名碑上，通令全國各郡，都要豎石立碑，以示懲罰。

皇命由汴京發出，檄傳到了長安。長安府尹徵召了一名刻石工匠叫安民的，叫他鑿刻「姦黨碑」，不得有誤。

安民說：「我只是個愚昧的石匠，不懂得立碑的用意。但像司馬相公這樣的君子，海內都欽敬他正直無私，今天卻說他是姦邪逆黨，我實在不忍心刻他的名字。」

長安官府見他不遵命令，要用違抗聖旨的重罪辦他。安民哭了，懇求道：「徵召我來刻石，不敢推辭。只請求在碑文下邊，免雕安民兩字（昔時刻碑銘，刻書版，都是垂之久遠的大工程，刻匠都要刻上自己姓名，一來是榮寵，二來以示負責），以免將來受後世正人的唾罵就是了。」

聽到這話的人，都心生暗愧，竟然草野百姓，也發出了這樣的正義之聲。

【譯後語】雖然現在流行白話文，但文言文在多種場所中仍須用到。白話文每鬆散冗贅（請閱一四八篇之譯後語），文言文則言簡意賅也。四六駢體是文言中最精緻的一種，乃是高水準的文體。它講究平仄抑揚，上下對仗。例如「漁舟唱晚，響窮彭蠡之濱；雁陣驚寒，聲斷衡陽之浦。」體例是順次的四六四六（「平平仄仄，仄平平仄平平；仄仄平平，平仄平平平仄仄」，這是抑揚。「漁舟、雁陣」「彭蠡、衡陽」，這是對仗）。又如「屈賈誼於長沙，非無聖主；竄梁鴻於海曲，豈乏明時。」體例是倒裝的六四六四。又如「言猶在耳，忠豈忘心？一抔之土未乾，六尺之孤何託？」體例是四四六六。又如「共立勤王之勳，無廢大君之命；凡諸爵賞，同指山河。」體例是六六四四。都不出這幾種範圍。如果學問不精，文思不廣的人，是難以下筆的。然自南北朝以後，駢文流於以聲色相矜，以藻飾相競，浮豔舖張，文格就未免靡薄佻巧了。但是，司馬光七歲聞講《左氏春秋》，就瞭其大旨，英年又以甲科取進士高第，豈能說不善駢文，最多只是少做，純是自謙而已。總之，駢文易學難精，我們不必成爲這方面的專家，但至少要能欣賞它的高明美妙之處。

唐朝王勃，作《滕王閣序》，是四六駢體的範文。其中「落霞與孤鶩齊飛，秋水共長天一色」兩句，千古傳誦，且爲當時洪州都督閻伯嶼嘆爲天才。但有人指出是摹倣庾信《馬射賦》中「落花與芝蓋齊飛，楊柳共春旗一色」而來。可見爲文之不易也。

【原文】司馬光，字君實。神宗即位，擢爲翰林學士，光力辭。帝曰：古之君子，或學而不文，或文而不學，卿有文學，何辭爲？對曰：臣不能爲四六。帝曰：如兩漢制詔可也。且卿能進士取高第，而云不能四六，何耶？竟不獲辭。光常患歷代史繁，人主不能盡覽，遂爲資治通鑑以獻，神宗自製序，俾日進讀。年六十八卒。徽宗立，蔡京擅政，京撰姦黨碑，令郡國皆刻石。長安石工安民當鐫字，辭曰：民愚人，固不知立碑之意。但如司馬相公者，海內稱其正直，今謂之姦邪，民不忍刻也。府官怒，欲加罪。泣曰：被役不敢辭，乞免鐫安民二字於石末，恐得罪於後世焉耳。聞者愧之。

（《宋史》卷三三六、列傳九五）

八四　已過七九高壽夏貴闔帥作降臣

衛國守土元帥，臨老投降敵人，正應驗孔子說的「老而不死是爲賊」，眞是羞恥。

南宋末年，國勢衰弱。北方蒙古成吉思汗（元太祖）興起，到元世祖忽必烈（一二一五—一二九四）在位時，元軍大舉南下攻宋。南宋有位夏貴（一一九六—一二七九）擔任重要地區淮西（即淮河上游之地，又稱淮右）的抗敵將帥，抵禦元朝蒙古軍。

夏貴於德祐丙子年（公元一二七六，即宋恭帝德祐二年，即元世祖至元十三年）竟然投降了元朝，被解除了軍權，改派文職，任命爲中書左丞（掌理國家文書），那時他已滿七十九歲晉八十歲了。到己卯年（公元一二七九，即元世祖至元十六年，文天祥已被俘，後被殺），夏貴八十三歲，死了。

夏貴一生，享受了宋朝的高官厚祿，到八十歲暮年，居然投降於蒙古族的元朝，不過祇偷活了四年而已。許多人都罵他不該臨老變節，貪生怕死，屈膝異族，靦顏事仇。他死後，有人作了打油詩一首譏諷他，詩云：「自古誰無死？惜公遲四年；問公今日死，何似四年前？」

元世祖像

又有人特地去他墳上，題詩於墓碑挖苦他，詩曰：「享年八十三，何不七十九；嗚呼夏相公，萬代名不朽？」

【譯後語】人之所以爲人，乃是知恥而有節操。這位夏貴，身爲統帥，守土禦敵是其職責，卻反而投效敵人，這是無恥。以高齡八十的衰朽殘年變節降敵，這更無恥。他偷生苟活，也只拖了四年，實在窩囊得很。再看與他同一時代的文天祥，抗元被擒，在獄中寫下了一篇「正氣歌」，始終不屈而殉國了。文天祥有詩曰：「人生自古誰無死，留取丹心照汗青。」流傳在當時，頌贊到今日。不知夏貴老元帥看了有何感想？遺臭千古，宜乎受人唾罵也。

【原文】夏貴，爲淮西閫帥（武人在外，專主軍事，叫專閫。委爲元帥，就稱閫帥。）南宋恭帝德祐丙子降元，授中書左丞，時年八十矣。己卯卒。有人贈以詩曰：自古誰無死，惜公遲四年；問公今日死，何似四年前。又有人弔其墓云：享年八十三，何不七十九？嗚呼夏相公，萬代垂（或作名）不朽。語見三朝野史。（宋、胡省三：《資治通鑑胡注表微》、生死篇第十九）

八五 擒韓信劉邦遊雲夢

手下有悍將，別人管不了，自己也制不住時，該怎麼辦？就只好智取。首先要保密，把對方蒙住，其次放出假風聲，使對方不備，好讓他中計。

楚漢相爭，項羽敗亡，韓信（元前？—前一九六）有功，封爲楚王，在東南雄據。後來，有人上書密報，告發韓信要謀反。

漢高祖劉邦（元前二四七—前一九五）向手下武將們問計，這些將軍們說：「即刻出兵，先發制人，把韓信這小子坑殺掉不就結了。」劉邦沉吟不語，沒有回應。

隔了一陣，劉邦找來陳平（請參本書第二篇），徵詢他的意見。

陳平（前？—前一七八）問：「那些將軍怎麼說呢？」

劉邦把諸將的意見轉告了。

陳平問：「這位告密的說韓信造反，有旁人知道嗎？」

劉邦說：「沒有。我身邊的幾位將軍雖然知道了，但他們都靠得住，不會走露風聲。」

陳平問：「韓信知道這事嗎？」

劉邦說：「他不會知道。」

陳平再問：「陛下看看：你的士兵，比韓信的士兵爲精嗎？」

劉邦說：「比不上。」

陳平問：「衆位將軍的兵法，有勝得過韓信的嗎？」

劉邦說：「没人勝得過。」

陳平作結道：「如今士兵不比韓信精，將軍們又不如韓信強，既不能勝，卻要出兵討伐他，豈不是逼著他非反不可？自己主動招惹這場危險，我很替你擔心。」

劉邦問：「這該麼辦才好呢？」

陳平說：「自古以來有個制度：天子如出京巡狩四方，都要與各地諸侯相會。今東南有個雲夢（《爾雅》釋地：楚有雲夢），皇上大可宣佈出巡，假裝去遊雲夢，要諸侯相會於陳州。陳州是韓信所轄楚國西疆的邊城，韓信聽到天子喜好出遊散心，必無凶殺用兵之意，便會到邊郊迎接你，和你見面。當他與你見面之際，你就可以捉住他，這時只要找一個力氣大一點的勇武之士就辦到了。」

劉邦認爲很妙，便分派使臣，通告各地諸侯，在陳州相會。宣佈說：「我將到南楚的雲夢一遊。」

劉邦隨即出巡，還没到達陳州，韓信果然在邊郊道旁迎接。劉邦事先安排了武士，趁韓信來見，乘其不備，就擒住他綑綁牢靠，關鎖在儀隊後面的戎車裡。

韓信喊道：「天下已經平定了，不再要我出力了。古話說：飛鳥射盡了，良弓可以收起了；狡兔捕完了，獵狗可以殺掉了。這樣看來，我該當受死。」

劉邦說：「你不必叫嚷了，你想造反，很明顯了呀。」

劉邦回到洛陽，倒也沒有將韓信殺掉，只把他由楚王降爲淮陰侯。但到最後，韓信因爲不遵命令，裝病拒絕出兵討伐陳豨，被呂后用計將他殺了。

【譯後語】韓信蕭何張良，譽爲漢初三傑。當是時也，韓信兵多勢盛，他楚國轄地廣大，又是曠世的軍事家，若論作戰，幾乎天下無敵。劉邦手下的將軍們主張用武，直是自不量力，以後的局勢誰可收拾？劉邦默然不語者，內心知道不可力取也。獨有陳平見事透徹，力奪萬萬不能，智賺則甚輕易，不需打多場血戰（打仗必然會敗在韓信手下），只要用一位大力士，準備繩索，縛牢就行，這眞是簡單易行的妙招，陳平智慮，大可與三傑並比。

【原文】有人上書告楚王韓信反。高帝問諸將，諸將曰：亟發兵，坑豎子耳。高帝默然。問陳平。平曰：諸將云何？上具告之。陳平曰：人之上書言信反，有知之者乎？曰：未有。曰：信知之乎？曰：不知。陳平曰：陛下精兵，孰與楚？上曰：不能過。平曰：陛上諸將用兵，有能過韓信者乎？上曰：莫及也。平曰：今兵不如楚精，將亦不能及，而舉兵攻之，是促之使戰也，竊爲陛下危之。上曰：爲之奈何？平曰：古者天子巡狩，會諸侯。南方有雲夢，陛下第出，僞遊雲夢，會諸侯於陳。陳、楚之西界，信聞天子好出遊，其勢必無事，而郊迎謁。謁、陛下因擒之，此特一力士之事也。高帝以爲然，乃發使告諸侯會陳：吾將遊雲夢。上因以行，行未至陳，楚王信果郊迎道中。高帝預具武士，見信至，即執縛之，載後車。信呼曰：天下已定，我固當烹。高帝曰：若毋聲，而反，明矣。返洛陽，赦信爲淮陰侯。（《史記》、卷五十六、陳丞相世家第二十六。又見：明、《御製賢臣傳》、相鑑、卷之一）

【另文】陳豨（封列侯）爲鉅鹿守，淮陰侯（韓信）避左右與之言曰：公所居、天下精兵處也。人言公欲叛漢，吾將助公，天下可圖也。漢十一年，陳豨反（自立爲代王），劉邦自將而往討之。韓信僞病不從，陰使人至豨所曰：吾從此助公。其舍人得罪於韓信，信欲殺之，舍人弟告信欲反於呂后。呂后乃與蕭何謀，詐言陳豨已死。列侯群臣皆賀。蕭相國紿信曰：你雖有病，仍當勉強入賀。信入，呂后使武士縛信，斬之於長樂宮。信方斬曰：吾悔不聽蒯通之計，豈非天哉？（《史記》、卷九十二、列傳第三十二）

八六 斬趙括白起戰長平

言大而誇的人，把任何事都看得輕易，以致將大事弄砸了。

秦昭王與趙孝成王的大軍，在趙國境內長平（即今山西省高平縣）地區交戰，雙方相持不下。趙國由廉頗（趙國上將）擔任指揮官。他深知秦兵強悍，避免硬拼，採取嚴密防衛的戰法，時間一久，秦兵遠征無功，自會退走。他修建了堅強的堡壘，全力固守，卻不打硬仗。使得秦國指揮官白起（封武安君，善用兵）勞師遠出，卻毫無進展。

廉頗以逸待勞，令白起心焦，必須打破僵局，秦國乃使出反間計，散播謠言說：「秦國只害怕趙國起用趙括（？—前二六〇）作指揮官，因爲他是將門之子，深通兵法，天下知名。至於現在任指揮官的廉頗，膽子太小，害怕作戰，畏畏縮縮，不是個好的帶兵官，不多久就會被秦軍打敗。」

趙孝成王信以爲眞，果然改派趙括作指揮官，命他前去取代廉頗。本來陣前換將，乃是兵家所忌。

那趙括自小就研習兵法，對書本上的攻防作戰，說得頭頭是道。他認爲自己對兵學研究最精，天下沒有人可以和他旗鼓相當的。還經常與他父親趙奢辯論用兵之道，他父親在動嘴時屢次都講不過他，但一直認爲兒子趙括不是良將。

趙括的母親問趙奢何以見得？趙奢說：「打仗是要死人的。兩軍作戰，非亡即傷，是何等戒愼恐懼的大事？而趙括卻把它看得十分容易，這太輕率了。將來希望我趙國不要用他爲將，就算幸運。萬一不幸用上了他，只恐怕使我趙軍覆滅的必是趙括了。」

趙括接到了任命詔令（他的父親趙奢已死），要出發了。他母親趕忙上書，呈奏給趙孝成王，書中強調：「不可派趙括當指揮官。」

趙王問她：「爲甚麼不可以呢？」

趙括母親說：「從前他父親作了將軍，靠他父親供養吃飯的人有幾十位，與他父親結爲知交好友的人有幾百位。大王所賞賜的財帛，全都分給屬下軍吏。接到出征命令的那天開始，他父親便無暇過問家裡的事務了。請再看如今趙括，一旦受命作了將軍，便驕傲的高據東方主位端坐，昂然接受軍吏士兵的參拜，人人心懷悚懼，沒有誰敢抬頭看他。大王賜他的金帛，全都運回家中收藏。請大王想想，是不是比他父親差遠了？希望不要派他才好！」

趙王說：「這事我已經決定了，就不必再改了。」

趙括前往長平，接替廉頗爲將。他求功心切，認爲防守太消極，乃是害怕。他把廉頗原有的規定一一推翻，重新調整佈署。秦軍指揮官白起發動奇襲，猛攻趙軍，一場惡戰，趙括被敵箭射死，俘虜了全部四十萬趙兵，統統挖坑埋了。長平縣有個山谷，就是坑埋之處，舊名殺谷。唐玄宗經過該地，聞之不雅，改名省冤谷。

趙括的母親，因爲有言在先，故爾免於牽連。

【譯後語】兩軍作戰時，殺人盈野，血流成河，乃是最慘烈的事。所以《老子》說：「兵者不祥之器，不得已而用之。」《孟子·離婁》說：「故善戰者服上刑。」既知道兵凶戰危，那身爲統帥的人，就要時時戒愼恐懼。因爲勝敗存亡，常會發生在俄頃之間也。趙括年少氣驕，自以爲天下事都甚爲易與。他僅長於嘴上談兵，卻短於實戰用兵。身死不足惜，乃使數十萬士兵盡坑，誦「可憐無定河邊骨，猶是深閨夢裡人」之句，不禁悵然久之。

【原文】秦與趙兵相距長平。趙使廉頗爲將，固壁不戰。秦之間言曰：秦獨畏趙奢之子趙括爲將耳。趙王因以括爲將代廉頗。括自少時學兵法，以天下莫能當。嘗與其父奢言兵事，奢不能難，然不謂之善。括母問其故？奢曰：兵、死地也，而括易言之。使趙不將括則已，若必將之，破趙軍者必括也。及括將行，其母上書曰：括不可使將。王曰：何以？對曰：始妾事其父時，爲將，所奉飯者以十數，所友者以百數。大王所賞賜者，盡以與軍吏。受命之日，不問家事。今括一旦爲將，東向而朝，軍吏無仰視之者。王所賜金帛，歸藏家。王以爲何如其父？願王弗遣。王曰：吾已決矣。終遣之。括既代廉頗，悉更約束。秦將白起縱奇兵射殺括，收十萬衆，秦悉坑之。（魏徵：《群書治要》、卷十二。又見：《史記》、卷八十一、廉頗列傳。又見：《資治通鑑》、卷五、周紀五）。

八七　三毀三譽晏嬰

從政的有「政聲」。殊不知政聲（民意調查也同）是可以製造的。

春秋時代，齊國有位晏嬰（？—前五〇〇，又名晏平仲，《論語·公冶》孔子說：晏平仲善與人交，久而敬之），治理阿縣（古齊國東阿，在今山東陽穀縣）三年了。滿朝聽到的，都是批評他不好的壞話。齊景公很不高興，把他召回朝廷，準備要免掉他的官職。

晏嬰請求說：「我知道我的過失在哪裡了。請求准許我再做一陣子，也好改正我的錯誤。」晏嬰是三朝老臣，所請應允了。

又做了三年，這時通國聽到的，都是贊美他的好話。齊景公很快慰，打算要獎賞他。但晏嬰推辭，不願接受。

齊景公問道：「你的治績這麼好，爲何不肯受獎呢？」

晏嬰回答說：「事實的眞相和外界的傳言是全然不同的。前三年，我用嚴格的『正道』治理阿縣，你本應該獎賞我的，但那些刁民和權貴都討厭我，四處散佈我的壞話，你因而要免我的官職。後三年，我改用歪曲的『諛道』來治理阿縣，你應當殺掉我的，但那些刁民和權貴都喜歡我，四處傳佈我的好話，你因此要獎賞我。行正道要免職，走歪路卻受獎，這不合我的心意，所以我不願接受。」

子華子（本故事採自《子華子》，作者是春秋晉國程本，號子華子）評論說：「晏子可謂正直不阿了。本來人的常情，乃是對於順同我的人，便贊美他、幫助他、愛護他。愛護的反面便是憎惡，幫助的反面便是排擠，贊譽的反面便是詆毀。可是，身爲首長的，常常觀察不到實情。國家的治亂，就決定在這譽和毀、愛和憎、助和擠的正反之間了。」

【譯後語】傳言是眞實的嗎？未必。名譽聲望，不但自己可以刻意製造，而且別人也會以訛傳訛，以致把眞象扭曲了，所以不要輕信。孔子說：「目猶不可信，心猶不足恃。」（見第一一七篇）侯嬴也說：「人固未易知，知人亦未易也。」（見第四十三篇）君不見：「周公恐懼流言日，王莽謙恭下士時，倘使當年身便死，一生忠僞有誰知？」這乃是體會極深的慨歎。

【原文】晏子治阿三年，毀聞於朝。公不悅，召而將免焉。晏子辭曰：臣知過矣，請復之。三年而舉國善之。公將賞，晏子辭焉。公曰：何謂也？晏子對曰：昔者臣之所治，君之所當取也，而更得罪焉。今者臣之所治，君之所當誅也，而更得賞焉。非臣之情，臣不願也。子華子聞之曰：晏子可謂直而不阿者矣。夫人之常情，譽同於己者，助同於己者，愛同於己者。愛之反則憎，助之反則擠，譽之反則毀，然而人主不之察也。世之治亂，蓋常存乎兩間。（春秋晉、程本：《子華子》、上卷、北宮子仕第三。又見：《晏子春秋》、內篇、雜上第五。又見：《說苑》、卷七、政理篇）

八八　九攻九卻墨翟

戰國時代，魯國有位巧匠，名叫公輸班（《後漢書》《史記》《文選》作公輸般，《墨子》作公輸盤，《孟子》作公輸子魯班，《朝野僉載》作魯般），據說他曾作一木鳶，可以騰空飛翔，歷代木工工人，都尊奉他爲師祖。

公輸班受聘來楚國，替楚王製造雲梯。《淮南子·修務訓》高注云：「高與雲齊，故曰雲梯。」《武備志》說：「雲梯以大木爲牀，下置六輪，上立二梯，中施轉軸，車四面以生牛皮爲屏蔽，車內藏人，推梯前進，及城，則升梯及於雲霄以攻城。」

雲梯製成了，楚王打算用它攻下宋國（國境約在豫魯蘇皖之間），有此新式武器，勝算大有信心。

這時有位墨翟（元前？—前三七六）。他主張兼愛，提倡節用，反對侵略（非攻），著有《墨子》一書，故後人稱他爲墨子。他聽說楚要攻宋，決定要勸止這場殺戮。便專程從魯國南下，趕來楚國，步行了十天十夜，到了楚國首都郢城（約今湖北江陵縣附近），會見了公輸班。

墨子說：「我在北方，就聽說你造了雲梯，要攻打宋國。請問：宋國犯了甚麼過錯？楚國憑甚麼要征伐他？依我看，楚國國土太多而有餘，人民卻太少而不足。讓原本太少的百姓為打仗而被殺，去爭奪那多餘而無用的土地，不能算『智』。宋國無罪，楚兵師出無名，不能算『仁』。你知道這個道理，卻不向楚王爭辯，不能算『忠』。爭辯未被採納，又不敢力諫，不能算『壯』。你沒有一樣做對了呀！」

公輸班答道：「如今來不及了。我已經把作戰計畫報告了楚王，楚王也決定了要攻取宋國，不好反悔了。」

墨子說：「何不帶我去面見楚王呢？」

見到楚王，墨子把理由說了。楚王道：「你的意見固然不錯，但是公輸先生早就替我造好了雲梯，現在欲罷不能，我非攻下宋國不可。」

墨子說：「既已如此，就讓我與公輸先生在大王面前先作一番攻防戰的演習吧！」

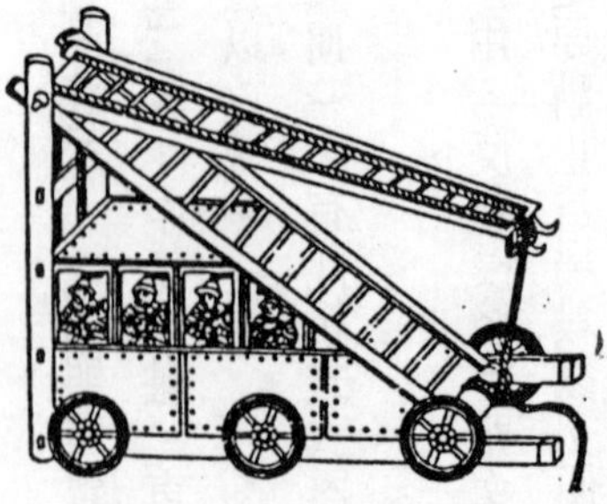

雲梯（宋代）

於是墨子解下腰帶，圍鋪在地上，當作城牆。用札版充當各種軍械的代用品。公輸班主動進擊，力攻了九次，墨子成功的抵禦，打退了九次。公輸班攻城的械具，包括弓弩、火箭、飛石、撞木、戎車、雲梯等等都用盡了，而墨子守禦的能力還有裕餘。勝負優劣，已很明白了。

公輸班智窮力竭，不再進攻了，卻喃喃說道：「我已經另有方法，知道怎樣對付你了，不過我不說。」

墨子跟著說：「我也知道你會怎樣對付我了，不過我也不說。」

楚王聽不懂，很納悶，問道：「你們在講甚麼？在我面前打甚麼啞謎？」

墨子說：「公輸班先生的心意，不過是想殺了我，就沒人攔阻攻宋了。可是他卻想不到，我的那群學生，包括禽滑釐（《列子》稱禽骨釐，《呂覽》稱禽滑黎）在內，合計不下三百人，都已經備齊了守禦的器械，在宋國城牆上等著哩。」

楚王想了一會，說道：「好啦，我們不攻宋國了。」

【譯後語】國際間只講利害。要消弭戰爭，靠空談正義（我沒有犯錯，你師出無名）不行。靠哀求乞憐（我民貧國弱，求你放過我）也無用。憑的是我有實力，比你厲害。但兵兇戰危，我不想打仗，你還要打嗎（你將必敗）？以戰止戰，這是最高方略。政商各界，都可適用。

【原文】公輸班爲楚造雲梯，成，將以攻宋。墨子聞之，自魯往，十日十夜而至於郢，見公輸班。墨子曰：吾從北方聞子爲梯，將以攻宋。宋何罪之有？楚有餘於地，而不足於民。殺所不足而爭有餘，不可謂智。宋無罪而攻之，不可謂仁。知而不爭，不可謂忠。爭而不得，不可謂壯。公輸班曰：不可，吾既已言之王矣。墨子曰：胡不見我於王？墨子見王，王曰：善哉！雖然，公輸班爲我造雲梯，必攻宋。於是墨子解帶爲城，以牒爲械。公輸班九攻之，墨子九卻之。公輸班之攻械已盡，墨子之守禦有餘。公輸班詘，曰：吾知所以距子矣，吾不言。墨子亦曰：吾知子之所以距我者，吾亦不言。楚王問其故，墨子曰：公輸班之意，不過欲殺臣。然臣之弟子禽滑釐等三百人，已持臣守圉之器，在宋城上待楚矣。楚王曰：善哉，吾請無攻宋矣。（《墨子》、魯問篇。又見：周、魯人、尸佼：《尸子》、卷上、止楚師篇。又見：《呂氏春秋》、愛類篇）

【另文一】子墨子見公輸盤曰：北方有侮臣，願藉子殺之。公輸盤不悅。子墨子曰：請獻十金。公輸盤曰：吾義固不殺人。子墨子起，再拜曰：請說之：吾從北方來，聞子爲雲梯，將攻宋。宋何罪之有？子義不殺少而殺衆，不可謂智。（《墨子》、公輸篇）

【另文二】公輸子削竹木以爲鵲，成而飛之，三日不下，公輸子以爲至巧。（《墨子》、魯問篇）

八九　張畏巖文章難謂好

寫文章，心情要放鬆，不焦躁，不偏激，由定而靜而安而慮，然後可「得」心應手，文章擲地作金聲。

明朝時代，江蘇省江陰州，有位文士張畏巖，古書唸過了不少，文章也寫得不錯，在江蘇儒生文士群中頗有些名聲。甲午年，他往南京去參加鄉試（秀才到省裡去考舉人，叫鄉試）。應考期間，寄住在南京一處寺廟裡。

考試結果發佈了，榜文上不見他的名字，没有錄取。他不反省自己的文章不夠好，卻氣沖沖地回到寺廟裡，一逕大罵主考官的眼睛迷糊，看不懂他文章的佳妙。

這時有位道士在旁，見他大發脾氣，不禁微微含笑。張畏巖一腔怨忿本就無處宣洩，發現道士在笑他，脾氣更加大了，就把心中的怒火，轉而對著道士身上出氣。

道士安靜祥和地對他說：「我看相公，你的文章，一定不好。」

張畏巖愈加冒火，衝著他道：「你没有讀過我的文章，怎會知道我的文章不好？」

道士解釋道：「我聽別人說：寫文章時，最要緊的是心平氣和，胸中才可開竅，筆底自會生花。現在聽你一直在罵主試官，你的怨氣這樣深重，把靈感智慧都堵塞住了，文章怎麼會寫得好呢？」

原來這道士還是個行家，他的話說得蠻有道理。張畏巖聽了，沒法反駁，不覺就服氣了。轉而向道士請求多作指教。到丁酉年，果然考上了。

【譯後語】寫文章，首在「立意」，其次「佈局」，再其次「遣詞」，這是要點。「爲天地立心，爲生民立命」，揭示了崇高遠大的目標，立意也。「明月松間照，清泉石上流」，描繪了均勻對稱的圖畫，佈局也。「古木無人徑，深山何處鐘」，表現了字少意多的境界，遣詞也。總之，運用之妙，存乎一心，作文難有放之四海而皆準的固定公式。唯必須靈臺澄明，胸無窒礙，文思才會泉湧。假若忿懥滿懷，立論便難持正，縱或字字珠璣，若無精警內含，文章仍難上榜。

【原文】江陰張畏巖，積學工文，有聲藝林。甲午南京鄉試，寓一寺中。揭榜無名，大罵試官，以爲瞇目。時有一道者，在旁微笑。張遽移怒道者。道者曰：相公文必不佳。張益怒曰：汝不見我文，烏知不佳？道者曰：聞作文貴心氣平和，今聽公罵詈，不平甚矣，文安得工？張不覺屈服，因就而請教焉。（袁了凡：《了凡四訓》、謙德之效）

九〇　陳堯咨箭法不算奇

一項奇技高藝，可以長時間下功夫練成它。走鋼索靠的是肢體平衡，打撞球賴的是目精手準，互有千秋。溜冰皇后不能說她勝過跳水冠軍，因爲各人致力的領域不相同也。

北宋時代的陳堯咨，號嘉謨（做過武信軍節度使，卒謚康肅），四川人。弓箭射得很準，當代没有第二人可以比得上他，他也以此誇耀，自號小由基（春秋楚國大夫養由基，善射箭。距楊柳葉百步射之，百發百中，稱爲百步穿楊，見《左傳》成十六年）。

有一次，他在宅後曠地練習射箭，有一個賣油的老翁經過，見有人正在習射，便把挑油的擔子從肩頭卸下，停在路旁，斜著眼睛觀看，好久還不離去。只見陳堯咨十箭射中了八九枝，本已難得，但他也只是微微點一點下巴而已。

陳堯咨見這老頭旁觀，而且久看不走，還顯出一種輕視態度，心中不甚舒服，就試著問道：「你也懂得射箭嗎？我的箭不是射得很精很準嗎？」

老翁答道：「這也没有甚麼特別稀奇，只不過是手法熟練而已。」

老翁把神射手說得這麼輕淡，高傲的陳堯咨生氣了，接口說道：「你竟敢把我的箭法看低，未免目中無人。我已是天下無雙，你也太大膽了吧？」

老翁說：「大人不必動氣，看看我酌油的手法，就會知道了。」

於是他從擔子上取下一個空葫蘆，豎立在地上。那葫蘆是個腹大口小的盛油容器，他用一枚大銅錢，蓋住那葫蘆頂上的小口，右手拿著那半個圓球式的油杓子舀滿食油，高高舉起，慢慢地往葫蘆裡注油。那液體的油，從傾斜的杓緣流出，沿著圓杓的外邊形成一線涓涓細流往下瀉，穿過銅錢中央的方孔，直落入葫蘆裡去。銅錢沒有沾到油，錢孔也未濺濕（昔時錢幣，外圓而中有方孔，可以穿繩繫成一串，故戲稱爲孔方兄）。

一瓢油倒完了，老翁因說：「我這一手也沒有甚麼稀奇，只不過是手法熟練吧了。」這一番表演也眞是神乎其技。陳堯咨心知此翁必是高人，就含笑將他送走了。

【譯後語】操弓練就射鵰手，技妙能穿百步柳；
　　　　將謂世間無比倫，豈知遇此賣油叟。

【原文】陳堯咨善射，當世無雙，公亦以此自矜。嘗射於家圃，有賣油翁釋擔而立，睨之，久而不去。見其發矢，十中八九，但微頷之。堯咨問曰：汝亦知射乎？吾射不亦精乎？翁曰：無他，但手熟耳。堯咨忿然曰：爾安敢輕吾射？翁曰：以我酌油知之。乃取一葫蘆置於地，以錢覆其口，徐以杓酌油瀝之，自錢孔入，而錢不濕。因曰：我亦無他，唯手熟耳。堯咨笑而遣之。（宋、《歐陽修集》）

九一　假病露馬腳司馬婦斬婢

突發的緊急狀況，必須當機立斷，迅作處置，以弭禍源。

司馬懿（一七九—二五一），字仲達，多權變，有雄才，漢末及三國時代人。後來到曹操的孫子作魏明帝時，司馬懿爲丞相。死後，他兒子司馬師司馬昭相繼當權，到了孫子司馬炎時代，就篡奪帝位，改魏爲晉，追尊司馬懿爲晉宣帝。

初時，曹操（一五五—二二〇，卒謚武，故原文稱魏武）在東漢朝代，討董卓，滅袁術，破袁紹，大權在握，要起用司馬懿在京都任職，也就是打算收攬作爲己用。

司馬懿看到大局紛紛擾擾，料到東漢國運將終，而未來的吉凶無法預測，不想在亂世中蹚這灘混水。但曹操權大勢大，若正面拒絕，會惹來禍殃，就假裝害了風痺症，長期躺臥在床上，自然不能接受任官了。

那風痺之病，醫書說是全身筋脈弛縱，手腳痲痺。《靈樞·壽夭剛柔篇》說：「病在陽者命曰風，病在陰者命曰痺。陰陽俱病，是曰風痺」。司馬懿裝來很像眞病：衣服拿不穩，會掉在地上；婢女餵他稀飯，飯汁會流到胸前；說話也顚三倒四，腦筋欠淸楚。大家傳了開來，他的病還眞不輕呢，騙得曹操也相信了。

可是有一天，晴空亢爽，炎陽高照，司馬懿家中的院子裡正在曝曬書籍。忽然烏雲升起，一陣驟雨襲來，眼看這些好書馬上要淋濕了。這時家中又無別人，司馬懿未經深思，就很快翻身下床，跑到院子裡，一下子把書籍統統搬進屋內，行動乾淨俐落。

這一幕快捷搬書的動作，哪裡是眞正害了風痺病的人可以做到的？司馬懿現了原形，卻正好被家中唯一的婢女無意中看到了。司馬懿的太太張后，當機立斷，抽出寶劍，就把這婢女斬了，免得她洩露眞情，惹來橫禍。

婢女没有了，家事無人操作，張后就親自燒飯。

後來，司馬懿還用同一方法，騙過武安侯曹爽（兩人同受遺詔輔政），殺了他。

【譯後語】裝假病，有二難：一要裝得眞，二要裝得久，兩者都不容易。假若半途露出狐狸尾巴，麻煩就大了。任誰要是撞見了，誰就會跟著倒霉。大意的是司馬懿，麻痺癱瘓在床，爲何忽然變得手腳俐落？冤枉的是家中女婢，無意間窺見了，竟然被殺滅口。厲害的是張后，見事果決，立即斬婢，心腸雖辣，但禍即弭。隨便殺人本是不對的，但東漢末年，天下大亂，死人無算，似是另一種情況。我們怵惕於遇事要立即斷然處置，這便是一個史例。

【原文】司馬懿初離魏武命，託病風痺不起。一日，曬書，忽驟雨至，懿不覺自起收之，家唯一婢見。其妻張后懼事洩，即手殺婢以滅口，而親自執爨。（馮夢龍：《增廣智囊補》、卷下、閨智、雄略）

九二　裝瘋吃狗屎袁海叟避禍

裝瘋者的行爲，一定和正常人大有差別，詭異得不可理解。抓狗屎吃，必然是個眞正瘋子了吧？但也不盡然。

朱元璋（一三二八—一三九八）建立明朝，以平民布衣而開帝業，廟號尊爲明太祖（他做過和尚，當過乞丐，無尺寸之憑藉，竟創三百年皇基，很值得研究）。因他起自民間，對不稱職的官吏深爲厭惡，即位後，執法很嚴很苛，功臣犯了錯，都難逃殺戮。朝中大臣倘有過失，竟可當眾在皇殿前用板子打屁股，特叫「廷杖」。

有位御史袁凱（字景文），自號袁海叟（撰有《海叟集》），因背逆了朱元璋的心意，厭惡他而想要殺掉他。袁凱察覺了，心知不妙，只好裝成得了瘋顚病，神智不清，辭官在家養息。

朱元璋不肯相信，派人暗中去察看。只見袁凱蓬頭垢面，衣衫不齊，匍伏在園圃旁邊，還在籬笆下的草地上用膝蓋爬來爬去，見到地上的豬屎狗屎，抓起來便往嘴裡送，而且眞的呑下肚去，還在繼續四處尋覓。偵察的人回報朱元璋，覺得他如此顚顚瘋瘋，便不再追究他了。

原來袁凱預先就知道要如何通過這一關。裝瘋一定要逼眞，才能騙倒別人。他暗中要親人把麵粉炒熟，攪拌著黑砂糖，調成潤澤的糊狀物，從鑿孔的竹節筒底部擠出來，一段一段一截截胡亂散佈在籬邊青草地上，看來和豬屎狗屎一樣。別人視爲奇穢，他吃了尚無大礙。主要的用意是以假亂眞，得以逃過禍害。

【譯後語】俗語說：「伴君如伴虎」。按袁凱原本博學多才。有一天，朱元璋在審完罪犯後，將筆錄及判決書，要袁凱送給太子覆看。哪知太子竟把內容刪了，判決詞也改了，罪刑輕了許多。袁凱攜回，朱元璋問他誰的較妥？袁凱答道：「陛下法之正，東宮心之慈」。意謂皇上你是以嚴正執法，而太子他是以慈愛存心，都對（與本篇末所附「另文」微異）。朱元璋見他兩面討好，厭惡他耍滑頭而非正人，就想除掉他。袁凱逃不掉，只好裝瘋免禍。大凡騙人者，必用奇計，要做到對方相信才行。例之一：王翦帶大軍，怕秦始皇疑心，屢求田宅。例之二：蕭何守關中，怕漢高祖疑心，捐出家財助軍餉。例之三：寇恂鎮河內，怕光武帝疑心，送子姪上前線。例之四：蔡鍔在北京，怕袁世凱疑心，迷戀歌妓小鳳仙，夜不歸家，再則夫妻大吵而離婚，讓太太先離京南下，然後自己借機逃脫。這都是古今史例。

【原文】明初，御史袁凱忤旨，引瘋疾歸。太祖使人覸之，見凱方匍匐往籬下食豬狗屎，還報乃免。蓋凱逆知有此，命家人以炒麵攪沙糖，從竹筒出之，潛佈籬下耳。（《淘沙集》）

【另文】獄有疑囚，太祖欲殺之，太子爭不可。御史袁凱侍，太祖顧謂凱曰：朕欲刑之，而東宮欲釋之，孰是？凱頓首進曰：陛下欲殺之，法之正也；太子欲宥之，心之仁也。太祖怒，以爲凱持兩端，下之獄，凱三日不食，宥之。後放歸田里。凱既歸，使家人炒麵，攪紅糖，從竹筒出之，狀類犬豕所下糞便，潛佈於籬根水涯，凱自匍匐往取食之。太祖使人覘知，以爲瘋，食不潔穢物，因不以爲疑。（清·柴蕚：《梵天廬叢錄》、卷一）

九三　福何可求太宗后

將生死看開，要大智慧。再者、喪後大筆花錢，先人並享受不到，何不將此經費，移作公益慈善基金，用先尊姓名名之，如此永留遺愛，豈不反而是大孝？

唐太宗（五九八—六四九，李世民）貞觀八年（六三四），皇后長孫氏（長孫是複姓）病情很重。太子李承乾（唐太宗長子，當時是太子，後來廢了）進宮探病，對母親稟告說：「御醫們已經盡了全力，藥物也都用遍了，但母親的病，還沒有轉好，我想，這是增修德惠的時候了。請准許釋放囚犯，以添好生之德；並度人信佛入道，以結慈悲之緣。這樣可以雙增福澤，祈求天神保祐，也好使病體早日痊癒。」

長孫皇后道：「死生自有天命，不是人力可以妄求的。如果修福能夠延年，我一生沒有做過壞事，應該長命。如果行善難有好報，那有何福可求呢？你說要大赦犯人，那是國家的大政；至於佛教道教，那是爲了信仰，都與增壽沒有關係，怎麼可以爲了我一個婦人，而紊亂天下的大法呢？」承乾聽罷，不敢再求了。

病況久無起色，臨終時（長孫后卅六歲去世），她與唐太宗訣別說：「我在生前，對國家社會沒有幫助，死後也不要大事耗費。所謂『葬』者，就是『藏』也，埋入土中不讓人看得到就是了。自古以來的聖賢，都崇尚薄斂儉葬，只有無道之君，才大起山陵，侈修墳墓，勞役千伕，糜費天下，受到有識之士的訕笑，萬不可效法。我死之後，只要依山形地勢入土爲安即可。用樸素省費的木料陶瓦安塋，這樣就不忘我今天的囑託了。」

長孫皇后曾經將以往婦女的善言懿行，可以作爲模範的，集撰成書，名曰《女則》（婦女的規範），分爲十卷，自寫序言，傳之後世。

【譯後語】我們要佩服長孫皇后對死亡及埋葬的正確看法。老實說：人死之後，再表孝思，死人已經不知，爲何還要大搞一頓？這是由於：第一、以往沒盡孝，現在補一補。第二：面子身分放不下，借此來鋪張一下。這都是做給活人看的，客主兩感麻煩。須知人死之後，軀體已滅，一了百了，有鑑於此，就要趁生前把握時光，做點好事，留下一二遺澤，才不枉度此生，然乎？否乎？

【原文】貞觀八年，太宗后染疾，承乾入侍，啓曰：醫藥備盡，尊體不瘳，請奏赦囚徒，並度人入道，冀蒙福助。后曰：死生有命，非人力可加。若修福可延，吾素非爲惡。行善無效，何福可求？赦者，國之大事，佛道者，存異方之教耳。豈以吾一婦人，而亂天下法？承乾不敢奏。將大漸，與太宗辭決曰：妾生既無益於時，今死，不可厚費。且葬者，藏也，欲人之不見。自古聖賢，皆崇儉薄，唯無道之世，大起山陵，勞費天下，爲有識者笑。但請因山而葬，皆以木瓦儉薄送終，則是不忘妾也。

（《舊唐書》、卷五十一、列傳第一）

【另文】長孫皇后，嘗采婦人事，著女則十篇。（《新唐書》、后妃傳）

九四　人不忍欺曾國藩

高明的騙徒，能言善道，先拿高帽子慷慨免費送人。別人一高興，就認爲我是好人，信之不疑，然後趁機大做一番手腳謀利溜走了。

清朝廣東人洪秀全（一八一四—一八六四）自稱是上帝會教主，起兵攻佔了湘鄂皖蘇諸省，建立太平天國，定都南京，歷經十五年（一八五〇—一八六四），好不容易終於被曾國藩（一八一一—一八七二）平定了。

當南京城光復不久，有位客人去見曾國藩（曾已封爲毅勇侯）。在交談之中，話題引到用人要防杜欺騙，這是用人的要務。

這位客人揚言道：「受不受人的欺騙，也要看自己會不會接受欺騙。當朝袞袞諸公，例如以你曾侯爺誠篤待人的盛德，別人自然『不忍』欺騙你。例如左宗棠季高爺（一八一二—一八八五，左宗棠字季高）嚴肅方正的性格，別人自然也『不敢』欺騙他。又例如某某那幾位大爺，別人雖然『不曾』欺騙他，他們卻總是懷疑受到欺騙；其至已經被人欺騙了，自己還懵然不知。類此之人，比比皆是，這就只怪自己無用人之量，也無識人之能，乃至於此。不知曾爺的高見如何？還請多賜指教！」

曾國藩聽到客人捧揚自己，心中歡喜，覺得這位客人看事正確，言談得體，對當朝時人的分析評論也很恰當，款待他作爲上等客卿，不久又委派他在手下任職。

過不多時，這位客人突然拐帶大筆銀錢，逃之夭夭，不明去向。

曾國藩受了欺騙，無奈的摸著鬍鬚，悠悠地自言自語說：「別人『不忍』欺騙我？別人『不忍』欺騙我呀？」身旁的人，只能暗暗地偷笑。

【譯後語】惡客存心騙，諛詞入耳宜。才華堪助我，錢帛可交伊。

捲款鴻飛杳，瞞天兔脱奇。捋鬚空自歎，爲甚獨余欺？

【原文】當金陵初復之日，有人往謁曾侯，言談中論及用人須杜絕欺騙。客因大言曰，受欺不受欺，亦顧在自己之如何耳。若中堂之至誠盛德，人自不忍欺。左公之嚴氣正性，人亦不敢欺。至於某某諸公，則人雖不欺，而尚疑其欺。或已受欺，而不悟其欺者，比比也。侯大喜，待爲上客，委以政事。未幾，客忽挾重金遁去。侯乃自捋其鬚曰：人不忍欺，人不忍欺？左右聞者皆匿笑。（《淘沙集》）

【另文一】子產治鄭，民不能欺。子賤治單父，民不忍欺。西門豹治鄴，民不敢欺。三子之才能，誰最賢？辯治者當能別之。（《史記》、卷一百二十六）

【另文二】魏文帝問群臣，三不欺於君德孰優？太尉鍾繇、司徒華歆、司空王朗對曰：君任德，則臣感義而不忍欺。君任察，則臣畏覺而不能欺。君任刑，則臣懼罪而不敢欺。（《史記》、卷一百廿六、集解）

九五　盧杞貌醜郭子儀摒退姬妾

臉孔生得醜的人，由於自慚形穢，心胸常較狹窄，反應敏感，每每睚眦必報。貴勢富厚如郭子儀者，竟然要特別謹慎提防，反觀我們，比郭子儀差遠了，能不加倍小心嗎？

唐朝郭子儀（六九七—七八一），在唐玄宗時，就做了節度使。肅宗時，封爲汾陽王，因稱郭汾陽。代宗時，單騎退回紇。德宗時，進爲太尉中書令，故又叫郭令公。身繫唐朝安危二十年，權傾中外，兒子娶了公主，跟皇帝結成了親家（參看第一三七篇俺爹不屑做天子）。

他本是累世重臣，有一回，病得很重，文武百官，都來汾陽王府探病。郭子儀每每在寢宮裡接見他們，在內室服事的侍妾姬婢，都不曾迴避。但一聽說盧杞要來探視，便把所有的侍姬都斥退了，一個也不許留下，他獨自倚靠著几案，等待盧杞光臨。

那盧杞，字子良，有口才，面貌奇醜，憑小智在唐德宗時做到了宰相。只要別人輕微的不順己意，就要置別人於死地。終於被李懷光揭發參貶而死（《舊唐書》列入姦臣傳），這是後話。

郭子儀要丫鬟侍妾統統退避，當時汾陽王府中的人都不明白其中道理，事後問是甚麼緣故。郭子儀解釋道：「盧杞生得太醜，像個猙獰的惡鬼，心地又太兇險，我家府內的婦女們見事不多，看到他那副長相，忍不住會要發笑。盧杞善於記仇，來日他抓到報復的機會時，我們這群人就可能被殺得一個都逃不掉了呀！」

【譯後語】身體有缺憾的人，出身不光彩的人，都很敏感。朱元璋當和尚，以乞丐而成明太祖，即帝位後，對僧、禿、光、丐等字特別忌諱，任誰寫了說了，都要殺頭。究其實，缺憾不是罪過，自己要能寬解，不必動怒。別人則應寄同情，不宜訕笑。按史載盧杞鬼獰藍面，險狡陰狠，人有小忤己，不置之死地不止。這種小人在朝，既不能疏遠，就只好處處小心（待小人要從寬，防小人要從嚴）。郭子儀能防患於微，以故二十年功勳不墜。我們若想持盈保泰，連小處都要注意。

【原文】唐郭子儀病甚，百官造省，不屏侍姬。及盧杞至，則屏之，隱几而待。家人怪，問其故。曰：杞貌陋而心險，婦人見之必笑。他日得志，吾屬無焦類矣。（明、俞琳：《經世奇謀》、知幾）

【另文】盧杞，字子良，貌陋而色如藍，人皆鬼視之。初爲御史中丞。尚父（唐肅宗加封郭子儀爲尙父）子儀病，百官造問，皆不屏姬侍。聞杞至，悉令屏去。獨隱几而待之。杞去，家人問其故。子儀曰：杞貌陋而心險，左右見之必笑。此人得權，則吾族無焦類矣。（宋、孔平仲：《續世說》、卷十二，讒險）

九六　董宣頸硬漢光武賜賞官錢

硬漢不肯低頭，憑的是一腔剛正之氣。有這股傻勁的硬漢愈多，國家會愈好。

東漢初期，董宣（字少平）爲洛陽令（就是首都市長），他廉能正直，不畏豪強。

那時漢光武帝（即劉秀，公元前六—公元後五七）在位。他有位胞姊湖陽公主（她想嫁給宋弘，宋弘說糟糠之妻不下堂，拒絕了她），姊弟親情很篤。

湖陽公主家中的一個悍僕，光天化日之下，在首都城裡殺了人，躲進公主府中，洛陽市府的官員，抓他不到。

罪犯藏在家裡，終非良策。公主要送他到別處逃亡避禍，就安排車駕出遊，叫這奴僕陪著乘車，打算出城後，放他遠走高飛，便沒事了。

那首都洛陽有十二道城門，夏門在亥位，是公主出城必經之路。城外有個涼亭，董宣帶著役吏，先在夏門亭守候。

公主到了，皇室宗屬的車駕，小小的市長本是無權阻擋的。但董宣卻大聲喝令停車，叫士兵叩住馬匹。用長刀畫地，不許越線一步。董宣這時高聲數落公主包庇的不對，喝令那奴僕下車，當場就地將他斬了。

湖陽公主遭受了莫大的羞辱，折返城裡，便向光武帝投訴。光武帝一聽大怒，即時把董宣召來，責怪他冒犯皇室，要用大杖將他打死，好替姊姊出冤氣。

董宣叩頭說道：「陛下使漢室中興（推翻王莽新朝，重建漢家天下），聖德深厚。但縱容皇室奴僕擅殺良民，卻不准究辦。我今爲國家執法，反而賜死，怎麼可以治理天下？我不必受杖了，讓我自行了斷好了。」說罷，以頭碰向楹柱，頭皮撞裂了，血流滿面。

光武帝覺得理虧，改叫小黃門（殿中聽使喚的宦官）抓他回身，命他向旁座的湖陽公主叩頭，賠了罪也就算了。董宣不肯順從。小黃門強行按著他的頭，向地上猛壓，董宣用雙手撐地，就是不願俯首，弄得小黃門也無計可施。

湖陽公主在旁看著，悠悠說道：「文叔（劉秀字文叔）呀，想當年你還是平民時（未起義之前），窩藏過亡命的匪徒，掩護過判死刑的囚犯，那時的州官府吏都怕了你，不敢跨進你的大門。如今貴爲天子，威儀赫赫，竟連一個小小的市長也制服不了嗎？」

光武帝笑了，解釋道：「做了天子，行事與做老百姓不相同了呀！」轉而覺得董宣不錯，命這位「強項令」（頸項倔強不肯低頭的市長）出宮去吧，並賜他官錢三十萬。

董宣將賞錢全數分給辦事的小吏，自己一文不取。從此打擊豪強，更加順手。京都裡的皇親國戚、黑道白道，莫不畏懼他。

【譯後語】從前的人，認定是「對」的事，便擇善固執，到死不改。這種例證很多：鉏麑不忍行刺忠臣趙盾竟觸槐而死，樊於期割獻自己的頭顱交荊軻行刺秦始皇，朱雲欲斬佞臣扳倒了皇殿欄干，嵇紹以身衛惠帝鮮血濺帝衣，張巡罵反賊安祿山齒碎而死，文天祥在獄中寫正氣歌殉國，陸秀夫負宋帝昺投海，鄒容反清自動坐牢被殺，陸皓東廣州起義抗清殉難，都是「只見一義，不顧生死」的烈士。董宣若不遇光武帝，也或死掉了。爲甚麼他們這樣傻呢？乃是認爲眞理比生命還重要之故。現代人就聰俐多了，絕不肯爲了堅信某一項理念，竟連性命也願賠進去。慷慨赴死我不幹，賴皮活著最開心。價值觀念完全變了。

【原文】董宣爲洛陽令，湖陽公主蒼頭白日殺人，匿主家，吏不能得。及主出，以奴驂乘。宣於夏門亭候之。駐車叩馬，以刀畫地，大言數主之失，叱奴下車，殺之。主還宮，訴之帝。帝大怒，召宣，欲箠殺之。宣叩頭曰：願乞一言而死。帝曰：欲何言？宣曰：陛下盛德中興，而縱奴殺良人，將何以治天下？臣不須箠，請自殺。即以頭擊楹，流血被面。帝令小黃門持宣，使叩頭謝主。宣不從，強使頓之，宣兩手據地，終不肯俯。主曰：文叔爲白衣時，藏亡匿死，吏不敢至門，今爲天子，威不能行一吏乎？帝笑曰：天子不與白衣同。因敕強項令出，賜錢三十萬。宣悉以班諸吏，由是能搏擊豪強，京師莫不震慄。（《資治通鑑》卷四十三、漢紀三十五。）

【另文】魏高道穆爲御史中丞，帝姊壽陽公主行犯清路，赤棒卒呵之不止。道穆令卒棒破其車。公主深恨，泣訴帝。帝曰：彼所行者公事，豈可以私恨責之？道穆後見帝，帝曰：家姊行路相犯，深以爲愧。（《續世說》、卷三，方正）

九七　苟變錯吃雞蛋兩枚

身爲領導人，選擇部屬時，要用其所長，棄其所短，乃可成大事業。蓋因一生未犯小錯的人，世間絕無也。

孔子之孫，孔鯉之子，叫孔伋，字子思，後世尊爲「述聖」。

子思住在衛國（春秋時代國名，在今河南省）的時候，認爲衛國大夫苟變，甚有軍事天才，因而向衛君推薦說：「苟變的智能很高，足可統率指揮兵車五百乘（音剩，周代軍制：兵車一輛，兵員七十五人爲一乘，這已經是機械化部隊了）。你的部隊如能任他爲帥，就可以天下無敵了。」

衛君答道：「我也知道他的才能可爲大將。但是這個苟變呀，以前他做小官的時候，管過徵收賦稅的事，他收受納稅人的兩個雞蛋吃了。小處行爲不謹，所以不想用他了。」

子思說：「君王擇賢授官，就像大匠選用木料一樣，選取那好的部份，去掉那壞的部份。所以像杞木梓木這種又直又堅的好木料，兩個人拉著手才能合圍的巨材，雖然有一小段朽壞了，大匠不會將整根良木丟棄不要。爲甚麼呢？他知道不合用的只是一小截，終究可以雕成精美之器，或充作棟樑之材。

「如今你衛君正處在列國爭戰的時代，爲生存計，必須愼選武帥。卻因爲某人往日錯吃了兩枚雞蛋，便放棄任用這干城大將，你這個觀念，似乎大有問題吧，可不要讓鄰國知道而譏笑你短視才好。」

衛君欣然接納，答道：「先生所論有理，我就依照你所指教的去做好了。」

【譯後語】世上似乎沒有完人吧。因爲孔聖自己也坦然說：「丘也幸，苟有過，人必知之」（見《論語》述而篇）。作領袖者，如必求全無缺點的人而後用他，恐怕一生都找不到。該怎麼辦？就是只要用人之長，捨人之短，如此則天下沒有棄才，而天下盡是人才了。孟嘗君用雞鳴狗盜之門客，緊急時得以逃離秦國（見《史記》卷七十五、孟嘗君列傳）。又齊楚交戰，楚帥子發，遣偷兒夜赴敵營，順利連偷三晚，齊將恐懼，耽心暗夜被人刺殺，因而退兵（見《淮南子》道應訓篇）。例雖不類，但可證明即使是末技，只要發揮所長，用之得宜，也會完成大效的。

【原文】子思居衛，言苟變於衛君曰：其材可將五百乘。君任軍旅，得此人焉，則無敵於天下矣。衛君曰：吾知其材可將。然變也，嘗爲吏，賦於民，而食人二雞子，以故弗用也。子思曰：夫聖人之官人，猶大匠之用木也。取其所長，棄其所短。故杞梓連抱而有數尺之朽，良工不棄，何也？知其所妨者細也，卒成不訾之器。今君處戰國之世，選爪牙之士，而以二卵棄干城之將，此不可使聞於鄰國者也。衛君曰：謹受教矣。（《孔叢子》、卷第二、居衛第七）

原則應當堅持，細故不須計較，這才是大人物。

九八　張英退讓土地三尺

清代張英（一六三七—一七〇八），字敦復，號樂圃，桐城人（今安徽桐城縣，該縣大儒方苞，爲文謹嚴簡潔，號桐城派，爲清代古文正宗）。康熙六年進士，爲起居注官（掌皇帝起居，記述其言行），入直南書房（在乾清宮之右，又稱南齋，派到衙門裡去辦公叫入直，都是皇帝近臣）。著述甚多，卒謚文端。

他供職於首都北京，老家還在安徽桐城，住宅旁邊原有一片空地。有一年，鄰家新建房屋，起造圍牆，不經意跨佔了張家三尺來寬的一線土地，等到完工才發現，錯誤已經鑄成，無法拆讓，雙方弄成僵局。

這時張英已是文華殿大學士兼禮部尚書了，官位高顯，深得皇上的眷顧。桐城家裡人便修書寄他，指斥鄰居無理而蠻橫，要張英轉囑桐城縣長丈量，由官方審理，拆牆還地。

張英接到書信之後，没有正面作答，只在原信之末，批回七言絕句一首：

「千里修書祇爲牆　（寫信來京告狀，僅爲一片圍牆）
讓人三尺又何妨　（睦鄰才是第一，三尺讓他無傷）
長城萬里今猶在　（請看長城萬里，今猶雄峙北方）

不見當年秦始皇（秦皇爭強好勝，卻已國滅身亡）」

家人接到這首詩，知道是要息訟。即使是秦皇漢武，當年開疆拓土，如今人都死了，爭有何益？便不再追訴了。鄰居聽聞了這段經過，也由感動而生愧疚，便自動打掉圍牆重建。除退出張府的三尺地界之外，又再後縮三尺，空出一條寬敞的巷道來，方便行走。雙方禮讓，傳爲美談。後人便將這條通路稱爲「六尺巷」。

【譯後語】一堵牆，三尺地，活時就算爭贏了，死後也是帶不走。官高祿豐，家大業大，讓他三尺，不傷皮肉，免打官司才是最聰明的。想得開，心平氣定；退一步，海闊天空。假如大家都看淡一點，世界上的紛爭戰禍都沒有了，那是多麼美好。

【原文】桐城張英故居，鄰家建屋，圍牆誤侵張家界址。錯已鑄成，無法退讓。張時已位居顯要，供職京師。家人馳書以告，指陳鄰户蠻横，要求轉囑地方官評斷。張得書，僅寄回絶詩作覆云：千里修書祇爲牆，讓人三尺又可妨？長城萬里今猶在，不見當年秦始皇。家人得書，未再追究。事爲鄰家得悉，深自愧疚，乃拆牆重建，除退還三尺外，復再退三尺，空出一條巷道，後人遂以六尺巷名之。（《淘沙集》）

【另文】宋楊玢官尚書，舊居多爲鄰里侵佔，子弟欲訴，玢批狀尾云：四鄰侵我我猶伊，畢竟須思未有時，試上蒼元皇殿望，秋風茨草正離離。（《龍文鞭影》、二集、上卷）

九九 甘羅十二幼齡勸服張唐為相

糾正對方的錯誤，要打蛇打在七寸上；開導對方的思路，要一語驚醒夢中人，此之謂卓見。老成的人，尚且未必能夠看透，小甘羅一言破惑，確是不凡。

秦國呂不韋（元前？—前二三五），位居宰相，封文信侯，權大勢大。那時燕國懼怕秦國，把太子送來秦國作抵押品。呂不韋因請張唐到燕國去，擔任燕相，輔佐燕王。

張唐推辭說：「我若前往燕國，必須經過趙國（秦在西方，燕在東北，中間隔著趙國和魏國）趙國出了賞令：凡是捉到我張唐的，可以領到一百里土地的獎賞。我恐怕不太方便前去吧。」

張唐沒有接受，呂不韋很不高興，不悅之色，掛在臉上。他的門下有位少年才俊，名叫甘羅（甘茂的孫，後來封為上卿，《戰國策》說此時他官任少庶子），下蔡人。這時問道：「侯爺今天為甚麼很不愉快呢？」

呂不韋說：「今天我親口請求張唐去燕國為相，他卻不肯答應。」

甘羅道：「原來是這樁小事，讓我去說服他前往燕國好了。」

這甘羅好大的口氣，年紀輕輕，顯然少不更事。呂不韋叱罵他：「你這小孩子懂得多少？膽敢口出大言！我是相國，親口請他都不行，你憑甚麼說得動他？」

甘羅道：「從前有個項槖（魯國人，《論衡》作項託），七歲就做了孔子的老師。如今我已經十二歲了，應該讓我試一試，有甚麼好呵叱的？」

甘羅去見張唐，張唐知道他是呂丞相的門客，但蔑視他年輕識淺，隨便說道：「孺子有何見教？」

甘羅單刀直入，問張唐道：「你的功勞，與武安君白起（秦國大將白起，一戰就坑殺趙兵四十萬人，請閱本書第八十六篇）比較，誰個為高？」

張唐說：「白起南挫強楚，北威燕趙，無戰不勝，無攻不克，我的功勞，只怕比不上白起的十分之一。」

甘羅再說：「應侯范睢（執行遠交近攻之策，很得秦王寵信）在我秦國，與丞相呂不韋（秦始皇尊他為仲父，獨攬國政）比較，誰的權大？」

張唐說：「這個人人都知，范睢比呂不韋差遠了。」

甘羅解釋道：「你知道嗎：范睢要攻趙國，白起反對。出城離此地首都咸陽不過七里，范睢就借故把白起絞殺了。如今你自承功勞比不上白起，而白起又比不上范睢，那范睢又遠不及呂不韋，可見你相差了好一大截。你想想看：那個范睢尚且容不下白起，難道呂不韋能夠容得下你嗎？呂丞相手操生殺大權，哪裡會寬恕抗命的人呢？他親自請你去燕國，已經是給你大面子，你不肯答應，這是自己找死呀，我不曉得你會在何時何地被丞相呂不韋殺掉了！」

張唐恍然大悟，連忙說：「就憑你年輕人的這一場話，我決定前去就是了。」

【譯後語】本篇有幾點可述。第一、幼而聰慧，前人例子很多：㈠孔融十歲訪李膺，以「小時了了」反諷陳韙（見世說）。㈡柳公權十二歲，三步成詩，詩曰：「去歲雖無戰，今年未得歸，皇恩何以報？春日得春衣」。唐文宗說：「曹子建七步，你只三步，勝他多矣」（舊唐書卷一六五）。㈢謝尚八歲與衆賓客晤。客曰：「這孩子是一座中的顏回。」謝尚說：「座中無尼父，焉別顏回？」（世說・言語）㈣司馬光五歲時，破缸救小孩（宋史列傳第九十五）。㈤文彥博幼齡灌水取球（名臣言行錄）。㈥寇準七歲詠華山詩曰：「只有天在上，更無山與齊，舉頭紅日近，回首白雲低。」㈦馬祖常十歲，家中火起，馬解衣、沃水，以濕衣滅火（元史列傳第三十）。㈧王戎七歲，諸兒爭摘道邊李子。王戎不要，說：「樹在道邊而多子，必是苦李」（世說・雅量）。㈨宋代楊億，童時，家人抱之登樓，吟曰：「危樓高百尺，手可摘星辰，不敢高聲語，恐驚天上人」（龍文鞭影初集卷下）㈩項橐七歲爲孔子之師（淮南子及論衡）。(十一)王僧孺七歲，能讀十萬言（南史王僧孺傳）。(十二)荀爽幼而好學，年十二，通春秋論語（後漢書荀爽傳）。(十三)張霸七歲通春秋（後漢書張霸傳）。(十四)曹冲六歲，建議父親曹操以船稱象（魏志鄧哀王傳）。(十五)陸雲字士龍，六歲能屬文（晉書陸雲傳）。(十六)謝莊七歲，能撰文，通論語。劉湛贊爲藍田出玉（宋書謝莊傳）。(十七)范雲六歲，讀詩經，日誦九紙（南史范雲傳）。(十八)

謝貞八歲作「春日閒居詩」（南史謝貞傳）。⑲白居易生六七月，乳母抱於屏風下，示以「之無」二字，居易未能言，心已默識，雖百試而指之不差（舊唐書）。⑳本篇甘羅十二歲，勸服張唐。凡此可知中華民族之優秀。第二：審時度勢，要從整個大環境去觀察，不可單由局部情況定取捨，以致自陷絕路。（張唐只想到趙國可能要抓他，沒想到抗命呂不韋必然會殺他）。第三：政治圈裡，十分險惡，也十分殘忍，都想多抓權，都想消滅反對者。順我者昌，逆我者亡。如何在險境中全身，這是在政治舞台上打滾的人的基本功課。

【原文】文信侯請張唐相燕，張唐辭曰：燕者必徑於趙。趙人得唐者，受百里之地。文信侯不快。甘羅曰：君侯何不快甚也？文信侯曰：今吾自請張卿相燕而不肯行。甘羅曰：臣請行之。文信侯叱曰：去！我自請且不肯行，卿安能行之？甘羅曰：夫項櫜七歲而爲孔子師，今臣十二歲矣，君其試臣，奚遽叱也？甘羅見張唐曰：卿之功孰與武安君？唐曰：不如也。甘羅曰：應侯孰與文信侯專？曰：應侯不如文信專。甘羅曰：應侯欲伐趙，武安君難之，去咸陽七里，絞而殺之。今文信侯自請卿相燕，而卿不肯行，臣不知卿所死之處矣。唐曰：請因孺子行。（戰國、甘羅：《潼山子》、說趙。又見：《戰國策》、秦策、文信侯欲攻趙篇。又見：《史記》、卷七十一、甘茂列傳第十一）

一〇〇 班超卅六壯士勇赴西域立功

在異國，遇意外，要開創，怎麼辦？首要有勇，敢於冒險；次要有謀，定好計畫；再次要鼓動士氣，大家一齊拚命幹，成功就在掌握中了。

漢明帝（光武帝之子，東漢第二帝）永平十六年（公元七十三年），班超（公元三二—一〇二，班彪之子，班固之弟，後封定遠侯，有投筆從戎故事），字仲升，與從事郭恂（從事是州官佐吏，如別駕之屬）出使西域，欲令西域歸附漢朝。

那西域在中國玉門關及陽關之西，烏孫之南，蔥嶺之東，喀喇崑崙山脈之北，大部份在今新疆省。《漢書西域傳》說：本三十六國，其後分裂爲五十多國。

班超首先到達鄯善國（本叫樓蘭國，故地在今新疆鄯善縣東南）。鄯善國王名叫廣。濾於漢朝的天威，初期禮遇班超原甚崇隆，過了幾天，忽然禮貌慢怠了。

班超對部屬們說：「你們察覺到鄯善王的禮貌疏薄了嗎？這必然是北方匈奴國的使者也來了，鄯善王不知該向哪一邊歸順才好，以致游移不定、兩邊都想應付的緣故呀！」

於是班超略施小計，喚來那服侍他的鄯善籍胡族僕人，嚇詐他說：「匈奴特使已經到了好幾天了，如今安頓在哪裡？」

胡僕害怕，不敢隱瞞，一五一十吐露了實情。班超下令將胡僕軟禁起來，召集全部隨從吏士三十六人一同飲酒。喝到大家都有興緻了，乃激勵他們說：「各位和我，都身在異鄉絕域，本望立下大功，以求富貴。可是匈奴使者才到幾天，鄯善國王對我們的禮節就變壞了。假如他一狠心，綑綁起我們送往匈奴國討功，我們連骨頭都只有餵豺狼了，這該怎麼辦呢？」

從屬們都嚷道：「今刻我們已身處危險之地，是生是死，都聽隨司馬你的決定好了（班超任軍司馬之職）！」

班超說：「不入虎穴，焉得虎子？如今之計，只有夜晚用火攻對付匈奴使臣，令他們猜不透我方有多少兵力，他們突然受襲，必定大為震怖，就可一網打盡。消滅了匈奴人，鄯善破了膽，就會歸順大漢，我們便功成事立了。」

大夥兒建議說：「這是大事，應當與從事郭大人商議一下。」

班超說：「是成是敗，就決定在今天。郭從事是個文人俗吏，他聽了必然害怕，萬一機密不慎洩露，或行動被人識破，大家會死得不明不白。當機不斷，非壯士也。」

大家覺得有理，都同意當夜舉事。

到了晚上，班超率領吏士，潛行到匈奴使團營帳之旁。夜裡起了大風，班超命十個人帶鼓，藏身在營帳後邊，下令道：「看到火起，就一齊擂鼓，同時高聲嚷叫。」其餘的人，都持刀劍弓弩，夾伏在營帳的前邊外面兩側。班超順著風勢，縱火燒營，前後一齊鼓噪，帳幕本是易燃物，一時烈火大起，匈奴人驚慌亂竄，只顧逃命。班超格殺了三人，吏士們斬了正使和隨從三十多人，其餘約百來人來不及逃，都燒死了。

第二天一早，班超將一切經過告訴從事郭恂，郭恂先是驚恐，聽完後得知勝利成功，臉色轉爲活動了。班超猜到他的心意，說道：「郭大人你雖然來不及參加，我班超哪會存心獨佔這場功勞呢？」這表示立功大家都有份，郭恂也就高興了。

班超召來鄯善王廣，展示斬下的匈奴正使的頭顱，鄯善原是個蕞爾小邦，此事震驚了全國。懾於大漢的天威，班超又曉以利害，諭以大義，撫慰兼施，鄯善王乃一心歸順漢朝，並且將兒子送來京城洛陽爲質。隔絕了六十五年的西域，又再內屬於漢了。

【譯後語】 生爲中國人，要讀中國史，不宜做沒有根的浮萍，不要做無知識的愚者。我國史籍豐富，有許多驚心動魄的故實，十分精彩，百看不厭。除了可以欣賞其美好的史劇之外，還可以增加不少的識見，此篇乃其中之一也。「三十六人震西域」，是班定遠一生事業的第一功（他此後經營西域三十一年，官至西域都護，受封爲定遠侯）。「入虎穴，得虎子」，已成千古名言，今日觀之，猶覺虎虎生風，躍然紙上。想當時，他因見禮敬疏怠，察之以見其機。詐詰侍胡，懾之以得其實。閉之別室，禁錮以密其謀。激怒吏士，危言以堅其志。順風縱火，殺敵以顯其威。分功與郭，謙讓以消其妒。曉諭鄯善，感化以收其心。步步貫串，連續以竟其功。只費一宵，快捷以畢其事。智勇兼備，果決以建其勳。悅賞之餘，咏贊以旌其事。

【原文】班超與從事郭恂使西域，至鄯善。鄯善王廣禮敬甚備，後忽疏懈。超謂其屬曰：寧覺禮意薄乎？此必北虜使來，未知所從故也。乃召侍胡詐之曰：「匈奴使來數日，今安在乎？侍胡惶恐，具伏其狀。超乃閉侍胡，悉召其吏士三十六人與共飲。酒酣，因激怒之曰：卿曹與我俱在絕域，欲立功求富貴。今虜使到纔數日，而王禮敬即廢，如收吾屬送匈奴，骸骨長爲豺狼食矣，爲之奈何？皆曰：今在危亡之地，死生從司馬。超曰：不入虎穴，焉得虎子？當今之計，獨有因夜以火攻虜，使彼不知我多少，可殄盡也。滅此虜，則鄯善破膽，功成事立矣。衆曰：當與從事議之。超曰：吉凶決於今日，從事文俗吏，聞此必恐而謀洩，死無所名，非壯士也。衆曰善。初夜，超率吏士，奔虜營。會大風，超令十人持鼓，藏虜舍後，約曰：見火，皆鳴鼓大呼。餘人悉持兵弩，夾門而伏。超乃順風縱火，前後鼓噪。虜衆驚亂。超格殺三人，吏兵斬其使及從士三十餘級，餘衆百許人悉燒死。明日，告郭恂，恂大驚，既而色動。超知其意，曰：超何心獨擅乎？恂乃悅。超召鄯善王，以虜使首示之，一國震怖。超曉告撫慰，遂納子爲質。（《後漢書》卷四十七、班梁列傳第三十七）

一〇一　左宗棠滿堂都戴紅頂子

大凡升官太快，或發跡太早的人，難免恃功而驕，以致得意忘形。此時若不能自己檢束，就要有人當面挫挫他們的傲氣。

清代左宗棠（一八一二—一八八五），字季高，湖南湘陰人，道光年間舉人。剿太平天國有功，後來又平甘陝，定天山南北路，累官巡撫、總督等職，卒謚文襄。

他率軍西征回亂，平定新疆，立了大功，得勝回朝，國家論功行賞，隨軍征戰的眾多武官，人人都列敍升級。聖旨頒下後，大家興高釆烈，就擺酒慶功。

大宴之夜，人人志得意滿，開懷狂歡，都帶著八分醉意了。左宗棠也極爲高興，情不自禁，揚聲說道：「我這個左氏兵團，就像一家染坊，把各位的頂子都染紅了。」在前清時代，布匹仍是用手機織成，素布要經過染布工廠染色，叫做染坊，染坊在全國都很普遍。又按清朝制度，官員的等級，是由官帽頂上鑲嵌珠子的顏色來區分的，正式名稱叫頂戴。高階的一品到三品官，帽頂鑲的是紅寶石，故俗稱紅頂子，都是大官。低階是藍寶石或水晶石。左宗棠軍中各人都獲授高階，滿堂都是紅頂子，所以左宗棠說來十分得意。

此時座中有位姓李的參謀官，站了起來，也大聲說道：「國家的官爵，是按功勞的大小公平頒發的，不是某一人包辦私授的。今天各位如果只看見自己，看不見國家，雖然大家的頂子統統都紅，恐怕不是國家之福吧！」話鋒嚴正，幾乎使左宗棠下不了臺。

第二天，左宗棠責怪李姓參謀官說：「你昨夜爲何要當著大家的面讓我難堪，我幾乎收不了場，這似乎過分了吧！」

李君回答道：「昨晚如果我不起來講幾句話，這滿堂紅頂子，人人趾高氣揚，目空一切，不可一世，將來誰還能管得住他們呢？」左宗棠聽了，心中這才服氣。

【譯後語】軍人應當衛國，但也可以禍國。不拘内亂或外侮，都有賴軍人去平定。打了勝仗固可升官，吃下敗仗則命都送掉了，故此稱之爲賭命也不爲過。武將的缺點是驕横，因爲他手中有武器，既可擁兵自重，又可造反，近代不是有「槍桿子裡出政權」的説法嗎？「頂子雖紅，非國家之福」。語驚四座，擲地有聲。有此人，挺身而起；發此語，義正辭嚴。左宗棠軍營之内，蓄此正直之士，當衆詰責，氣勢壯矣，可喜。而左接受此言，後且爲之心折，左之胸懷也廣矣，又可喜。

【原文】左宗棠西征勝利後，隨軍官員，無不升級，乃置酒慶功。大宴之夕，主賓皆有醉意。左亦樂極，對衆昌言曰：余軍有如染坊，將諸君頂子都染紅了。幕友李君抗言道：朝廷爵祿，以賞有功，非一人之私也。只見個人，不見朝廷，頂子雖紅，非國家之福。左宗棠聞之大窘。次日，責李君曰：卿何故當衆辱我？答曰：倘我昨夜不言，則此大批紅頂子，來日誰能管束？左爲之心折。（《淘沙集》）

上行下效，風行草偃，這個影響太大了。

一〇二　齊桓公通國盡穿紫衣裳

【一】

齊桓公（公元前？——前六四三，為春秋第一位霸主）喜歡穿紫色衣裳，由於國君愛紫，全國都流行紫服。風氣昌盛開來，市場上用五匹素淨的白絹，還換不到一匹染色的紫絹。掀起一股畸形的時尚。

齊桓公耽憂這種發展趨向很不好，因問管仲（公元前？——前六四五，為齊國宰相）說：「我喜歡穿紫色衣服，而全國百姓大家跟著穿紫。現在紫色的絹貴得太不合理，這股『紫風』一直停止不了，我該怎麼辦呢？」

管仲答道：「你何不試試先從自己做起，率先不穿紫衣。然後進一步你對身邊的人說：『我很討厭紫衣上那股染料的臭味。』再進一步，如果身邊有穿紫衣的人接近你，你就說：『請你退開站遠一點，我不喜歡紫色染料的臭味！』就會把這股歪風改正了。」

齊桓公說：「就照你的方法辦吧！」

就在這一天裡，宮廷之內的人都不作興穿紫衣了。就在這一月裡，首都之內的人都不喜好穿紫衣了。就在這一年裡，國境之內的人都不流行穿紫衣了。

【二】

春秋時代，有個鄒國（就是邾國，也叫邾婁，周武王封爲子爵之國，邾鄒是同音之轉）的國君，喜愛在帽子下的兩邊，縫上長長的冠纓（大帽兩邊垂下的彩帶，結在頷下，固定帽子，叫纓），垂飄下來，很是好看。由於國君的喜好，全國百姓都流行長纓，大家爭著買，使這種做冠纓的彩帶貴得離譜了。

鄒君很爲耽憂，問身邊的侍臣說：「爲何冠纓變得這樣昂貴？該怎麼遏止呢？」左右的人回道：「因爲國君你喜歡長長的冠纓，百姓們人人都模仿著改用長纓，所以這種做冠纓的彩帶就隨勢大漲了。」

鄒君才確知毛病出在自己身上，由於喜愛而釀成風氣。解鈴還賴繫鈴人，他主動先將自己的冠纓剪短了，然後出來臨朝聽事。大家見國君已不愛長纓了，這股風潮不久便平息了。

【譯後語】居高位者的影響力是很大的。《孟子滕文上》：「上有好者，下必有甚焉（領導者喜好某事，下屬會加倍迎合而特意去喜好它）。」《韓非子二柄篇》：「楚王好細腰，國人多餓死（謂女人因絕食求瘦而餓斃）。」《論語顏淵》：「君子（在高位者）之德、風，小人（百姓）之德、草，草上之風必偃（風吹草偃，一面倒）。」可見領導者的一舉一動，影響都很深遠。不論你是政治領導者、軍事統帥者、財政決策者、企業主持者、或是商賈掌權者，當你要推行一種新制度，或停止一種舊措施時，都得想一想它會產生的後果，會不會多一動而導致復興？或少一動而遭致傾覆？看宋代神宗的變法，清朝光緒的維新，前例具在，值得戒愼。

【原文一】齊桓公好服紫，一國盡服紫。當是時也，五素不得一紫。桓公患之，謂管仲曰：寡人好服紫，紫貴甚；一國百姓，好服紫不已，寡人奈何？管仲曰：君何不試勿衣紫也。君宜謂左右曰：吾甚惡紫之臭。如左右適有衣紫而進者，公必曰：少卻，吾惡紫臭。公曰：諾。於是日，郎中莫衣紫；是月也，國中莫衣紫；是歲也，境內莫衣紫。（《韓非子》、卷第十一、外儲說左上第三十二）

【原文二】鄒君好服長纓，國人皆服，長纓甚貴。鄒君患之，問左右。左右曰：君好服，百姓亦多服，是以貴。君因先自斷其纓而出，國中皆不服纓。（《韓非子》、卷第十一、外儲說左上第三十二）

【另文】景公好婦人而丈夫飾者，國人盡服之。公使吏禁之曰：女子而男子飾者，裂其衣，斷其帶。裂衣斷帶者相望而不止。晏子見公，公曰：寡人使吏禁女子而男子飾者，裂其衣斷其帶相望而不止者，何也？對曰：君使服之於內，而禁之於外，猶懸牛首於門，而求買馬肉也。公胡不使內勿服，則外莫敢爲也。公曰：善。使內勿服。不旋月，而國莫之服也。（漢、劉向：《說苑》、卷七、政理）

一〇三　樂羊立功反受疑

立了大功，爲何反受懷疑？乃因行事不近人情故也。

戰國時代，魏國魏文侯（周威烈王時，列爲諸侯，元前四四五—前三九六在位）後世稱爲賢君。他派大將樂羊，去攻打中山國（春秋時叫鮮虞國，戰國時改名中山國，與六國並稱）。

魏國強，中山弱，中山都城受樂羊圍攻，情況十分不利。中山國使出最後一招，設法捉到樂羊的兒子，綑綁起來，高高地吊在城樓上，讓樂羊看到。兒子的死活操在中山國之手，逼著樂羊退兵，否則兒子的性命休矣。

樂羊說：「我奉魏王之命出征，旣爲忠臣，當遵君命。在戰場上，我不可爲了父子的私情，壞了君臣的公義。」他不顧兒子的安危存亡，攻打得愈加急迫。

中山國狠下心來，把樂羊的兒子殺了，將他的肉熬煮成湯。還派出使者，用鼎鑊盛著肉湯，帶著他兒子的頭顱，送到樂羊的軍幕裡。

樂羊看了，哭著說道：「這是我的兒子呀！」當著使者的面，他跪下來，爲表示不會爲私情而退兵，還忍心喝了三杯肉湯下肚。

使者回來，奏報中山國君說：「這個魏國將軍樂羊，是個死忠之臣，節烈之士，爲國忘家的人，還喝了他兒子的肉湯三杯，他的意志是絕對無法撼動的。」中山國君眼見無法抵抗，拖延時日只是讓百姓受苦，就投降了。

攻下了中山國，替魏文侯開拓了一大片國土，魏文侯一面頒賞立了大功的樂羊，把原屬中山國的靈壽縣地賜封給他；一面想到他毫不顧惜兒子的生命，那他還會顧惜誰的生命呢？這種人心腸之硬，古今少有，如何管得住他呢？他雖有此大功，魏文侯卻心存疑懼，只怕有朝一日，他可能反臉絕情叛變，要時時提防才好。

【譯後語】本書有兩位樂羊（樂是姓，讀如岳）：一位是後漢時代的樂羊子，是文士，《後漢書》裡有妻子斷機勸讀的故事（見第五十八篇）。一位是戰國時代的樂羊，是武將，《淮南子》裡有立功見疑的故事（即本篇）。大凡吾人行事，如果超過常理，多半會有問題。例如吳起殺妻以求爲將（見《史記》吳起傳），樂羊不顧愛子被殺而決意攻下中山，都背離常情。如今一般人拚命求高官，求華屋，求偶、求財，若逾越分寸，或當以本故事作參鑑。

【原文】戰國魏將樂羊攻中山，其子執在城中，城中懸其子以示樂羊。樂羊曰：君臣之義，不得以子爲私。攻之愈急。中山烹其子而遺之鼎羹與其首。樂羊泣曰：是吾子已。爲使者跪而啜三杯。使者歸報中山曰：是死節者也。遂降之，爲魏文侯大開地。魏文侯賞其功而疑其心（其子且食之，其誰不食），此所謂有功而見疑者也。（《淮南子》、卷第十八、人間訓。又見：唐、趙蕤：《長短經》、卷八）

一〇四　西巴有罪而益信

慈心澤及動物，終會獲得善報。

春秋時代，魯國大夫孟孫（又叫孟孝伯）率領府中人員，組隊去打獵。孟孫獵到一頭活的小鹿，交與隨隊的秦西巴先行單獨帶回去。

那母鹿跟在秦西巴的馬後，一路走一路不停的哀鳴，捨不得和那幼鹿分離。秦西巴心中不忍，便私自把那頭小鹿放了。

孟孫獵罷回來，問那頭小鹿何在？秦西巴只好誠實招認：「那母鹿跟在我後面，一路哀啼，我實在狠不下心，便把小鹿放走了。」

孟孫一氣之下大怒，竟然把秦西巴逐出府門，斷絕關係。

隔了一年，孟孫又派人把秦西巴請了回來，這次還要他擔任孟孫兒子的老師，反而更敬重他了。

接近孟孫的人問道：「秦西巴以前犯了過失，得罪了你，你把他趕走了。今天爲何又請他回來，而且還要他作你公子的老師呢？」

孟孫說：「秦西巴上次對待那隻小鹿，都顯出仁厚不忍之心，既能將恩惠及於野獸，那他對我兒子必定愈會心存慈愛而掬誠敎誨了。」

這便是雖然有罪卻更加獲得了信任的實例。

【譯後語】以純眞對事，起初或會吃虧（吃虧就是佔便宜），長遠之後，終於得到信任（事久見人心）。秦西巴轉禍爲福，好人終有好報。

【原文】孟孫，獵而得麑，使秦西巴持歸。其母隨之而啼，西巴弗忍，縱而予之。孟孫歸，求麑安在？秦西巴對曰：其母隨而啼，臣誠弗忍，竊縱而予之。孟孫怒而逐西巴。居一年，召爲太子傅。左右曰：西巴有罪於君，今以爲子傅，何也？孟孫曰：夫以一麑而弗忍，何況於人？此所謂有罪而益信也。（漢、劉安：《淮南子》、卷第十八、人間訓。又見：漢、劉向：《說苑》、卷第五、貴德）

一〇五　彭玉麟仗劍護師小紅逃命

大帥有瑕疵，仗劍搜衙何急切。小紅無過失，驚魂逃禍太倉皇。

曾國藩（一八一一—一八七三）平定了太平天國，維繫了滿清國祚，之後任兩江總督，轄治蘇皖贛諸省。總督府設在金陵，即今南京。

他隻身赴任，公務繁忙。摯友見他家眷沒有同來，飲食起居，多有不便，就特意物色了一名秦淮歌女名叫小紅的獻給他，以便隨身服侍。

曾國藩起初有意不受，及至小紅盈盈拜見時，溫柔宛妙，頗生好感，乃姑且讓她暫留。那小紅細心體貼，遇事每能先意承旨，衣食寒溫，晨昏作息等貼身私務，也都照料得細密妥切，不但曾侯不必操心，而且日加倚重。如此日久，生活上竟然沒有一天少得了這位身邊的小美人了。

他的學生彭玉麟（一八一六—一八九〇，後官兵部尚書，謚剛直）號雪琴，助曾國藩剿太平軍，督領水師，先後轉戰長江流域各地，其中以小孤山一役，大顯威名，留傳有「彭郎奪得小姑回」之豪語。太平天國亂平之後，他又奏定長江水師營制。此時正乘船沿長江巡察軍務，一路順流將抵南京。曾國藩既是他的恩師，又欽命在南京開府，於公於私，依禮都必當謁府叩見。

彭玉麟一近金陵，就聽說曾師竟然納了小妾，名節有虧，十分震怒，聲言「必將小紅殺掉，以保全老師的令譽」。船一靠岸，他便身配寶劍，逕向總督府進發。

彭的屬僚，自有受過曾國藩之惠的人，趕忙從小路飛奔急報曾爺。說：「彭宮保（即太子少保。這是虛銜，並非眞的做太子的老師）一腔怒火，帶著寶劍，要來親斬小紅，即時就要到了！」

曾國藩一聽，臉上變了顏色，心想這場災禍可不能鬧開了。連忙命隨員準備小轎，要小紅立刻上轎由督署後門溜出逃避。

事起倉促，小紅哪能料到，一時急得哭了。她仍想要曾爺曲予挽回，撲通跪下，哀訴道：「大人威名赫赫，位尊權高，難道今天要保護一個弱小的女孩兒都不能嗎？」

曾國藩說：「你哪會知道彭宮保的厲害？他性格剛猛。我所有的學生中，唯獨他的眼睛裡容不得一粒砂子，連我都怕他三分。你若不趕快離開，只恐一下子碰了面時，他火爆脾氣一發，你的小命都沒有了！」

小紅無奈，只得勉強遵命，她剛從後衙離去，彭玉麟也正氣沖沖地由前面正門入衙。他逕奔大廳，高聲喊道：「哪裡來的妖女，膽敢破壞我老師的名節？」

曾國藩輕聲的解釋說：「雪琴（彭的別號），你別聽錯了，我一直都是獨身的呀！」

彭玉麟哪會聽信這句空話，提著寶劍，在府衙裡上下各室搜尋，始終沒有發現小紅的蹤跡，也只好罷了。這才回到正廳，再以學生及舊屬的身分，重新向老師曾國藩叩頭，補行見師之禮。

叩拜方畢，不等曾國藩開口，彭玉麟嚴正的稟告說：「老師待玉麟恩深義重，我也屢思盡力報效。恩師一世功勳，久為天下人所共仰，全國上下，都知道老師律己以嚴，大家都奉為模範。如今外面傳說你養了小妾，想必不是無風起浪吧？但願老師以德操晚節為重，使做學生的我也同享榮耀。玉麟今天魯莽，願領責罰！」

風暴已息，兩不再提，師生重新敍舊，情誼仍然篤好。

從這天以後，曾國藩也就不敢要小紅回來了，而學生對老師，像彭玉麟這樣當面直諫的，也是古今少有的了。

【譯後語】僅從這篇短文來看，彭玉麟似乎只是一個剛愎魯莽的武夫。小紅並無差錯，要殺她乃是不近情理的。考彭的一生，文韜武略，詩畫兼長。年少時一位青梅竹馬的女孩梅娘死了，就終身不娶，用情純篤之極。他一生不貪名位，一輩子不置產業。試看他那封「懇辭漕運總督」的稟文，放棄天下第一優厚肥缺不幹，確是絕高的志氣，絕好的文章。普天之下，他只敬佩曾國藩，但曾師不攜髮妻，卻收小妾，這是為德不卒也。卻因起意太快，護師心切，以致小紅成為受害人，只好歸之於命運捉弄吧！

【原文】曾國藩開府金陵，摯友以其眷未在任，特獻一秦淮歌妓名小紅者，為之照料起居。曾初不允，及小紅拜見，頗獲好感，遂姑且留侍。小紅柔情似水，凡事先意承旨，終乃不可一日無此姝矣。時彭雪琴巡江，路過金陵，按禮應拜老師。甫上岸即聞納小紅事，大怒。乃佩劍直趨總督府，聲言必殺小紅，以保老師清譽。有人奔告國藩，言彭公保持劍來殺小紅矣。曾色變，急命備轎送小紅從後門出。小紅哭謂：以侯爺之尊，獨不能保一弱女子耶？曾曰：彭公保剛烈如火，乃吾最畏之門生，汝不快逃，命且不保。小紅甫走，彭已洶然而至，大喊何物妖女，敢壞吾師名節？曾曰：雪琴誤矣，吾固獨身耳。彭不信，仗劍搜查，終無所見。乃向曾叩首行禮，禮畢、未待曾開口，即正色言曰：吾師一世功勛，爲天下共欽，世人皆知吾師以嚴律己。今外傳吾師蓄妾，諒非空穴來風，願以名節爲重。自是國藩不敢再近小紅。師生情誼如曾彭者，亦古今少見也。（《湘軍掌故》。又見：清、王闓運：《湘軍志》）

一〇六　范巨卿素車奔喪元伯起棺

友情彌篤，至死不渝；元伯巨卿，當之無愧。

東漢范式，字巨卿，山陽人（舊郡名，在今山東省），作過刺史、太守。他年少時，在太學（漢代創太學，立五經博士，以培養天下人才）讀書，和汝南（郡名，在河南省）張劭，字元伯，是同窗共硯的太學生，二人結爲好友。

學業結束，兩人離校返家。范式對張劭說：「兩年之後，我會再回來，那時當過訪你家，拜見長輩，看看你的兒子。」於是約定日期，互相道別。

約期快要到了，張劭把詳情稟告母親，請她準備菜餚，等候范式來會面。

他母親問道：「就時間來說，你們分別兩年多，很久了。就空間來說：魯豫相隔千餘里，很遠了。單憑當時口頭上說說要見面，你哪能相信得這麼確定呢？」

張劭說：「我那好友范巨卿，是個極爲守信的君子，說過的諾言，一定不會背信。」

母親道：「既然如此，那我就替你釀幾罈新酒，好來款待這位遠客吧！」

到了約定的那一天，果然范式如期趕到。進入廳堂，拜見張劭的母親。張家殺雞溫酒，請范式吃飯（因稱「雞黍之約，元伯之與巨卿」）極盡歡娛，然後辭別。

後來，張劭得了重病，情況很危殆。同郡的郅君章（即郅惲，後爲太守，後漢書有傳）與啇子徵二人自早到晚照顧他。張劭臨終時，念念不忘地說：「恨不能見到我的死友（指交情篤厚，至死不變的朋友）范巨卿。」（他把郅君章商子徵視爲生友，把范巨卿視爲死友）不久就嚥氣了。

這時范式已在山東任功曹之官（掌管人事和政務），他在家得了一夢，夢見張劭來了，告訴他說：「我於某日死了，會在某日下葬，你能趕上我的葬禮嗎？」范式醒來，異常悲慟。急忙由山東趕往河南張劭家中，而送葬行列，早已離家上路，到了墓地，將要下棺入穴了。這時棺柩忽然變得沉重異常，抬不起來，不肯前進。他母親撫著棺柩說道：「元伯，你是不是還在等待甚麼未了的心願嗎？」於是大家暫時停頓休息一下。

不多時，只見遠遠地奔來一輛白馬拉著的素車，有人號哭著趕來。他母親說：「這必定是范巨卿來了。」

范式到了柩前，叩拜行禮，哀聲訴道：「千里託夢，急來送君。元伯元伯，你請前行。死生異路，泣血椎心。傷哉別矣，靈尙相通（江淹《傷友人賦》曰：雖乏張范通靈之感，庶同嵇向篤好之哀）。」一同送葬的近千人，莫不聞聲掉淚。范巨卿親自執拂牽引，靈柩才得抬動。

范巨卿留住在墓地，直到修好了墓園，種植了墓樹才離去。

【譯後語】金蘭交友，以友輔仁，古來良友不少：忘年之交：孔融（年已五十）與禰衡（年未二十）。刎頸之交：藺相如與廉頗。總角之交：孫策與周瑜。膠漆之交：陳重與雷義。布衣之交：劉秀與嚴子陵。心腹之交：杜審言與蘇味道。赴死之交：杜伯與左儒。捨生之交：羊角哀與左伯桃。知音之交：伯牙與鍾子期。知我之交：管仲與鮑叔。折梅之交：陸凱與范曄。醇醪之交：程普與周瑜。桃園之交：劉備與關羽張飛。生死之交：范式與張劭，即本篇。包含有兩段友情：首段「信友」，雖可貴而不奇。次段「死友」，則哀慟而情篤。千年後之今日，「行矣元伯」之語，猶聞其聲。

【原文】范式，字巨卿，少遊太學，與張劭爲友，劭字元伯。二人並告歸鄉里，式謂元伯曰：後二年，當還，將過拜尊親，見孺子焉。乃共剋期日。後期方至，元伯具以告母，請設饌以候之。母曰：二年之別，千里結言，爾何相信之審耶？對曰：巨卿信士，必不乖違。母曰：若然，當爲爾醞酒。至其日，巨卿果到，升堂拜母，飲盡歡而別。後元伯寢疾篤，同郡郅君章商子徵晨夜省視。元伯臨終曰：恨不見我死友。尋卒。式夢元伯曰：吾死，當以某日葬，子豈能相及？式覺而悲，赴之，而喪已發，引至壙，將窆，而柩不肯進。其母撫之曰：元伯，豈有望耶？停柩移時，見有素車白馬，號哭而來。母曰：必巨卿也。既至，叩喪，言曰：行矣元伯，死生異路，永從此辭。會葬者千人，皆揮淚。式執拂引，柩乃前進。式留止塚次，修墳樹而退。（《太平御覽》、交友。又見：《後漢書》、卷八十一、獨行、列傳第七十一、范式傳。又見：《搜神記》、卷十一）

一〇七　無能子夜苦日間樂

從剎那來看，百年好長好久。從永恆來看，百年只是一眨眼。我們要斤斤計較，爲一根葱而爭得死去活來呢？或是放開一切，宰相肚裡好撐船呢？這就是人生觀了。

無能子（假託之號。無古作无。本篇即選自《无能子》一書）很貧窮，他兄弟的兒子，也是衣不能禦寒，食不能果腹，一同過著窮困的生活。

有一天，他姪兒對無能子說：「我這幾年來，白天常常感到饑餓，到了晚上，卻常夢見做了大官，擁有高車駿馬，華衣美食。夢裡十分快樂，醒來又愁吃愁穿。我能夠將夢境與醒時兩者對換嗎？」

無能子問道：「白天憂愁，夜裡快樂，這不就扯平了嗎？何必對換呢？」

姪兒說：「晚上快樂，那是作夢嘛。」

無能子再問：「你在夢裡，騎著好馬，擁著財富，吃著美味，穿著鮮衣，和醒來時你所希望得到的，有甚麼不同嗎？」

姪兒說：「那倒正是與我白天所希望的完全一樣，沒有甚麼不同。」

無能子說：「既然沒有兩樣，那你怎能斷定究竟睡著時的所作所爲是夢？還是醒來時的所作所爲是夢呢？況且，人生不過百歲。在這百年之中，晝夜各佔了一半。你一半時間雖然愁苦，另一半時間卻很快樂，這又何必埋怨呢？要知道：從宇宙的觀點來看，一百年不過是一個晚上而已。你想通了，心境就會坦然開朗了。」

【譯後語】莊子作夢，變成蝴蝶，覺得很樂，不知道自己是莊子了。隔一會醒來，才知道是莊子，不是蝴蝶了。但他弄不清楚，究竟是莊子作夢變成了蝴蝶呢？還是蝴蝶作夢變成了莊子呢？他沒有得到答案（見《莊子、齊物論》）。李白說：「夫天地者萬物之逆旅，光陰者百代之過客，而浮生若夢，爲歡幾何？」（見李白：《春夜宴桃李園序》）蘇東坡也說：「寄蜉蝣於天地，渺蒼海之一粟，哀吾生之須臾，羨長江之無窮。」（見蘇軾：《前赤壁賦》）無能子則說：「百年猶一夕也，汝其思之」。這其中都含有精微妙諦，提供吾輩深探。

【原文】無能子貧，其兄弟之子，寒而且饑。一日，兄子謂無能子曰：吾饑有年矣。夕則多夢祿仕，而豐乎車馬衣帛。夢則樂，寤則憂，其可易乎？無能子曰：晝憂夕樂，均矣，何必易哉？曰：夕樂，夢爾。無能子曰：夫夢中之乘肥馬，進美食，與夫寤而所欲者，有所異乎？曰：無所異。曰：無所異，則安知寐而爲之者夢耶？醒而爲之者夢耶？且人生百歲，其間晝夕相半。半憂半樂，又何怨乎？百年猶一夕也，汝其思之。（唐、僖宗時之隱者、不著名氏：《无能子》、答通問篇）

一〇八　唐玄宗貌瘦天下肥

國家要有諍臣，政治才會清明。做諍臣不難，難的是要有賢明的君王能開懷納諫。而個人要有諍友，錯誤才會改正。找諍友不難，難的是自己要有雅量能接納忠言。

唐代韓休（六七三—七四〇），京兆人，唐玄宗（六八五—七六二，即唐明皇）時做了宰相。他守正不阿，嚴峻鯁直。皇帝的舉措有不合的，都要事事糾正。玄宗因見他峭直，倒也不以爲忤。

起初，蕭嵩（開元時爲兵部尚書）認爲韓休表面柔和，覺得容易管住他，才把他引進朝廷，作爲同僚。等到韓休官居宰相，對蕭嵩的錯失，也屢屢指摘糾正。宋璟（六六三—七三七，後來也是宰相）說：「想不到韓休竟然這樣敢言，眞有仁人君子的大勇。」

玄宗在宮中召集宴飲或舉行歌舞，以及在後園禁苑中遊觀賞樂或打獵捕獸，每次稍有差錯，總是問左右侍從說：「宰相韓休知道不？」話說完不多久，韓休的書面諫疏就呈上來了。以致玄宗的一舉一動，都要留意而不可逾越分寸。

有一天，玄宗對著鏡子，審視自己的臉，好久沒有說話，表情也不很快樂。身旁的侍臣進言道：「自從韓休當了宰相，皇上您就没有一天快樂過，陛下的龍體也比以前消瘦多了。何不把韓休趕下臺，不就好了嗎？」

玄宗道：「我貌雖瘦而天下肥（變得富足了），這不是很好嗎？蕭嵩在每次討論朝政時，常常順著我的意思說話。退朝之後，我總覺得還不夠妥當，睡不安穩。至於韓休，他在朝中常常據理力爭，直到一切細節都妥當了才止。退朝之後，想起來他才是對的，睡覺也安心多了。我用韓休，是爲了國家，不是爲我個人呀！」

【譯後語】公忠體國的諍臣，不懼皇帝龍威，不畏大臣權勢；只問政務的是非，渾忘小人的離間，這便是國士。「韓休知否？」此語何等可愛。「貌雖瘦而天下肥。」此語又何等可敬。君賢而臣直，宜乎建立了開元年代前期的郅治。今日我們開創一項企業，要選用幫手，找那曲意奉承像蕭嵩的人呢？或是找那每事必爭到妥當才罷手像韓休的人呢？敬請三思。

【原文】韓休，京兆人，玄宗時爲相。堅正峭鯁，時政得失，言之未嘗不盡。始，蕭嵩以休柔和易制，引爲同列。既知政事，多折正嵩。宋璟曰：不謂韓休，乃能如此，仁者之勇也。上或宮中宴樂及後苑游獵，小有過差，輒謂左右曰：韓休知否？言終，諫疏已至。上嘗臨鏡，默然不樂。左右曰：韓休爲相，陛下無一日歡，殊瘦於舊，何不逐之？上曰：吾貌雖瘦，天下必肥。蕭嵩奏事常順旨，既退，吾寢不安。韓休常力爭，既退，吾寢乃安。吾用韓休，爲社稷爾，非爲身也。（《新唐書》、卷一百二十六、列傳第五十一。又見：宋、孔平仲：《續世說》、卷第三、方正）

一〇九　秦檜廡前砍樹

南宋秦檜，耍手段竟能獲得宋高宗的寵信，作了宰相。但邪惡險毒，品格不堪聞問，以致擅權陰狠，殺害忠良，終於列入《宋史》的《奸臣傳》中，受萬世唾罵。

秦檜（一〇九〇——一一五五）在南宋高宗朝中居相位長達十九年。他的宰相府左面廳堂廊屋前的院子裡，有一株石榴樹。每年石榴結果成熟時，秦檜就暗地裡數一數，在心底記下果實的個數。

有一天，他偶然再點數一遍，發現少了兩個石榴，不知是府中誰個偷摘了？他本來就工於心計，也不說破，假裝不知情，卻命隨從人員爲他準備車馬，要外出辦事，還要府中上下人等，一同集合，聽候差遣。

人員都來到了前院裡，秦檜似乎臨時萌生一個念頭，對大家說：「左院裡這株石榴樹擋了風水，不好。誰去拿把斧頭來，今天就把它砍倒吧！」

旁邊一位管衣帽的小吏溜口說道：「啟稟相爺，這樹上結的石榴，味道非常好，砍掉了很可惜呀。」

秦檜露出奸笑，問他道：「你怎麼知道石榴味道美？偷吃石榴的人，就是你嗎？」

小吏大驚，只得認罪，俯首接受懲罰。

馬車不用了，人也散了。從此以後，服侍秦檜的這班人，没有再敢作弊的了。

【譯後語】大奸臣秦檜，無處不用奸詐。以莫須有三字誣殺岳飛，韓世忠詰問說：「莫須有三字，何以服天下？」朱子也說：「秦檜借外權以專寵利，竊主柄以遂奸謀。」朱子又在《戊午讜議》序中說：「檜之罪，萬死不足以贖。」本篇秦檜即使對府中屬吏下人，對果子賤物，也施以心計，好不可怕！想他隨時隨地都在計算別人，奸心迄不休息，也未免過於苦勞了吧！

【原文】秦檜爲相日，都堂左廡前有石榴一株，每著實，乃默記其數。一日，偶亡其二。佯爲不知，將排馬。忽顧左右，取斧伐去之。衣吏在旁，卒告曰：其實佳甚，斫之可惜。檜笑曰：盜食吾榴，乃是汝耶？吏大驚，服罪。自此下人罔敢作弊。（《龍文鞭影》、二集、下卷）

【另文】程厚子山與秦檜善，爲中舍（京中朝官）時，一日，邀至府第，入內閣一室，蕭然獨案，上有紫繞縹一冊，寫《聖人以日星爲紀賦》，尾有「學士類貢進士秦塤（秦檜之子曰秦熺，孫名秦塤）呈」，文采豔麗。程兀坐靜觀，反復成誦，唯酒餚問勞沓至。及晚，檜竟不出，乃退，程不測也。後數日，差知貢舉（派爲國家考試主考官），宣將入院，始大悟，即以此題命賦。擅場，塤遂首選（這個奸計更高，使孫兒秦塤穩得第一名）。（明、馮夢龍：《增廣智囊補》、卷下、雜智）

一一〇　曹操床頭捉刀

像貌美醜，本是天生。曹操似乎欠缺自信心，要找個替身來冒充。匈奴使者說曹操英氣懾人，不就很夠威風了？有這個假扮的必要嗎？

匈奴是北方民族，到漢代時，勢力很盛。漢獻帝時，曹操（一五五—二二〇）的權勢增大了，封為魏王（到三國時，追尊為魏武帝，故原文稱魏武），挾天子以令諸侯，匈奴乃派一使者，來謁見曹操。

曹操覺得自己的姿容不夠俊好，不足以用體型像貌來威服遠方外國，因心生一計，要崔琰來假扮他。

那崔琰，字季珪，眉目清朗，身姿高暢，鬚長四尺，裝扮成魏王，儀容極為威重。曹操為了要全程監視，自己握著一柄大刀，佇立床頭（漢代的床，就是廳堂中的坐具，睡覺的叫榻），陪侍在旁，觀察動靜。

接見外國來使，謁見禮順利完成，匈奴使者辭別，起程回國。曹操暗中派一個打聽消息的間諜，去探問那位使者的意見，問道：「你對那位魏王的觀感如何？」

匈奴使者回答說：「這位魏王的威嚴雅貌，叫我十分欽敬。不過另一位站在床頭的捉刀人，雖然體型不怎麼樣，但在神情的表現上，顯然有一股懾人的豪氣，此人才是眞正的英雄，將來他一定會更了不起！」

間諜回報。曹操因暗懷梟雄異志，覺得這位使者看透了他的內心，留下他活著將對日後行事不利，就派人追上，在半途殺了他。

【譯後語】曹操擅長詩文，與兒子曹丕曹植並稱三曹，對文學影響很大。他平黃巾賊，大敗袁紹，做到了丞相，正應了喬玄的預言：「君是亂世之奸雄，治世之能臣也。」果然他既是梟雄，又是權臣。三國人物，他算第一。派人假扮自己，只有他才想得到。假扮之不足，還要奉陪監視。監視之不足，還要去套問使者的觀感。套問之不足，還要殺人除患。想得深，做得絕，這便是曹操的行事原則。大凡梟雄，都心懷大志，當陰謀尚未實現之前，不能讓人識破，以免壞了大計。這等人，心狠手辣，毫不婆婆媽媽，便把匈奴使者殺了。這等人，如果與你有交往，那你也得小心了。

【原文】魏武將見匈奴使，自以形陋不足以雄遠國，使崔季珪代，帝自捉刀立床頭。既畢，令間諜問曰：魏王何如？匈奴使答曰：魏王雅望非常，然床頭捉刀人，此乃英雄也。魏武聞之，追殺此使。（《世說新語》、容止第十四）

【另文】崔琰、聲姿高暢，眉目疏朗，鬚長四尺，甚有威重。朝士瞻望，而太祖（曹操）亦敬憚焉。（《魏志》、崔琰傳）

一一一　阮宣子詰問衣裳哪有鬼

世上有没有鬼？很難答覆。猶如有人說看見了外星人，其實只能稱爲「幽浮」（UFO－Unidentified Flying Object），含意是「不明的飛行物」，眞僞尙不確定。

晉代的阮宣子，名阮修，是阮籍（二一〇—二六三，竹林七賢之一）的姪孫。喜讀《易經》《老子》，善淸談，曾寫《大鵬贊》以自況。做過太子洗馬的官（在太子東宮任官，又稱先馬。太子出宮時，他騎馬先導）。

阮宣子與人談論世間有没有鬼。別人多認爲有鬼。因爲《易經·睽》說「載鬼一車」。《禮記祭法》說「人死曰鬼」。《楚辭九歌國殤》說「身旣死兮神以靈，子魂魄兮爲鬼雄」。《論語先進》說「未能事人，焉能事鬼」。《淮南子兵略》說「神出而鬼没」。曹丕《與吳質書》說「觀其姓名，已爲鬼錄。」皮日休（八三四—八八三）說「鬼斧神工」。阮閱（宋人，字閎休）在《詩話總龜》說「太白（李白）仙才，長吉（李賀）鬼才」。《琵琶記》說「鬼使神差」。《紅樓夢》七十二回說「心懷鬼胎」。二十八宿中有「鬼宿」。還有「鬼哭神號」「鬼頭鬼腦」「鬼鬼祟祟」「妖魔鬼怪」等成語。旣然這麼多處都涉及到鬼，想必鬼是有的。

阮宣子獨以爲没有鬼，僅從衣服就可以斷定没有鬼。他說：「自稱見過鬼的人，都說陰間的鬼，照舊穿了在陽世間活著時同樣的衣服，士人穿長衫，窮人穿破衣。如果人死了會變鬼，就姑且認爲眞的有鬼存在的話，那些衣服從何而來？鬼域中何處有各式衣裳出賣？難道衣服也有鬼靈會跟著人之死而變成鬼衣了嗎？」

【譯後語】誰曾親眼看過鬼？恐是疑心生暗鬼；倒霉難免活見鬼，閻王好見怕小鬼。君不見：連篇鬼話最難憑，牛鬼蛇神各逞能；鬼計多端騙術新，「五鬼搬運」一人吞。反面看：是人是鬼本難分，鬼使神差鬥不停；孤魂野鬼起哀鳴，鬼哭神號怨氣沖。要知曉：世間鬼怪滿街行，弄鬼裝神害衆生；魑魅魍魎顯神通，各懷鬼胎整活人。有道是：孔聖之言信有徵：「焉能事鬼」不事人（見《論語先進》）？鬼祟祟隱原形，鍾馗捉鬼哪算眞（唐明皇作夢，醒後要吳道子畫鍾馗像）？堪笑那：「宣室求賢訪逐臣，賈生才調更無倫；可憐夜半虛前席，不問蒼生問鬼神（李商隱譏漢文帝在未央宮召問賈誼詩）。」吁嗟乎！陽間鬼譎更爲凶，遠勝陰曹險十分；待把死生參破後，鬼神全付笑談中。

【原文】阮宣子論鬼神有無者。或以人死有鬼。宣子獨以爲無。曰：人見鬼者云著人時衣服。若人死有鬼，衣服復有鬼耶？（南宋、劉義慶：《世說新語》、方正）

一一二　惠能師頓悟明鏡亦非臺

學佛的基本條件，是要六根清淨，四大皆空，沒有牽掛，不可執著。脫離了物的層次，進入到靈的世界。老、莊、禪、佛，應是同一領域。唯惠能際遇，較爲特殊。

禪宗是佛教中的一支，在南北朝時代，由印度高僧達摩初祖傳入中國，有六位師祖傳承，即二祖慧可，三祖僧璨，四祖道信，五祖弘忍，及六祖惠能（謝無量《佛學大綱》、釋慧皎《高僧傳》作慧能，《六祖法寶壇經》作惠能）。另有七祖叫神會。

唐代之後，禪宗開創出「五家七宗」，即臨濟宗，曹洞宗，潙仰宗，雲門宗，法眼宗（以上五家），黃龍派，楊岐派（合爲七宗）。其中臨濟曹洞二宗，則傳往日本，成爲日本佛教主流之一。而六祖是其關鍵。

六祖惠能，俗姓盧，廣東人。據史學大師錢穆先生考證：惠能生於唐太宗貞觀十二年，卒於唐玄宗先天二年（該年十二月改爲開元）。即西曆六三八—七一三。他早歲喪父，是個孤兒。家裡很窮，沒唸過書。靠賣柴養母，是個孝子。

一天，他在城裡賣柴，聽到有人朗誦《金剛經》，他潛心聽完後，覺得有幾分領悟，心境變得開通了，便問這經是從哪裡來的？這人說，是從湖北省黃梅縣東禪寺五祖弘忍大師那裡奉領來的。惠能想必是宿世有緣，安頓好了母親，就往黃梅，參見五祖。

五祖問：「你是哪裡人氏？到此欲求何物？」

惠能答道：「廣東人氏，祇求作佛，別無他求。」

五祖說：「你是五嶺之南的蠻族，又是獦獠（西南夷謂之獦獠），哪有甚麼佛性？」

惠能答道：「人雖可分南北，佛性哪分南北？獦獠固然不同於和尚（僧稱「和尚」，是已經向佛的人），但佛性有何差別？」

五祖聽了，覺得他對答有理，根性甚爲開悟，就收留了他，命往槽廠，先去劈柴踏碓（碓音對，是舂米的石臼。用腳踩動石杵，衝落米臼裡，把糙米搗成白米，叫舂碓）。

有一天，五祖弘忍召集全體弟子說：「你們各人試作一偈（正讀傑，此處應讀寄，佛家的詩句曰偈），誰最穎悟，便把袈衣法器傳給他。」

首席弟子神秀（六〇六？—七〇六，俗姓李，後爲禪宗北宗之祖）在南廊寫了一偈：

「身是菩提樹，心如明鏡臺；

時時勤拂拭，勿使惹塵埃。」

其他弟子唸了都說：「善哉！這偈句太好了。」由於沒有人作得更好，便只出現這一首，供大家傳誦。

隔了兩天，有個小和尚經過碓坊，唸唱神秀的偈。惠能一聽，便覺得仍是未見本性。

他請求小和尚說：「小師父，我在碓坊踏碓，八個多月了，還沒有到過前堂。請你引我到偈下去禮拜好嗎？」

到了偈前，惠能說：「我不識字，請唸給我聽吧！」

這時，恰巧有位江州別駕（**別駕是官名，刺史的佐吏**）張日月也在觀賞，便高聲唸了出來。

惠能說：「我也有一偈，望請別駕替我寫出，好嗎？」

別駕問道：「你這砍柴火的下人也會作偈，這倒希奇少有了！」

惠能說：「要參無上妙覺，不可輕視初學的人。或許在最低卑的下人之中，會有最高的慧智，而或許在最高等的上人之中，也可能沒有靈悟。」

別駕說：「你只管唸出來就好了，我幫你來寫吧。」

惠能唸出一偈：

「菩提本無樹，明鏡亦非臺；
　本來無一物，何處惹塵埃。」

這偈一出，所有寺中弟子，莫不驚奇讚歎。神秀之偈雖佳，但仍附麗於菩提明鏡，意念裡處處有物，未臻至上之境。惠能之偈，則已超然物外，空靈無礙，高越多了。

五祖弘忍，口稱善哉，乃將頓教（**當下直悟，我即是佛，佛即是我，曰頓教。要經長期修行，才能超脫的，曰漸教**）及衣缽（**衣指袈裟，缽是食具。佛家以衣缽為師徒相傳的**

證物）傳給惠能，說：「你就是禪宗的第六代師祖了。」

根據唐代高僧法海在《六祖法寶壇經》的序言中說：「時爲唐高宗龍朔元年，公元六六一年，這時惠能二十四歲。」

【譯後語】惠能之前，以「楞伽經」爲禪法之本，稱之爲「如來禪」。六祖惠能之後，提倡「不立文字，教外別傳」，稱之爲「祖師禪」。奇特的是惠能不識一字，竟傳衣鉢，他的悟性，並非來自佛典，而是發自本心。即是「義由心起，法由心生。不但是頓悟，而且是眞悟。以心印心，見性成佛。」這便是禪宗，又稱頓教。試問幾千年來，有多少人能達到「心中無一物」的境界？誰無欲念？誰無牽掛？大家丟不開，紛擾自然多了。

【原文】惠能，早歲喪父，貧乏於市賣柴，聞一客誦金剛經，心即開悟，問客：經從何來？客云：從黃梅東禪寺來。惠能便往黃梅，參禮五祖弘忍。祖問曰：汝何方人？欲求何物？對曰：唯求作佛，不求餘物。祖言：汝是嶺南獦獠，何堪作佛？惠能曰：人雖有南北，佛性有何南北？祖云：這獦獠根性大利，著槽廠去破柴踏碓。一日，五祖喚諸門人曰：汝等各作一偈，若悟大意，付汝衣法。弟子神秀，書偈於南廊壁間，偈曰：身是菩提樹，心如明鏡臺，時時勤拂拭，勿使惹塵埃。門人誦偈，皆歎善哉。復兩日，有童子於碓坊過，唱誦此偈。惠能一聞，便知未見本性，對童子曰：上人，我在此踏碓，八個餘月，未曾行到堂前，望上人引至偈前禮拜。童子引至偈前，惠能曰：我不識字，請上人爲讀。時有江州別駕張日月同在，便高聲讀。惠能遂言：亦有一偈，望別駕爲書。別駕言：汝亦作偈，其事希有。惠能言：欲學無上菩提，不得輕於初學。下下人有上上智，上上人有沒意智。別駕言：汝但誦偈，吾爲汝書。惠能偈曰：菩提本無樹，明鏡亦非臺，本來無一物，何處惹塵埃。徒衆總驚，無不嗟歎。五祖乃傳頓教及衣鉢與惠能云：汝爲第六代祖。（唐、高僧、法海：《六祖大師法寶壇經》、簡稱《六祖壇經》、行由品第一）

【另文】惠能領得衣鉢，發足南行。一日，至廣州法性寺。值印宗法師，講涅槃經。時風吹旛動。一僧曰：風動。一僧曰：旛動。議論不已。惠能進曰：不是風動，不是旛動，仁者心動。一衆駭然。印宗乃延至上席，徵詢奧義。（《六祖壇經》、行由品第一）

一一三 秦宓論天有頭有腳

書要讀得多，這是求其廣；要讀得透，這是求其精；更要讀得通，這是要把它消化，變成自己心靈上的營養，才有實益。我們看秦宓，他就是一位讀得多、讀得透、讀得通的好例子。何況，現今已是知識爆炸時代，書本已不是單純的限於紙上印行的了，錄音廣播上課是聲音的書，電視教學是影像的書，網際網路是電腦的書，要學的東西，實在太多太廣了。下面便是秦宓對話的一幕：

三國時代，蜀主劉備（一七〇——二二三）與吳主孫權（一八二——二五二）聯盟，合力抵抗曹操（一五五——二二〇）。

吳國派張溫（字慧恕，官尚書）爲特使，到蜀國報聘通好。蜀國丞相諸葛亮（一八一——二三四）安排宴會，表示歡迎。百官都到場了，獨有秦宓（字子勑，綿竹人，後來做到大司農）還未來。諸葛亮幾次派人去促駕，要等他來了才開宴。

張溫見大家等候他一人，頗爲納悶，便問道：「這位秦宓先生是何許人也？」

諸葛亮說：「他是我益州（蜀國主要根據地，即今四川全省）的飽學之士。」

秦宓終於來了，座位排在張溫之旁，料必非等閒之輩。張溫想了解他，因便問道：「秦先生是益州『學士』，想必曾經『學事』，而且唸過書吧？」

秦宓說：「在這益州，所有小孩全都唸過書，我這微賤的人何能例外？」
張溫本也是個淵博積學之士，想趁機考一考這眼前的秦宓，便問他道：「秦先生一定上通天文，下識地理，你可知道，天有頭嗎？」
秦宓說：「有。」
張溫問道：「頭在何方？」
秦宓說：「《詩經》說：『乃眷西顧，此維與宅』（大雅皇矣章中詩句）。由這句話推知，頭在西方。」
張溫問道：「天有耳嗎？」
秦宓說：「天位雖高，但聽聞靈敏。《詩經》云：『鶴鳴九皋，聲聞於天』（小雅鶴鳴章中詩句）倘若皇天無耳，用甚麼來聽？又如何能聽得到？」
張溫問道：「天有腳嗎？」
秦宓說：「《詩經》曰：『天步艱難，之子不猶』（小雅白華章中詩句）。如果天而無足，如何走步？」
張溫問道：「天有姓嗎？」
秦宓說：「豈能無姓！」
張溫問道：「何姓？」
秦宓說：「姓劉。」

張溫問道：「你怎麼知道是姓劉？」

秦宓說：「當今『天子』姓劉（按指當時蜀國先主劉備，後為蜀漢昭烈帝），所以就知道了。」

他倆人一問一答，沒有停斷。問得奇怪，答得爽快。連破僻題，如響斯應。秦宓氣定神閒，游刃有餘，而且意猶未盡，使張溫大為敬佩。

【譯後語】腹笥博厚兮才學飽，妙答僻問兮難不倒；應聲即對兮捷智巧，蜀有潛龍兮現一爪。

【原文】吳遣張溫聘蜀，百官皆餞焉，宓未往，諸葛亮屢催之。溫曰：彼何人也？亮曰：益州學者也。及至，溫問宓曰：君學乎？宓曰：三尺童子皆學，何必小人。溫復問曰：天有頭乎？宓曰：有之。溫曰：何方？宓曰：詩云：乃眷西顧。以此推之，頭在西方。溫曰：天有耳乎？宓曰：天處高而聽卑。詩曰：鶴鳴九臯，聲聞於天。若其無耳，何以聽之？溫曰：天有足乎？宓曰：天步艱難。若其無足，何以步之？溫曰：天有姓乎？宓曰：姓劉。溫曰：何以然也？答曰：今天子姓劉，故此知之，答問如響，應聲而出，於是溫大敬服。（晉、常璩：《華陽國志》、卷第七、劉後主志。又見：梁孝元帝：《金樓子》、卷第五、捷對篇十一）

一一四　定伯賣鬼無重無聲

世間有沒有鬼？迄無定論。一部《聊齋誌異》，別名就叫狐鬼傳，鬼話連篇。而東晉時代的干寶（字令升，新蔡人，曾任著作郎、散騎常侍）寫了一部《搜神記》，也收集了若干鬼的故事，下面是其中之一。

南陽郡（屬河南省）有位宋定伯，當他年少時，有一天，夜間獨自遠行，途中遇到一鬼。定伯膽子很大，問道：「你是誰？」對方回答說：「我是鬼。」鬼接著反問道：「你是誰？」定伯有心騙他，就謊說：「我也是鬼呀！」那鬼認爲遇到同類了，頗爲歡喜，就問他要去哪裡？定伯說：「我要去宛市。」鬼說：「我也要去宛市。」於是雙雙結伴同行。

一同走了好幾里路，鬼說：「步行太累了，我們輪流揹著趕路好嗎？」定伯說：「好呀，這樣正可省力氣。」鬼就首先將定伯揹在肩膀上前進，走了幾里，鬼說：「你太重了，你恐怕不是鬼罷？」定伯答道：「我是剛剛死了變成的新鬼，所以比較重嘛。」輪到定伯揹著鬼趕路了，他覺得肩上的鬼，全無重量，太輕鬆了。

如此輪番揹著前行，過了好一會兒，定伯好奇心起，問道：「我是新鬼，不知道變鬼之後，有甚麼可怕的忌諱沒有？」

鬼說：「當然有哪，別的都不怕，就只怕有人吐口水到我們身上，那就受制了。」

這樣同行了很久，遇到一條淺河橫在前面。定伯要鬼帶頭先涉水過河，那鬼涉水過去了，聲息全無。輪到定伯渡河時，潑水的聲音很大。鬼問他：「爲甚麼你弄出這麼大的水聲呢？」定伯答道：「我是新鬼，還不習慣涉水，請不要見怪嘛！」

要到了宛市了，輪到定伯把鬼揹在肩膀上，他順勢把鬼抓牢，不讓它跑掉。鬼大叫，定伯不理，也不鬆手。到了宛市市集裡，定伯把鬼放下地來，仍舊抓緊它，那鬼化成一頭羊，以便趁機溜走。定伯怕他再變，就猛向羊的身上吐口水，把羊鎮住了。定伯就在市場裡把這頭羊賣掉了，賣得一千五百銀錢，回南陽家中去了。

晉代富豪石崇（二四九—三〇〇，小字齊奴，富於財，置有金谷別墅，家有美姬曰綠珠，《晉書》有傳）贊道：「定伯賣鬼鬼變羊，得錢千五回家鄉。」

【譯後語】毫無疑問，本篇顯然是一個虛構的故事，以供茶餘酒後的談助，對其中情節的牽強處，就不必追究了。我們若有意要寫這一類的文章，此篇是個模式：首先要舉出地名人名，以顯眞實。其次要迎合故事主題的特性，加以鋪張發揮，例如做鬼沒有重量、涉水無聲、及落地變羊等情節，必求其合理且富於變化，以增添趣味而引人入勝。末後宜引一知名人士回應，以作旁證而增益文章的身價。不過若深入檢驗，本篇似和同時代的東晉陶淵明的《桃花源記》結構相雷同。陶文首先說「晉太原中武陵人」（晉朝孝武帝太原年間，湖南省武陵地方有一漁人），本篇則說「南陽郡的宋定伯」。中段兩文各自開展，互有千秋。末後陶文說「南陽劉子驥聞之」，本篇則說「石崇有言」以作證（石崇見本書第一一六篇），表示不是假的（卻明知不是眞的呀）。

【原文】南陽宋定伯，年少時，夜行逢鬼。問之，鬼言：我是鬼。鬼問：汝是誰？定伯誑之，言我亦鬼。鬼問欲至何所？答曰欲至宛市。鬼言我亦欲至宛市，遂偕行。行數里，鬼言步行太遲，可共遞相擔何如？定伯曰：大善。鬼便先擔定伯數里，鬼言：卿太重，將非鬼也。定伯言：我新鬼，故重也。定伯復擔鬼，鬼略無重，如是再三。定伯復言：我新鬼，不知有何畏忌？鬼答言：惟恐人唾。於是共行，道遇水，定伯令鬼先渡，聽之了然無聲，定伯自渡，漕漼作聲。鬼問：何以有聲？定伯曰：新死、不習渡水故耳，勿怪吾也。將至宛市，定伯便擔鬼著肩上，因執之，鬼大呼，不聽。逕至宛市中，下著地化為一羊，便賣之。恐其變化，唾之。得錢千五百，乃去。石崇有言：定伯賣鬼，得錢千五。（《搜神記》、唐叔偕女篇）

一一五　失足摔碎瑪瑙盤裴儉不究

一件並世無雙的奇珍異寶，被部屬摔碎了，叫他賠錢嗎？叫他償命嗎？不妨看看裴行儉的做法。

裴行儉（六一九—六八二），唐代山西聞喜人，字守約。他是書法家，善寫草書，也是軍事家，精通兵法。唐太宗時，考上明經（唐代以經文取士稱明經，以詩賦取士稱進士）唐高宗（太宗之子）請他以草書抄寫《文選》全卷（梁昭明太子編，叫昭明文選），賜他絹帛五百段。

裴行儉論書法，曾說：「本朝褚遂良（五九六—六五八，字登善）沒有好筆好墨便不肯寫字，只有虞世南（五五八—六三八，字伯施）和我兩人，不挑選筆墨，而且下筆又好又快。」

唐高宗儀鳳二年（六七九），西域十姓可汗（回紇突厥之王都稱可汗。今天蒙古部落之主也叫汗，如薩克圖汗、土謝圖汗、車臣汗，乃是可汗的簡稱）都支及李遮匐，煽動西突厥及吐蕃（即西藏），侵逼安西都護府（今新疆吐魯番）。

裴行儉奉命領兵敉亂，平定了西域，鹵獲了大批異國珍寶。蕃人酋長和軍中將士，都亟欲見識一下這諸多希世之珍，以開眼界。

裴行儉不欲違逆衆意，答允展示。於是大張宴席，會齊賓衆，將珍寶一一出示。其中有一件最希貴的瑪瑙盤（瑪瑙是結晶的玉髓礦物質，有紅黃灰白相間的美麗紋理），堪稱無價奇珍，直徑有兩尺多，文采絕世難見。由軍吏王休烈捧著，從廳下臺階一級一級走上來，不料腳尖踩到了衣帶，絆倒了，寶盤由手中向前摔出，砸在地上，應聲而碎。王休烈驚惶得不得了，跪下連連叩頭，額上碰出了鮮血，口稱死罪。

裴行儉淡然一笑，安慰王休烈道：「不要緊，你不是故意的，不必這樣驚慌。打碎了就算了。」更没有不高興的臉色。

【譯後語】做首長的，胸襟必須寬大，對吉凶禍福，要能提得起，也要放得下。瑪瑙盤已不愼摔碎了，即使斬了王休烈，實物也無法還原，有何補益？倒不如學那東漢孟敏「甑破不顧」爲佳也。我們也有機會主持或參與各種重要儀典，事前對各項細節，允宜顧慮週詳，不可疏忽。有時由於地板打蠟太滑（老人家跌倒斷骨），有時由於頭髮過長（低頭時頭髮絞進機器致死），倒霉時高級轎車輪胎會被路面釘子刺破而抛錨，直升機螺旋槳絞到了架空電纜會甩機，新裝麥克風因通話線踢斷而失音，傳眞機由於轉筒卡住而不能收件。必須設想最壞的情況，而作萬全的準備，以免百密一疏，壞了大事。

【原文】裴行儉，工書。唐高宗嘗令行儉草書文選一部。行儉嘗謂人曰：褚遂良非精筆佳墨不書，不擇筆墨而妍捷者，唯余及虞世南耳。儀鳳二年，十姓可汗都支及李遮匐，煽動蕃落，侵逼安西。行儉平之，大獲瑰寶。蕃酋將士，願觀之，行儉因設宴出示。有瑪瑙盤，廣二尺餘，文采殊絕。軍吏王休烈，捧盤歷階趨進，誤躡衣，足跌便倒，盤亦隨碎。休烈驚惶，叩頭流血。行儉笑而謂曰：爾非故也，何至於是。更不形顏色。（《舊唐書》、卷八十四、列傳第三十四。又見《新唐書》、卷一百八、列傳第三十三）

【另文一】唐高宗以裴行儉工草書，以素絹百卷，令行儉草書文選一部。帝覽之，稱善，賜帛五百段。（宋、孔平仲：《續世說》、卷六、巧藝）

【另文二】裴行儉平敵，大獲瑰寶。蕃酋將士願觀之，行儉設宴出之。有瑪瑙盤，徑二尺餘，文采佳絕。軍吏王休烈捧盤歷階，足跌，碎之。休烈皇恐，叩頭出血。行儉笑曰：非爾故也，更不形顏色。（孔平仲：《續世說》、卷三、雅量）

一一六　有心敲斷珊瑚樹石崇照賠

孔子說：「與其奢也，寧儉」（《論語八佾》）。禮記說：「奢侈者，財之所以不足也」（《大戴禮‧子張問入官》）。浪費無度，實爲大惡。

晉代石崇（二四九—三〇〇）字季倫，小字齊奴，南皮人。做過刺史，家貲極富。他造了一座金谷別墅，一生以奢靡相尚。同時代有個王愷，字君夫，東海人，做過輔國將軍，也以奢靡爲能。兩人錢財無數，婢僕成群，爭相比賽闊綽。

司馬炎（二三六—二九〇）篡奪了曹魏的皇位，改稱晉朝，叫晉武帝。他是王愷的外甥，王愷是他舅父。既爲國舅，晉武帝便常常賞助他，有一次就把一株兩尺來高的樹狀珊瑚賜給王愷。這珊瑚是外國進貢的深海寶物，枝枒伸展，肉色鮮赤，極爲珍奇，世界上幾乎沒有比得上的了。

這稀世珍寶、瑰麗高貴、御賜的珊瑚，傲踞在大廳中，光鮮奪目，美艷絕倫。王愷特意請來石崇，一同鑑賞。既是舉世無匹，就想炫耀一番，王愷好不得意。

如意

那時士人都流行手持如意，尺來長，可隨時把玩。石崇陪看了一陣之後，沒有說一句讚美的話，舉起如意，對著珊瑚一陣亂打。珊瑚脆弱，應手斷碎，希世珍奇，竟然毀了。

王愷痛心已極，認定石崇是妒忌他擁有這件奇珍異寶，故意毀壞，一時大怒，聲色俱厲的責怪石崇，此事不得干休，如何善了。石崇卻心平氣和，徐徐說道：「這是小事，不必生氣，我還你珊瑚就是了。」於是叫手下人從家中運來許多珊瑚樹，每一株都是光彩耀人，絕世無有，枝條柯幹，高下斜出。三四尺高的有六七株，和王愷展示的約兩尺高的更不少，羅列廳前，請王愷任意挑揀。王愷這才大開眼界，自問確實不能相比，哪敢再有話說，只餘悵然若失之情。各位看官，這種競奢行爲，實不足取。財寶都是貪來的，王愷死後，謚曰醜。石崇後來因富惹禍，被孫秀所殺，一門皆死，值不得惋惜，允宜引以爲戒。

【譯後語】奢侈有例：晉朝王武子，烤乳豬味美，晉武帝司馬炎問是何緣故如此鮮嫩？答說用人奶餵養的（世說汰侈）。五代後蜀主孟昶用七彩珠寶鑲小便盆，宋太祖責問他用甚麼器皿盛飯（宋史本紀三）。這等妄行，都該禁絕。《書經．旅獒》說：「玩人喪德，玩物喪志。」若能淡於物欲，似乎較好吧！

【原文】石崇與王愷爭豪。武帝，愷之甥也，每助愷。嘗以一珊瑚樹高二尺許賜愷，枝柯扶疏，世罕其匹。愷以示崇，崇視訖，以如意擊之，應手而碎。愷既惋惜，又以爲疾己之寶，聲色甚厲。崇曰：不足恨，今還卿。乃命左右悉取珊瑚，有三尺四尺，條幹絕世，光彩溢目者六七枚，如愷許比甚衆，愷惘然自失。（《世說新語》、汰侈第三十）

一一七　孔聖錯疑顏淵偷飯

常言道：眼見爲信。但也不盡然，聖如孔子，也有看走眼的時候。

孔子帶著學生，周遊列國。由衛國經過陳國蔡國（陳蔡都是小國，約在今河南省淮陽縣及上蔡縣）之間時，當地的匡人，誤認孔子是仇人陽虎（就是陽貨，貌似孔子，史記說：陽虎曾暴於匡），將他圍困了好幾天，受了一場無妄之災。糧食都斷缺了，想要拔些野菜煮湯都找不到，許多天没有吃東西了（《論語衛靈公》也說：孔子在陳絕糧）。

這天，孔子白天睡午覺休息。他的學生顏淵（又叫顏回，孔子稱其賢。元前五二一——前四九〇）設法討到了少許米來煮飯。飯剛煮熟，孔子醒來，從眼縫中窺見顏淵挑出了一團熱飯，自顧自地先偷吃了。一會兒，飯全好了，便稟告孔子，大家來用餐。

孔子假裝没有看見顏淵偷吃飯，起身故意對顏淵說道：「剛才我作了一個夢，夢見我父親來了，我特地做了潔淨的飯，自己不敢先嚐，正要先盛出奉獻給尊親，這時你把我喚醒了。」

顏淵回稟說：「夫子在夢中也守禮，但有時也不可完全做到呀。剛才，我做飯時，不巧塵灰掉進了飯甑裡，挑出來丟掉實在可惜，我只好把那團飯自己吃下算了。」

孔子這時才明白眞相，錯怪了顏淵。歎息著對大家說道：「我們都相信眼睛看到的

（看到顏淵偷吃飯），應當是忠實的吧（偷吃不對）？然而眼睛看到的卻不可信（顏淵是吃掉塵灰）。我們又都相信心中判斷的（判斷顏淵行事不誠實），應當是正確的吧（不誠是大錯）？然而心中判斷的卻不可靠（不把塵飯奉給老師）。你們這些弟子記住了，要了解一個人的行爲，竟然是這樣的不容易呀！」

【譯後語】首先，本篇似有兩項疑點：第一、孔子曾經斥責宰予晝寢（睡午覺）的不是，說他「朽木不可雕也。」（見《論語公冶長》）此篇孔子也晝寢，難免使人產生懷疑。第二、孔子以誠教人，他說「誠之者，人之道也。」（《中庸》）此篇孔子假裝作夢，不肯直說，卻錯怪了顏淵，都似並非聖道。其故爲何？由於本篇是引自《呂氏春秋》，又稱《呂覽》，係呂不韋門客多人雜纂湊成，內容欠純，僞託難免吧。但是，由本篇也能獲得啓示：親眼所見之妄，事卻非妄，目不可信也。聖心斷以爲疑，事卻非疑，心不足恃也。人固未易知，知人固未易也。

【原文】孔子窮乎陳蔡之間，藜羹不斟，七日不嘗粒。晝寢，顏淵索米得而爨之，幾熟。孔子望見顏淵，攫其甑中而食之。選間，食熟，謁孔子而進食。孔子佯爲不見之。孔子起曰：今者，夢見先君，食潔而後饋。顏淵對曰：不可。嚮者，煤適入甑中，棄食不祥，回攫而飯之。孔子歎曰：所信者目也，而目猶不可信。所恃者心也，而心猶不足恃。弟子記之，知人固不易矣。（《呂氏春秋》、任數）

一一八　惠施詰問莊子非魚

挑剔別人毛病，就怕棋逢敵手。惠施遇到莊子，演出了一場熱鬧對答。

莊子（戰國宋人，名莊周，與梁惠王、齊宣王同代）與惠子（公元前？——約前三一〇，名惠施，善辯）二人一同在濠水（在安徽鳳陽縣東北，名東濠水，北流入淮）的橋梁上（橋名就叫濠梁）遊觀。莊子有感而發，說道：「你看那白魚在水中游來游去，何等從容，我知道這些魚兒眞是快樂呀！」

惠子抓到機會，反問道：「你並不是魚呀，你怎麼會知道魚的快樂呢？」

莊子回答說：「你又不是我，你怎麼會曉得我不知道魚的快樂呢？」

惠子道：「你說的：我不是你，固然不會曉得你知不知道魚是不是快樂，就算這話不錯吧。但是，你終究不是魚呀，因此我說你怎麼會知道魚的快樂，這個判斷合理而週全，沒有疑問呀！」

莊子回答說：「且慢。現在讓我們從頭來研究一下吧：你剛才說過：『你、怎麼會、知道魚的快樂』，這句話的意義，就是說你已經曉得我『知道魚的快樂』了，只是再追問我『怎麼會』知道的而已。我就是在這濠水橋上知道的啊。因爲我遊於濠梁之上，感到很快樂；自然會知道魚游於濠梁之下，當然也會快樂呀！」

【譯後語】惠子善辯，但莊子比他更行。惠子詰問：你「怎能」「知道」魚樂？這話問來本是通情達理。但莊子答辯說：你先已認定我「知道」魚之樂了，問的是：「怎樣」知道的？如此而已，使惠子一時不能反駁。從文詞而論，似乎說得通。從實理而言，覺得頗爲牽強。但宋代邵雍（一〇一一—一〇七七，字堯夫，諡康節，自號安樂先生）說：莊子善通於物，能盡己之性，又能盡物之性。不但對魚是如此觀，對萬物都如此觀。

【原文】莊子與惠子遊於濠梁之上。莊子曰：儵魚出游從容，是魚之樂也。惠子曰：子非魚，安知魚之樂？莊子曰：子非我，安知我不知魚之樂？惠子曰：我非子，固不知子矣。子固非魚矣，子之不知魚之樂全矣。莊子曰：請循其本：子曰汝安知魚樂云者，既已知吾知之而問我，我知之濠上也。（《莊子》、秋水）

【另文】惠施卒，而莊子深瞑不言，見世莫可與語也。鍾子期死，而伯牙絕絃破琴，知世莫可爲鼓也。（《說苑》、卷十六、說叢）

一一九　陳平解衣免死

常言道：上了賊船，跑不掉，死定了。如何自保？且看陳平怎樣施爲。

西漢陳平（字孺子）投效了項羽（前二三二—前二〇二），項羽任他爲都尉（典武事之官）。幹了没有多久，陳平害怕株連被殺（項羽追究殷王的案子），便不辭而別。陳平（前？—前一七八）將公家財物及印信都封好，派人轉呈給項羽。他獨自一人，仗著寶劍，避開大道，專走小路，向西逃去。

走了一程，前面遇到河流，擋住了去路。這是一處野渡，兩岸不見渡船。他尋到一艘小魚舟，請船夫幫忙渡他過河，船夫答應了。他上了小船，船上僅他一人。船夫一面划槳，一面打量陳平。見他身材岸偉，爲何一人獨行？準是逃亡的將軍，懷中定有金銀珠寶。眼光盯著他瞧來瞧去，要找個機會在河的中流溺殺他劫財。

陳平察覺了危險，在搖晃的小舟上無可施爲，心中害怕。急中生出一計，他自動脱掉衣服，赤身只留內褲，拿起一根篙子（撐船前進的長竹竿），幫著船夫撐船，表面上是要使小船快點進抵對岸。

船夫見他身無長物，就打消置他於死的歹念了。

陳平到了修武（在今河南省），歸順了漢王劉邦（前二五六—前一九五）。劉邦與他交談，十分歡悅。問道：「你在項羽帳下，擔任甚麼官職？」

陳平說：「他委任我爲都尉。」

這天，劉邦也封他爲都尉，從此輔助漢王，平定天下，封了侯，最後官拜丞相。

【譯後語】臨危不亂，才有生機。碰到急難臨頭，第一步要看透對方的歪心，以謀解脫之法（陳平猜到船夫要謀財害命）。第二步要不可說破，避免對方惱羞成怒（陳平裝著若無其事，船夫沒有提早下手）。第三步要想出解救之策，消弭危局於無形（陳平只是脫掉衣服，幫忙撐船，這很平常。但船夫已知他沒有財寶，不殺他了）。這是個機智免死的好例。

【原文】陳平歸項羽，項羽拜平爲都尉。居無何，陳平懼誅，乃封其金與印，使使歸項王，而平身間行杖劍亡。渡河，船人見其美丈夫獨行，疑其亡將，腰中當有金玉寶器，目之，欲殺平。平恐，乃解衣裸而佐刺船。船人知其無有，乃止。平遂至修武降漢。漢王與語而悅，問曰：子居楚何官？曰：爲都尉。是日，乃拜平爲都尉。（《史記》、卷五十六、陳丞相世家第二十六）

【另文】丘琥過丹陽，有附舟者，屢窺寢所，琥心知其盜也。會落簪舟底，琥乃盡出其衣飾，舖陳求之。又自解其衣，以示無珍物。明日，其人去。（明、馮夢龍：《增廣智囊補》、卷下、捷智）

一二〇　趙鞅捕鳩放生

要捕生才得放生，不捕生沒得放生。你既想放生，我就為你來捕生。趙簡子誤以為：放生是我幹的，該會積德。殊不知捕生雖是別人幹的，但乃是由於我的鼓勵而濫捕，反而是害生，豈不是損德。

戰國時代，趙國位居中國北部，首都邯鄲（原建都晉陽，即今山西太原。後遷邯鄲，即今河北邯鄲市）。那時物阜民康，算得上是個大城邑，至今還流傳有「邯鄲一夢」「邯鄲學步」等故事。

邯鄲首都的百姓，在正月初一元旦吉期，捕捉了許多活的班鳩和喜鵲，呈獻給執掌國政的趙簡子（原名趙鞅。死後諡簡，故稱趙簡子，見《春秋》昭二十五年。等於現今國務總理或行政院長）。趙簡子十分高興，每人都得到厚賞。

有位賓客問這是為了甚麼？趙簡子答道：「正月初一，將飛鳥（如鳩鵲）鱗介（如龜鱉）放生，顯示有恩於它，會獲得好報。」

賓客說：「恐怕未必如此吧？百姓們知道你要放生，便爭著去捕捉它，鳥兒為此而死而傷的必定不少，這不是對它有恩呀！你如想要鳥兒存活，不如禁止百姓們捕捉，不就做到了嗎？如今捉他的人多，把它弄死弄傷的人不少，放它的人更少，『恩』『過』原就不能相抵了。不如改『放生』爲『護生』或『養生』，這才可以積德而有善報呀。」

趙簡子道：「你的意見很對。」

【譯後語】戒殺放生，佛門之善行也。亦合乎「民吾同胞，物吾與也」之古訓。故有放生池之設立，放生亭之建造，放生會之舉行。但要獲得魚鳥來表演放生，便有人競捕魚鳥來供放生表演。捕十可能有五死，放二可能僅一生。美稱放生，實係害生，德乎？孽乎？願起佛祖而問之。此外，《續説郛》卷三十《放生篇》云：「有問者曰：仁者當宏濟蒼生，拯救赤縣。何必留情微物，效彼小慈？終同兒女之嬉，豈有丈夫之概？」這幾句質問放生的話也甚有理。

【原文】邯鄲之民，以正月元旦，獻鳩於簡子。簡子大悦，厚賞之。客問其故。簡子曰：正旦放生，示有恩也。客曰：民知君之欲放之，故競而捕之，死者衆矣。君如欲生之，不若禁民勿捕，捕而放之，恩過不相補矣。簡子曰：善。（《列子》、說符篇）

一二二 張儀受笞只問舌在就好

戰國時代，百家爭鳴，游士常憑口舌之能，由布衣以取卿相。

那時有位張儀（元前?—前三〇九），和同學蘇秦（元前?—前三一七）一齊拜鬼谷先生（古之高士，居鬼谷，因號鬼谷子）爲師，學習合縱連橫之術，稱爲縱橫家。

張儀學成後，往各國游說諸侯，還未獲得官位，仍只是個游士。有一次，他來到南方，參加了楚國相府的酒宴。散筵後，發現珍貴的玉璧不見了。相府裡的人懷疑張儀，說：「張儀家境貧寒，品德又不很好，一定是他偷了相爺的玉璧。」

張儀只是一介布衣，很好欺負，於是把他捉來，冤枉被打了好幾百板子。張儀始終不服，又沒有確實證據，最後只好把他放了。

張儀回到家中，妻子悲憤地埋怨道：「唉喲！看你打成這個樣子。如果當初你不去讀書，不唸甚麼縱橫之術，不曾學那些游說的伎倆，不到各國去賣弄，今天哪會在楚國遭到這場恥辱呢？」

張儀卻關心更要緊的事，問道：「這次的確羞辱很重。但你看看我舌頭還在不在？」

妻子覺得奇怪，笑答道：「你的舌頭在呀，好好的呢！你問這個幹嘛？」

張儀說：「我的舌頭還在，這就足夠了。」

他養好了體傷，重新溫習所學，改向西行，到達秦國，說動了秦惠王（秦孝公之子，元前三三八年登位），任他爲相，倡連橫之說，使六國與秦修好（分別用威脅欺騙利誘恐嚇之術達成。而詞鋒之銳，比蘇秦還厲害），並封他爲武信君。

【譯後語】戰國時代，百花齊放，紛紛以「學」「術」干君王，謀取祿位，稱曰游士。他們各邦游說，不分國界，誰給奶吃，認誰做娘。尤其是這兩位習縱橫術的學兄學弟爲甚。蘇秦原想投靠秦國，碰了釘子，便反倡「合縱」以抗秦。他宣稱「人生在世，勢位富厚不可忽也。」求的是權勢地位與財富。至於張儀，原想在楚作官，受鞭笞才去秦國，推銷「連橫」親秦之策。他只問「吾舌在不？」賣弄的是花言巧語。這兩位同班同期同師同學，一東一西，都做了國相，而且暗通聲氣，互保祿位，這便是縱橫家的不可取之處。但這一時期，由於平民學者地位日高，終於造成學術上一段極爲璀璨的時代，倒是十分值得慶幸的。

【原文】張儀者，魏人也。始嘗與蘇秦俱事鬼谷先生。張儀已學，而游說諸侯。嘗從楚相飲，已而楚相亡璧，門下意張儀，曰：儀貧無行，必此人盜相君之璧。共執張儀，掠笞數百，不服，釋之。其妻曰：嘻，子毋讀書游說，安得此辱乎？張儀謂其妻曰：視吾舌尚在不？其妻笑曰：舌在也。儀曰：足矣。乃入秦，秦惠王以儀爲相。

（《史記》、卷七十、張儀列傳第十）

一二三　宋璟赴宴卻說肚痛難留

皇帝的聖諭和自己的心意相違背之時，看宋璟如何讓兩者都能顧到。

唐代王毛仲，高麗人，長於管理馬坊、駱駝坊、鷹鷲坊，和獵犬坊，很得唐玄宗（六八五—七六二、即唐明皇）的寵信，封爲輔國大將軍。文武百官，爭相向他巴結。他要嫁女兒了，喜事自然希望辦得極爲風光。唐玄宗關愛他，問他還需要甚麼？王毛仲叩頭答道：「微臣萬事俱備，只是捧場的大臣貴賓還不夠體面！」

唐玄宗問：「朝中大臣，像張說（六六七—七三〇，封燕國公）、源乾曜（尚書左丞）這一般大臣，不是呼喚一聲就會來的嗎？」

王毛仲答道：「這些長官大人倒是一齊都會到場的。」

唐玄宗說：「我知道了，你不能請到的只有一人，那就是宰相宋璟（六六三—七三七，耿介有節，剛正不阿）吧？」

王毛仲道：「正是獨缺這一位尊客。」

唐玄宗笑道：「不必擔心，明天我替你代邀便是了。」

第二天，唐玄宗對宋璟說：「我那位愛臣王毛仲的女兒出閣，你和其他衆官都該到他家去賀一賀呀！」

歸寧喜宴當天，太陽已升到正午了，毛府賀客盈門，喜酒擺開，滿廳坐無虛席。但大家都不敢動筷子，因爲宰相宋璟這位主要貴賓還未到臨，人人都在候他。等了好久，宋璟才來，眾人簇擁他延入上座。他先酌滿一杯酒，轉臉朝西，率領眾賓，向空拜謝，這是代表向天子致敬。然而這杯酒還未飲完，宋璟突然聲稱肚子痛，不能久留，告辭走了。

宋璟的剛直，到此時年歲大了，更顯得耿介。封爲廣平公，人稱宋廣平（前代稱人以爵位，故本篇《三才圖會》曰宋廣平像）。

【譯後語】佞臣恃寵，難邀直士端人；涇渭分明，自是南轅北轍。天子催客，恪遵聖諭親臨；肚痛難當，巧計託辭早走。我們看，宋璟之高明：一是未違皇命，我已到場（遵奉天子旨意）。二是飲不盡卮，不肯久待（保全自己品格）。三是推說肚痛，不傷顏面（顧及毛仲面子）。誠脫身之妙計也。悅賞之餘，打油歌曰：毛仲雖邀皇帝寵，與吾異道不相謀；舉杯遙拜爲遵旨，肚痛難當未肯留。

【原文】王毛仲有寵於上，百官附之者輻輳。毛仲嫁女，上問何須？毛仲頓首對曰：臣萬事已備，但未得客。上曰：張說、源乾曜等輩，豈不可呼耶？對曰：此則得之。上曰：知汝所不能致者一人耳，必宋璟也。對曰：然。上笑曰：朕明日爲汝召客。明日，上謂宰相：朕奴毛仲有婚事，卿等宜與諸達官悉詣其第。既而日中，衆客未敢舉箸，待璟。久之方至，先執酒西向拜謝，飲不盡卮，遽稱腹痛而歸。璟之剛直，老而彌篤。（《資治通鑑》、卷二百十三、唐紀二十九。）

一一三　李懋功煮粥餵胞姊

唐代李勣（音積，五九四—六六九），字懋功。本姓徐，叫徐世勣。唐太宗（五九八—六四九）因他立了大功，賜他姓李。又因唐太宗叫李世民，避諱（遇皇帝及孔子之名而換字、刪字、改讀或缺筆以避之叫避諱）去掉世字，單名李勣。後來封英國公。

他純誠篤愛。老姐姐病了，李勣親自替她熬稀飯，煮粥餵她。那時代，用的是瓦罐，燒的是柴灶，必須守在灶旁，隨時照顧粥水乾了沒有？柴火旺了沒有？李勣年紀大了，動作有欠靈光，熬粥又不在行，添水加柴時，一個不小心，把長長的鬍鬚燒著了。

老姐姐看到了，很不忍心，說：「算了、好啦！女僕丫鬟那麼多，偏要自己來煮，這是何苦？瞧你笨手笨腳的，不要弄了！」

李勣道：「姐姐常有病，而我又年歲老了。以後即使想幫你煮粥，還能煮幾回呢？」

【譯後語】粥豈無人煮？鬚燒有姊呵。唯憐來日少，侍疾哪嫌多？

【原文】李勣，字懋功。本姓徐氏，唐太宗賜姓李。性友愛，其姊病，嘗自為粥而燎其鬚。姊戒止。答曰：姊多疾，而勣且老，雖欲數進粥，尚幾何哉？（《新唐書》、卷九十三、列傳第十八。又見：《龍文影鞭》、卷上）

一二四　唐太宗剪鬚救老臣

唐朝李勣（音績，五九四—六六九），本來姓徐，他追隨秦王李世民（五九八—六四九）平定了竇建德，俘虜了王世充，擊潰了劉黑闥，討伐了徐圜朗。秦王李世民登位爲唐太宗後，因他屢建大功，賜他姓李，封爲太常卿，是九卿之一，官位崇高。

李勣貞誠可靠，效忠不遺餘力，唐太宗認爲可以託付大事。有一次，李勣突然得了重病。太醫處方說：「要用鬍鬚一束，燒焙成灰，和藥治之，病才會好」。那時長鬚美髯乃是代表威儀，唐太宗卻主動剪下自己的鬍鬚，付與太醫調藥，果然李勣的病好了。

李勣大病痊癒，深深感激唐太宗的大恩大德，進宮拜謝。他以頭叩地，額上碰出了鮮血，足證出於至誠。唐太宗說：「你對國家盡過大忠，我爲國家而救治你，不用謝了。」後來，邀他到宮中飲宴，太宗對他說：「我想託付一位大臣，照顧年幼的太子，將來輔佐治國，沒有比你更適當的了。你從前對李密（字玄邃，五八二—六一八）特好，他謀反被殺，你爲他埋葬帶孝，如此忠義，哪會辜負我呢？」

李勣十分感動，激切間竟淌下了眼淚，並咬破手指爲誓，讓鮮血流出作證。兩人互傾肺腑之言，酒也喝了不少，到後來竟然大醉了。唐太宗脫下自身外層御衣，覆蓋在李勣身上，免他著涼，讓他熟睡。

唐太宗衰老了，病了，對太子（李治）說：「你年紀小，對李勣無恩無德。我會藉個理由，把他罰降到外地去任官。我死之後，你馬上再重用他，請回朝中升爲宰相。由你賜他榮寵，必會對你效死出力。」不久便將李勣外放爲疊州都督。

太子繼位，爲唐高宗，特旨徵召李勣回朝，任爲尚書左僕射，就是國相。

【譯後語】古時男子必蓄鬚。《漢書》說劉邦美鬚髯。《三國志》說關羽是美髯公。《晉書》說郗超是髯參軍。《南史》說褚彥回鬚髯如戟。蘇軾鬍子多，人稱髯蘇。南張北溥的張大千（一八九九—一九八三）和習醫習太極拳的鄭曼青（一九○○—一九七五）都留長鬚了，無鬚就不是男子漢。唐太宗身爲天子而剪鬚，這一片純誠，常人所不及也。現代人人剃鬚，以裝年輕，正好相反。至於唐太宗故意降調李勣，再由唐高宗召回升官以示恩，那是權謀的運用，政商界都有這種手段，只要目的正當，似亦無可厚非，我們也要了解。

【原文】李勣，從秦王，平竇建德，俘王世充，破劉黑闥，討徐圓朗。太宗即位，改太常卿。勣既忠力，帝謂可託大事。嘗暴疾，醫曰：用鬚灰可治。帝乃自剪鬚以和藥。及勣愈，入謝，頓首流血。帝曰：吾爲社稷計，何謝爲？後留宴，顧曰：朕思屬幼孤，無易公者，公昔不遺李密，豈負朕哉？勣感涕，因嚙指流血，俄大醉，帝親解衣覆之。帝疾，謂太子曰：汝於勣無恩，今以事出之，我死，宜即授以僕射，彼必致死力矣。乃授疊州都督。高宗立，遂爲尚書左僕射。（《新唐書》、卷九十三、列傳第十八）

【另文一】唐太宗有疾，謂太子曰：李勣可以助汝，然汝無恩於勣。我今黜之，若其即行，用爲僕射；如徘徊顧望，則當殺之。乃爲登州都督。李勣預知其意，甫受命，不至家而去。（《龍文鞭影》，二集、上卷）

【另文二】北齊朝之許惇，美鬚髯，下垂至帶，省中號爲「長鬣公」。顯祖（北齊帝）嘗因酒酣，握惇鬚髯，稱美。遂以刀截之，唯留一握。惇懼，因不復敢長，時人號爲齊鬚公。（《北齊書》、許惇傳）

一二五　滅他國家且先招他作婿

「兵者，詭道也。攻其無備，出其不意。此兵家之勝也」（《孫子兵法・計篇第一》）。這是主張奇襲。

春秋時代，鄭武公想要討伐胡國，便是師法出其不意這一招。

西元前八〇六年，周宣王封季弟友於鄭（今陝西華縣東），是爲鄭桓公。那鄭武公是鄭桓公之子，名掘突，死後謚武。《左傳・隱公元年》「鄭伯克段于鄢」說：「初、鄭武公娶于申，曰武姜，生莊公及共叔段」。指的就是他。在春秋初期，鄭國是一強國（西元前三七五年，滅於韓）。

我國古時稱北方邊地及西域各民族爲胡。《史記・秦始皇紀贊》說：「蒙恬北築長城，胡人不敢南下而牧馬」。唐代詩人岑參（七一四—七七〇）有詩曰：「君不聞胡笳聲最悲，紫髯綠眼胡人吹」。後來的匈奴族，因在北方，也算胡人。

鄭武公爲了要對胡國示好，籠絡胡君的心，特意先將女兒嫁給胡君爲妻，胡君成了鄭國的女婿。

有一天，鄭武公同群臣議事：「我想用兵開疆拓土，但不知討伐哪個國家爲好？」大夫關其思說：「最方便最可能的是討伐胡國。」

鄭武公怒道：「胡國與我是姻親之國，是兄弟之國，你說可以伐他，豈不是毀壞兩國的邦交，爲何如此出言不遜？」竟然把關其思殺了。

消息傳到胡國，胡君知道了，心存感激。認爲鄭武公親己愛己，兩國親屬關係穩固，對鄭國不設防備。

鄭武公出其不意，率兵進攻胡國，一舉就吞滅了它。

【譯後語】我們以局外人和旁觀者來評鑑。先從鄭國方面檢討：結姻親以悅其意，殺臣子以安其心，目的在鬆弛對方的警戒，然後一鼓攻下它，用計可謂深矣（鄭莊公不喜歡胞弟共叔段，也是運用心計，然後討伐他，見《左傳·隱公元年》）。再從胡國方面檢討：誤以爲國與國之間有情感道義之存在，對強鄰不但不疑心，反而有倚靠心，以爲會袒護我。殊不知這些都是反面手段。我們在今日多元社會裡的人際關係中打滾，也得處處防備這一手，以免遭殃。

【原文】昔者、鄭武公欲伐胡，故先以其女妻胡君，以娛其意。因問群臣曰：吾欲用兵，誰可伐者？大夫關其思曰：胡可伐。武公怒而戮關其思，曰：胡、兄弟之國也，子言伐之，何也？胡君聞之，以鄭爲親己，遂不備鄭。鄭人襲而取之。（韓非：《韓非子》、說難第十二）

一二六　賜我金錠怕會誣我爲偷

私受黃金，看國舅郭德成如何處置？

明朝由朱元璋（一三二八—一三九八）開國，是爲明太祖（稱太祖高皇帝）。他在位時（紀元洪武），有位郭德成，因妹妹選入皇宮，而且冊封爲寧妃，他算是皇帝的國舅，被任爲驍騎指揮（另書則說是驍騎舍人）。但他淡於利祿，是個潔身自好的人。

有一次，他進宮去謁見朱元璋。太祖取出黃金兩錠（十兩曰大錠，五兩曰小錠），塞入他的衣袖裡，說：「這是我特意私下給你的，只管帶回去，不必對別人宣揚。」郭德成敬謹領受，謝過皇上的賞賜。

古人袖大，袖內可以藏物。藏在袖內的小刀叫袖刃，從袖中發箭射人叫袖箭，把名片名帖藏在袖袋裡叫袖刺，當然也可以藏銀錢。

他辭出內宮，走到外殿殿門口，假意靴子扣帶鬆了，也裝做喝醉了，停下來，要把靴子穿好。他一彎腰，就把那兩錠黃金，從袖袋裡故意滑落在地上。守殿的衛士，覺得這黃金來路有問題，便向上司報告，讓明太祖也知道了，諭示說：「這兩錠黃金，是我賞賜給他的。」皇上開了金口，疑惑已經澄清，郭德成懷著黃金，平安回家了。

親友們都認爲郭德成粗心大意，招來這多麻煩，害得內宮上上下下的人瞎忙一陣。得了兩錠黃金，惹來大家皆知，實在有欠聰敏。

郭德成解釋道：「皇宮內這樣深密，我如果偷偷地藏著黃金走出去，那不是和小偷差不遠嗎？況且我妹妹入侍宮闈，我也當顧慮到她的身分名譽。如果我利用這種隨時自由出入皇宮的方便，暗地裡偷帶珠寶出宮，那太容易了。這次怎麼知道是不是明太祖有心設計，用這個方法來考驗我的操守呢？」

大家這時才佩服他的遠見。

【譯後語】大內深深深且廣，宮闈禁制密如網。由於內廷乃是個封閉型的世界，倘若關防不嚴，怎能管得住那麼多嬪妃宮女太監的爲非作歹？爭寵爭權？其中有曲意討好以圖利的，也有故意嫁禍來害人的。行動偶一不謹，輕則滋生是非，重則送掉性命。郭德成立意露金於地，化暗賜爲明賞，撇清嫌疑於自然動作之中，高智也。

今日社會，複雜遠勝明代，吾人若遇猜嫌之事，亦宜設法避瓜田李下之嫌。

【原文】洪武中，郭德成爲驍騎指揮，嘗入覲，帝以黃金二錠置其袖，曰：第歸勿宣，德成敬諾。比出宮門，納靴佯醉，露金。閽人以聞。上曰：吾賜也。或尤之。德成曰：九閽嚴密如此，藏金而出，非竊耶？且吾妹侍宮闈，吾出入無間，安知上不以相試？衆乃服。（《淘沙集》）

一二七 孔融反諷遲到客

出言未經大腦，遭人搶白，很没面子，避免爲是。

東漢時代的孔融（一五三—二〇八），字文舉，是孔子第二十四代孫。漢獻帝時，爲北海相，故又稱孔北海（請見本書第十四篇）。

孔融自幼就很聰明伶俐，髫年時，隨父親孔宙（官任都尉，善寫隸書），來到東漢首都洛陽。那時李膺（一一〇—一六九，字元禮）名望很高，官任司隸校尉（漢置司隸校尉，職司巡察京師及近郡）。登門拜訪李府的人，都須是儒士中的雋才或是官場中有清譽的人，或是李膺的親戚，才會獲得通報見面。

這時孔融年才十歲，獨自行到李府門前，想當面看看李膺的風采。他對門房負責傳達的人說：「我是李府君的親戚。」於是通報進去，順利獲得見面，座位還安置在賓客們的前排。

李膺一見孔融還是個童子，似乎以前也未曾見過，便問道：「我還不太記得孔少君你與我有那一門親屬關係呢？」

孔融侃侃答道：「這個淵源很久了。從前、我的先祖孔子，曾向你的先祖老子李聃（老子姓李名耳，字伯陽，謚聃）問禮，有師尊之誼，所以我與府君是累世的通家之好呀！」

李膺與在座的其他賓客，都覺得孔融這孩童答話高妙，年齡雖小，穎悟異於常人，莫不稱讚。

有位太中大夫（在朝廷掌議論之職）陳韙（音偉）事後才到。旁人將孔融的對話轉告他。陳韙一見孔融只是個兒童，隨口說道：「小時了了，大未必佳（小時候固然聰慧，長大後卻不見得仍舊聰慧，也許愈大愈笨）。」

孔融聽了，即時回應他說：「想君小時，必當了了（想你小時候，必很聰慧。借用陳韙的話，譏諷他說你現在愈大愈笨了）。」

陳韙一時語塞，無話回答，自知失言，大感不安。

【譯後語】「禍從口出」，此話不假。因此不要隨便批評別人，以免妄語失言，妄評失人。《論語衛靈》孔子說：「智者不失人，亦不失言。」一個有身價的陳韙，遇到孔融，大人當場受到小孩的譏嘲奚落，又不便和他計較，何不謹之甚也。「小時了了」一語，以十歲幼童，不但通曉，還能借刀使力，即以其道還贈。反應既快，詞鋒又利。我們要避免陳韙的錯，要學學孔融的智才好。

【原文】孔文舉，年十歲，隨父到洛。時李元禮有盛名，爲司隸校尉，詣門者皆儁才清稱及中表親戚，乃通。文舉至門，謂吏曰：我是李府君親。既通，前坐。元禮問曰：君與僕有何親？對曰：昔先君仲尼，與君先人伯陽有師資之尊，是僕與君奕世爲通好也。元禮及賓客莫不奇之。太中大夫陳韙後至，人以其語語之。韙曰：小時了了，大未必佳。文舉曰：想君小時，必當了了。韙大踧踖。（南宋、劉義慶：《世說新語》、言語第二）

【另文】 唐、李泌（七二三—七八九，後封侯，世稱李鄴侯），七歲，召至禁中。唐玄宗與張說方觀棋，張說使賦方圓動靜。泌曰：願聞其略。說因曰：方若棋局，圓若棋子，動若棋生，靜若棋死。泌即答曰：方若行義，圓若運智，動若騁材，靜若得意。張說賀玄宗得奇童子。（宋、孔平仲：《續世說》卷四、捷悟）

一二八　陽虎回刺看門人

恩人放陽虎逃生，陽虎竟然回頭反刺恩人一槍。表面看來，豈有此理；實際證明，確有道理。

春秋時代的魯國，有位大夫陽虎（就是陽貨，名虎。《論語·陽貨篇》說：陽貨欲見孔子）專魯國之政。他劫持魯定公（後來定公十四年，即公元前四九六年，魯定公任孔子爲司寇，攝行相事），失敗了。魯國下令關閉首都城門來搜捕他。陽虎跑到城門口，看管城門的值班衛士私自開門放走了他。他舉著寶劍，提著戈矛，出城逃了。

陽虎已經走出了城門，卻又臨時起意，折轉回來，用戈矛刺傷了那個放他出城的值班衛士，再行轉身逃去。

這位管門人自怨自艾地說：「我又不是你的相知好友，只是覺得你不錯，今天私自放了你，免你一死，爲甚麼反要回頭來刺傷我呢？」

不久，魯君得知陽虎逃脫了，大爲震怒，查問是哪個城門逃出的？下令究辦。屬官命人將管門的那幾個衛士都抓來，沒有受傷的都因未盡職而判了罪，獨有那刺傷的得到了厚賞。

【譯後語】《論語、憲問》裡孔子主張以德報德，哪有以怨報德之理？殊不知此中有深意藏焉。傷人反是護其人，護其人則是利其人也。蓋私縱逃犯，事後定會追究。陽虎料到未來發展的必然，如何酬恩？只好回頭刺傷他。既脫其罪，且得厚賞。表面看來，似是以怨報德，實則是以德報德。當時哪有功夫說明，後來確證反而受益。希奇的是：陽虎在逃命之頃，還有心想到此點，豈常人所可及哉？

【原文一】陽虎爲亂於魯，敗。魯人閉城而捕之。虎奔及門，門者出之。虎揚劍提戈而出，顧反，取戈以傷出之者。出之者怨之曰：我非故與子友也，爲子脫死，而反傷我？既，魯君聞虎脫，大怒，問所出之門，有司拘之，不傷者被罪，而傷者獨蒙厚賞。（《淘沙集》）

【原文二】陽虎之敗，魯人閉門而捕之，圍之三匝。虎奔及門，門者曰：天下探之不窮，我今出子。虎自揚劍提戈而出。顧反，取戈刺出之者。出之者怨虎曰：我故非子之友也，今爲子脫死，而反傷我耶？既而魯君聞失虎，大怒，問所出何門？有司悉拘之，不傷者治罪，獨厚賞受傷者。（馮夢龍：《增廣智囊》、卷下、雜智）

一二九　拗相公欲抽乾太湖水

北宋王安石，堅於自信，瞧不起人。他當政後，對朝廷中的同僚，全都不放在眼裡。有一天，甚至當眾說：「你們這般人的缺點，就是不肯讀書而已。」可見他必然飽學。但如食古不化，也會鬧出笑話。

王安石（一〇二一－一〇八六），字介甫，臨安人。宋神宗時為宰相，封荊國公，故又稱王荊公。個性很強，人稱拗相公。他銳意變法，甚至說：「天變不足畏，祖宗不足法，人言不足恤。」

他推行的新法中，包括農田水利，所以他常講水利能增產富民，甚至想把太湖的水抽乾，開田種稻，那太湖跨在江蘇浙江兩省之間，古名震澤。湖的周圍有四百公里，面積三萬六千頃，土地肥沃。王安石認為如果變成良田數萬頃，收益大極了。但別人都暗笑這是個妄想。

有一次，王安石與賓友們聚談，話題又轉到想抽乾太湖水一事。座中有一位學士（官名，有侍讀、侍講之分）劉貢父（一〇二三－一〇八九，名攽，曾同修《資治通鑑》）插話說：「這件事容易辦到呀！」

王安石大喜，問道：「怎樣可以辦到呢？」

劉貢父說：「只要在太湖旁邊，另外新挖一個同樣大小的湖，容納舊太湖原有的水，不就辦到了嗎？」

王安石一聽，也忍不住大笑，從此不提這事了。

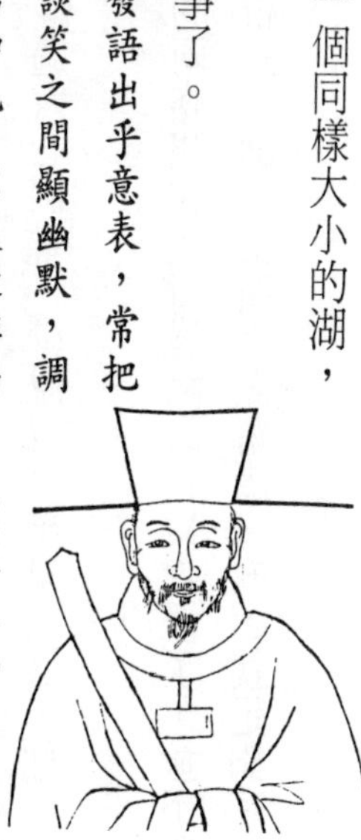

【譯後語】聰敏的人，臨場每多急智，發語出乎意表，常把嚴肅問題，化爲輕鬆趣話，一語解頤。談笑之間顯幽默，調侃之中藏諷刺。其高明之處，乃是不損傷和氣，不製造難堪，不顯露輕佻，不流於刻薄，這可不是一般人所能做到的了。王安石意想天開，要把太湖塡平，只想到可以增田數萬頃，卻沒考慮到其他的灌溉、航行、納洪、魚產、水利等這些功效，又如何宣洩這三萬六千頃的水量？這是天眞幻想，也必不可行。劉貢父毋須直接點破他，先說此事易爲，以引起興趣，然後提出一個辦不到的主意，來反證王安石的荒謬，輕易地以開頑笑的方式化解了，其淳于髡之流亞歟？

【原文】王荆公爲相，大講天下水利。時至有願乾太湖，云：可獲良田數萬頃。人皆笑之。荆公與客話及之，時劉貢父學士在座，對曰：此易爲也。荆公曰：何也？貢父曰：但在旁另開一大湖納水則可矣。公大笑。（《淘沙集》）

【另文】王荆公初參政事，視廟堂如無人。一日、爭新法，怒目諸公曰：公輩坐不讀書耳。（朱熹：《三朝名臣言行錄》、第五卷、五之二。又見邵博：《聞見後錄》。又見俞琳：《經世奇謀》、卷之四、能言類）

一三〇 窮和尚要朝拜普陀山

達成一個心願，不能止於空想。如果萬事俱備，只欠決心，那仍是紙上談兵。重點在於要躬身去實踐，這才是行事之道。

在四川省邊陲地方，有兩個和尚，一個窮，一個富。有一天，兩個和尚遇在一起，窮和尚對富和尚說：「浙江省定海縣東方（今舟山市），有個普陀山，峙立在海中，通稱南海。普陀山就是《華嚴經》中所稱的『補坦洛伽山』（梵名Potalaka的音譯），是觀音菩薩當年的說「法」之處，乃我們佛教的名山聖地。（按山西五臺山，安徽九華山，四川峨嵋山與浙江普陀山，爲佛教四大名山）。我打算前往朝拜。登上達摩峰和白華頂，去普濟寺、慧濟寺和法雨寺禮佛，還想在普陀山上參觀千步沙、多寶塔、潮音洞、梵音洞勝景，了卻我多年的心願，你認爲如何？」

富和尚說：「從這裡川邊遠去南海，須要經過六七個省，少說也有萬里之遙，你用甚麼方法前去呢？」

窮和尚說：「這個嘛，走路就可以了。我的兩條腿在這川邊翻山越嶺走慣了，並不覺得辛苦。在路上，我只要帶一個瓶子裝水喝，帶一個鉢子沿路化點齋飯充飢，就足夠了。隨時都可以動身的呀！」

富和尚說：「我們出家人，誰都應當去普陀山朝聖參佛。我早就有這個心願，籌劃了好多年了。我打算包租一艘快船，帶足素食，從川北岷江順流南入長江，再從川東直下湖北湖南江西安徽到江蘇，經浙江以至於海，在普陀山各名刹中頂禮之後，再乘船由原路回川。這件事由於路程很遠，花錢很多，要準備的雜項也不少，到今天這個計畫還沒有全部設想週到，以致遲遲還未能實現。我看你，阿彌陀佛，你一點依靠都沒有，憑甚麼膽敢動身遠行呢？」

過了明年，窮和尚從容愉快地自普陀山拜佛回來了，又遇見了富和尚。他把那仙山的勝蹟和參佛的經過，講給富和尚聽。而富和尚的偉大計畫，仍在籌辦之中，還沒有成行，不免一臉羞色，十分慚愧。

【譯後語】國父在《孫文學說》的序言中說：「吾心信其可行，雖移山塡海之難，終有成功之日。吾心信其不可行，則反掌折枝之易，亦無收效之期。」本篇足爲例證。

【原文】蜀之鄙，有二僧，其一貧，其一富。貧者語富者曰：吾欲之南海，何如？富者曰：子何恃而往？曰：吾一瓶一缽足矣。富者曰：吾數年來，欲買舟而下，猶未能也，子何恃而往？越明年，貧者自南海還，以告富者，富者有慚色。（淸、《彭端淑文集》）

一三一　合縱全憑三寸舌毛遂說服楚王

說話是一門大學問，「言語」列爲孔子教學的四科之一（見《論語先進》）。有的人絮絮叨叨，說了半天，卻不知所云。有的人針針見血，三言兩語，使人頓開茅塞。

秦昭王十五年，秦國大軍圍住了趙國首都邯鄲，趙惠文王派平原君趙勝（公元前？——前二五一）出國求救，專程往見楚王，請締合縱條約，一同抗秦以解圍。

那平原君是趙武靈王之子，趙惠文王之弟，封於平原，故號平原君。廣收賓客，府中食客有幾千人。這次遠赴楚國辦外交，要挑選門下允文允武的隨行人員二十人，以壯行色。卻只選出了十九人，其餘都無可取。這時門客中有位叫毛遂的，主動上前說：「主君選士，現在還缺一人，且讓我湊湊數跟隨去吧。」

門客太多，平原君對毛遂印象很淺，問道：「先生在我門下有多少年了？」

毛遂說：「已經三年了。」

平原君道：「大凡賢能的人處世，正好比將一支錐子放入口袋中一樣，錐尖馬上便會戳穿口袋冒出來。如今先生在我門下三年，我沒聽過你有甚麼名聲，可見你並無專長特識，你還是留下來吧。」

毛遂說：「我是今天才請你把我放入口袋裡，如果早放進去，那整個錐身全都會露出來，豈止尖端而已？」由於無人可選，於是讓他湊數隨行，但那十九人都覺得毛遂自不量力，互相用白眼譏笑他。

平原君到了楚國，向楚王（依史記卷十五應爲楚頃襄王）建議合縱結盟，抵抗秦國，自早晨談起，到中午還不能決定。毛遂登上殿階，問平原君說：「合縱的利害，兩句話就可裁決。今天早上談起，到中午還沒有結論，是甚麼緣故呢？」

楚王不認識毛遂，問平原君道：「這位先生是誰？幹甚麼來的？」

平原君說：「他是隨我而來的舍下門客毛遂。」

既然只是個舍人，怎有資格上殿來插話？楚王對毛遂吼道：「還不趕快退下！我在和你主人談話，你敢擅自跑上來幹嘛？」

毛遂按著寶劍，走近楚王，義正詞嚴的說道：「貴邦楚國，國土廣達五千里，執戈武士多達百萬人，這已經具有領頭稱霸的資格了。但是、那秦國的白起，不過是個無能小子，也只帶來幾萬士兵，與你百萬雄師對陣，居然一戰就拿下楚國的鄢鄉和安郢兩都，再戰就燒燬了夷陵（故城，在今湖北宜昌縣東），三戰就凌辱了你楚王的先人，這都是一百輩子的深仇大怨，我趙國都連帶感到羞慚，而你卻忘記了對秦國的仇恨。今天我主人來商請合縱結盟，也是爲楚國著想，並非單是爲我趙國，大王可要搞淸楚呀！」

楚王聽了這番論斷，說的都是事實，層層點破，句句扼要，有似醍醐灌頂，頓然猛醒，馬上承諾道：「毛先生這才說到了問題的核心，理由已十分明顯，毋須再談。我就傾全國之力，爲合縱而效命吧！」

毛遂問道：「那麼合縱之約就說定了？」

楚王說：「決定了。」

毛遂當即吩咐：「請拿牛血馬血上殿來！」

毛遂高捧盛血的銅盤，跪向楚王說：「請大王帶頭歃血（古人盟誓，用牲血塗在嘴邊，表示說話算話，互爲信守，叫歃血），宣示兩國定盟，合縱約成，永爲信誓。」盟約就圓滿締定了。

合縱約成，平原君返回趙國，說道：「我趙勝觀察別人的智愚賢劣，多到千位以上，自認眼光準確，不會錯過才德之士，如今乃失之於毛遂先生。毛先生一言，使趙國聲望，重於禹鑄九鼎；毛先生三寸之舌，強於百萬雄師。我趙勝自今以後，不敢再輕率的妄加評斷別人了。」

即日起，奉毛遂爲上賓。

【譯後語】我們也有機會參加國際性的會議，發言時，說理須扼要，不涉枝蔓；見事要透徹，抓住重心。本篇毛遂一番高論，明白而又曉暢：楚國強大，一也；三戰連敗，二也；合縱報仇，三也；盟約利楚，四也。一與二是賓，三與四是主。所謂「兩言而決」，乃是「合縱爲楚，非爲趙也」。要語不煩，有如春雷驚蟄；楚王頓然醒悟，縱約即刻成盟。此蓋胸蘊珠璣，必要時顯露錐尖，就會一針見血。若非平時之潛觀宏察，何能九鼎一言。鑑古以觀今，現代政學工商界尤增複雜化與多元化（國際間的財經外貿科技人文會議更臻頻繁）；舊學續應發皇，新知更待追索。一方面要博採廣求，一方面宜抽絲剝繭，由豐而約，條析理明，自可發爲讜論。

【原文】秦圍邯鄲，趙使平原君求救於楚。約門下文武俱備者二十人偕。得十九人。門下有毛遂者自贊曰：今少一人，願備員而行。平原君曰：夫賢士之處世，若錐處囊中，其末立見。今先生處三年未有所聞，是無所有也，先生留。遂曰：若臣蚤處囊中，將脱穎而出，豈特末見而已？竟偕。十九人相與目笑之。平原君與楚議合縱，日出而言，日中不決。毛遂歷階而問曰：縱之利害，兩言而決耳。今日中不決何也？楚王曰：客何爲者也？平原君曰：是勝之舍人也。楚王叱曰：胡不下？吾與汝君言，汝何爲者也？遂曰：今楚地方五千里，持戟百萬，此霸王之資也。白起，小豎子耳，率數萬之兵，與楚戰，一戰而舉鄢郢，再戰而燒夷陵，三戰而辱王之先人，此百世之怨，而王弗知惡焉。合縱爲楚，非爲趙也。楚王曰：誠若先生之言，謹奉社稷以從。毛遂曰：縱定乎？曰：定矣。毛遂曰：取牛馬之血來。跪而進曰：王當歃血而縱定。平原君歸趙，曰：勝相士多者千人，自以爲不失，今乃失之於毛先生。毛先生一言而重於九鼎，三寸之舌強於百萬師，勝不敢復相士矣，遂以爲上客。（《史記》、卷七十六、列傳第十六。又見：《資治通鑑》、卷五，周紀五）

一三一 作戰只夠一月糧許攸識破曹操

工於心計的人，處處都想掩飾、撒謊。即令被人戳穿了，還會找理由曲解。這種人不少，曹操便是此中之一。

袁紹（？—二〇二，字本初）興兵百萬，在官渡（地名，在河南中牟縣，瀕臨官渡水而得名）與曹操（一五五—二二〇，字孟德）作戰。相持了幾個月，曹操軍糧快沒有了，派人急往許昌催糧。

有位謀士許攸（字子遠，南陽人），原本先向袁紹獻策，卻因與袁紹的意見不合，被袁紹斥責，心中不平，想起自幼就和曹操友好，便逕奔曹營，去會曹操。

曹操聽說許攸來了，十分高興，等不及穿鞋，赤著腳跑出帳外，把許攸拉進營中，拍手笑道：「子遠（許攸字）來了，我的大事就會成功了。」

許攸就坐後，問曹操道：「袁紹的兵力很盛，你打算如何對付？還有，你現在的軍糧，還能維持多久？」

曹操說：「軍糧沒有問題，足可供給一年。」

許攸笑道：「我看未必，再說說聽聽！」

曹操說：「還可支持半年。」

許攸

許攸再問：「明公你是不想打敗袁紹吧？為甚麼不肯講實話？天下人都說曹孟德是個奸雄，今天看來，此話果然不假！」

曹操說：「子遠！你難道沒聽說『兵不厭詐』麼？剛才的話，是騙局外人的。」然後悄語說道：「實不相瞞，軍糧只有一個月了。」

許攸生了氣，逞口說道：「不必騙我，你的軍糧快沒有了！」

曹操認輸，柔聲說道：「子遠眞是厲害，瞞不過你！既然你已知道實情，這次你又是關愛老朋友而來看我，我該怎麼辦呢？」

許攸說：「你的部隊孤立，長期單獨困守在這裡，外面沒有援軍，而軍糧就快沒了，這是危急的時日，本就不妙。而今久持不下，又不趕快採取速勝的方法，這是坐以待斃呀！我許攸倒有一個破敵之策，不知道你願不願意聽？」

曹操正無計可施，聞言大喜，趕緊接著說：「我就料到故友子遠會來幫我，極想聽聽你的妙計！」

許攸道：「如今袁紹的軍糧輜重和補給品，盡都屯積在烏巢（河南延津縣），而防守並不嚴密。你只要派一支快速部隊去偷襲，燒掉他的糧倉和軍械庫，不出三天，袁紹的百萬大軍，馬上就會崩潰了。」

曹操一聽，果然是條妙計。便挑選出一支精銳輕騎，冒用袁紹的番號旗幟，當晚抄小路出發。沿途還遭遇袁軍的兩次盤查，曹軍都回答說：「我們奉袁公元帥之令，唯恐曹操包抄我後方，特別派我等前往烏巢增強防備，衛護軍糧。」袁軍都相信了，沒有起疑。曹操的這支奇兵，很快趕到了烏巢，立刻團團把庫區圍住，一齊放起大火，把糧庫、軍械庫全燒光了，還殺了守將眭元進。袁紹大敗，這就是官渡之戰。

【譯後語】許攸多謀，袁紹不能用他，以致反給曹操獻策，應是袁紹跟自己過不去，茲不多論。至於曹操，他給我們的印象，似乎他很難對別人說眞心話，因而有「寧可我負天下人」之譏也。現代人更精靈乖巧了，「兵不厭詐」一語，不但用在軍事戰，更擴而運用於政治戰、外交戰、經濟戰、貿易戰。史達林說：「謊話說上一百次，就會有人相信」，你認爲如何呢？

【原文】曹瞞傳曰：公聞攸來，跣出迎之，撫掌笑曰：子遠來，吾事濟矣。既入坐，謂公曰：袁氏軍盛，何以待之：今有幾糧乎？公曰：尚可支一歲。攸曰：無是，更言之。又曰：可支半歲。攸曰：足下不欲破袁氏耶？何言之不實也？公曰：向言戲之也，其實可一月，爲之奈何？攸曰：公孤軍獨守，外無救援，而糧穀已盡，此危害之日也。今袁氏輜重在烏巢，屯軍無嚴備。今以輕兵襲之，不意而至，燔其積聚，不過三日，袁氏自敗也。公大喜，乃選精銳步騎，皆用袁軍旗幟，夜從間道出，所歷道有問者，語之曰：袁公恐曹操鈔略後軍，遣兵以益備。聞者信以爲然，皆自若。既至，圍屯，大放火，破之，盡燔其糧食，斬督將眭元進。（《三國志》、卷第一、魏書一、武帝紀第一注）

一三三 不准割麥宓子賤

靠戰爭發國難財，那就希望年年有戰爭，此風實不可長。

齊國攻打魯國（兩國相鄰，都在今山東），眼看齊兵快要攻到單父（單音善，春秋時魯國大城，即今山東單縣）縣城來了。

單父縣長是宓子（元前五二一—？，即宓不齊，字子賤，論語公冶：子謂子賤，君子哉若人）。單父百姓緊急向宓子請求：「城外土地裡的麥子都熟了，現在齊國大軍指日將到，來不及各人收割自己的麥子。請求准許放民出城，任聽百姓搶割不論何人的麥子。這樣一則增加本城糧麥的儲備，二則免得以糧資敵。」一連請求了三次，宓子都沒有允准。

不多久，齊兵來了，果然城外的麥田，都被齊國人收割去了。

魯國當權大夫季孫（正卿，掌國政）是宓子的長官，聽知此事，大爲震怒，派人責怪宓子說：「老百姓不顧寒冬酷暑，種麥施肥，辛苦了大半年，如今卻一顆麥粒也收不到。有人請求出城去搶割，你又不肯答應。這豈不是全然不替百姓著想嗎？」

宓子很感慨，回應道：「今年沒有麥子，明年還可再種。倘若任由百姓去搶收別人的麥子，便是讓那些不耕地的閒民也可以去收割麥子，豈不是鼓勵百姓希望敵人年年都來，每年都可以不勞而穫嗎？這是助長倖得之心，主政的人，不能如此做的呀！況且，我單父城外一年的麥子，數量究竟有限，即使全部割去，對敵方齊國而言，不見得增加了多少糧食；對我方魯國而言，也不見得會短缺多少糧食。倒是放任百姓自行搶割，這股僥倖得利的歪風一旦傳染開來，敦厚的民俗受了創傷，恐怕好多年都挽回不了的了。」

季孫聽了這番議論，慚愧地說：「宓子的遠見很有理。如果有個地洞，我會躲進去，我哪好意思面對宓子呢。」

【譯後語】縱民搶割他人麥，下回更可劫錢帛。看似今年有所失，長遠觀之仍是得。

【原文】齊人攻魯，道由單父。單父之人請曰：麥已熟矣，今齊寇將至，不及人人自收其麥。請放民出，任民收割附郭之麥，可以益糧，且不資於敵。三請，宓子弗聽。俄而齊寇逮于麥。季孫聞之怒，使人讓宓子曰：人民寒耕熱耘，曾不得食，豈不哀哉。有以告者，而子不聽，非所以爲民也。宓子蹙然曰：今年無麥，明年可樹。若使不耕者穫，是使民樂於有寇也。且得單父一歲之麥，於齊不加強，於魯不加弱。若使民有自取之心，其創必數年不息。季孫聞之，赧然而愧曰：地穴可入，吾豈忍見宓子哉。（春秋、宓不齊：《宓子》）

一三四　停止砍樹隰斯彌

聰明的人，能夠看穿別人的隱密。更聰明的人，看穿了卻假裝不知道。這種人智商（I、Q）特高。若能善於利用，做官會升官，若不善於利用，會丟官、會送命，今舉幾例（原文有四個故事，語體文只譯其一）。

隰斯彌（戰國時代齊人）到田成子（《左傳》作陳恆，《史記》作田常，卒謚成子，故稱田成子。兩人同爲齊之大臣）府中拜訪。敍談之餘，田成子邀他同登田家後院樓臺，憑欄眺望遠景。只見東西北三面都可以極目遙觀，沒有攔阻。只有南面爲高樹所遮，看不到遠處，而這正是隰斯彌家園中的大樹，擋住了視線。隰斯彌默察到了，但田成子始終沒有提及這件事。

隰斯彌回家，便叫來匠人砍樹。已經砍下了幾斧頭，隰斯彌又叫不必砍了。隰府裡有位輔佐政事的官員，感到奇怪，便問道：「剛才你下令砍樹，砍了沒有幾斧，突又下令停止，爲甚麼改變得這樣快呢？」

隰子答道：「我想起古人有句老話說：『看清了深水底下的魚兒的人，會招來不吉利的禍殃（是說察覺得太過精明了，會惹災禍上身）。』我覺得田成子把持國政，似乎暗地裡佈署著某些計謀，只是還沒有明顯發動罷了。

「這回我到他家拜訪，無意中察覺我家的高樹擋住了他的視線。假若我主動砍去大樹，便顯得我太過於精明，暗中猜到了他的心意了。如今他將要進行某種大圖謀，如果發覺我竟能察微知著，他的疑心一起，那我的性命就危險了。今者，我不砍倒大樹，這沒有甚麼罪過。如果我料中了別人還沒顯露出來的陰謀，那個危險就惹得太大了呀，這就是我原想要砍卻又停止不砍的緣故。」

【譯後語】猜出對方內心的隱秘，等於是識破了別人的陰謀，這是很遭忌的，還是裝傻爲妙。若因此而惹來殺身之禍，豈不是咎由自取？智慮高遠的人，須了解這一點，故隰斯彌停止砍樹，乃是弭禍也。至於「另文一、二」兩段故事，同是暗地裡打探到新建房子的尺寸，同是獻上新的高貴地毯，本意是巴結討好，結局卻一喜一怒，何也？這可能因爲王振心機比較淺，而且他想收攬大臣以沽名，所以高興，還幫助周文襄推展政務，這是送地毯獲益，送對了也。至若秦檜，官居宰相，城府比較深，他要嚴防別人的暗中計算，所以大怒，這是送地毯獲罪，官丟了，送錯了也。至若「另文之三」，楊修猜中了「雞肋」食之無味棄之可惜的喻意，揭破了曹操的心事。此人不可留，殺掉才放心，楊修死了也。由這四事合觀，「知微」固然是高明，卻不宜表露，尤其遇到對手是田成子、秦檜、曹操這些富於心計的人，很難要得過他們，要小心了。

【原文】隰斯彌見田成子，田成子與隰子登臺四望。三面皆暢，南望、隰子家之樹蔽之，田成子亦不言。隰子歸，使人伐之，斧已數創，隰子止之。其相曰：何變之速也？隰子曰：古者有諺曰：察知淵中之魚者不祥。夫田子將有大事，而我示之知微，我必危矣。不伐樹未有罪也，知人之所不言，其罪大矣，乃不伐也。（《韓非子》、說林上）

【另文一】周文襄（周忱，字恂如，明永樂進士，謚文襄）巡撫江南日，巨璫（太監）王振當權，慮其撓己也。時王振初作居第，公預令人度其齋閣面積，使松江作剪絨毯遺之，不失尺寸，振益喜。凡公上利便事，振悉從中贊之，江南至今賴焉（明、馮夢龍：《增廣智囊補》、卷上、察智）

【另文二】秦檜構建格天閣，有某官，任職江南，思出奇媚之。乃重賂工人，得閣樓之尺寸，作絨毯以進，鋪之恰合。檜謂其伺己內事，大怒，因尋事斥之。（《增廣智囊補》、卷下、術智）

【另文三】《九州春秋》曰：（曹操兵抵漢中，攻劉備，數月無功）。時王欲還，出令曰：雞肋。官屬不知所謂，主簿楊修（一七五—二一九）便自嚴裝（整裝待歸）。人驚問修何以知之？修曰：夫雞肋，棄之似可惜，食之無所得，以比漢中，知王欲還也。操忌楊修，後藉故殺之。（《三國志》、魏志、武帝紀注）

一三五　魯宗道當常侍家中杯盤不多

歷史就是一些小故事串成的。我們看，昔時有些賢哲，似乎不是做官的料。范仲淹一輩子做官，只曉得「先天下之憂而憂，後天下之樂而樂」，他死之日，「身無以爲殮，子無以爲喪」（見《古文觀止·義田記》）。本篇又有一位魯宗道做了高等京官，又是皇帝的寵臣，竟然窮到家中酒杯和菜盤子都不夠，簡直「魯鈍」得出乎想像之外。

宋代魯宗道（九六六—一〇二九），字貫之。爲人剛毅正直，痛恨邪惡，絕少寬容奸僞之人。宋眞宗時（九六八—一〇二二），他官任右正言（宋改右拾遺叫右正言，乃是諫官），再任諭德（掌侍從贊諭，職比常侍）。

他的住處，鄰近「仁和酒店」不遠。有一天，他微行（尊貴者便衣出外，不使人知叫微行）到酒店裡喝酒。正巧宋眞宗有急事，須即刻召見魯宗道。使者到了他家，焦急地等了好久，宗道才從酒店回來。

使者要趕忙先回皇宮覆命，互相約好：「如若皇上責怪你何以遲來，要怎樣回答？」

魯宗道說：「只須實情實報就好了。」

使者提醒他：「如果講實話，相公你準會獲罪。」

魯宗道回答說：「喝酒，是人的常情，可以原諒。至於說謊，那是犯了欺君大罪，不可赦！」

宋眞宗果然問起爲何遲回？使者照宗道的話老實奏明。不久，魯宗道也趕來了。宋眞宗再問他，魯宗道謝罪奏道：「有位相識很久的好友，從故鄉特來看我。我家很窮，杯盤都不夠，只好邀他到酒店裡去敍舊。」宋眞宗認爲他很忠實，可以大用。後來宋仁宗（一〇一〇—一〇六三）任他爲參知政事（就是副宰相）。

那時執政的大臣們，多將兒子送到館閣去混資格（宋代以史館、集賢院、昭文館爲三館，又以秘閣、龍圖閣、天章閣爲三閣，兩者統稱館閣）。魯宗道說：「館閣是儲育天下英才的處所，哪能由這些紈袴子弟（鄙稱富貴子弟不肯讀書者曰紈袴）倚仗父輩的恩澤就可以進去鬼混？」他不怕權勢，那些貴戚用事的都特別畏懼他，稱他爲「魚頭參政」。魚是魯字的頭，形容他剛正鯁直有似魚頭一樣。

【譯後語】沒做虧心事，何必打誑語？說眞話的人，有人認爲他不夠聰明，實則最爲穩當。他不必託詞掩飾，不必挖空心思找理由以自圓其說，完全沒有心理負擔，豈不是最省事？司馬光說他一生，事無不可對人言，就是誠實二字的注腳。魯宗道已是高職，家裡拿不出整套一式的杯盤來招待客人，足見他平日一介不取，這種硬漢，誰個不會怕他三分？可惜現代這種人沒有了，大家爭逐銅臭，雖「有」家財億萬，卻仍貪心不已，這種人一「無」可取。魯宗道雖然家中杯盤不多，但他心中其實非常富「有」！

【原文】魯宗道，爲人剛正，疾惡少容。爲諭德時，居近酒肆。嘗微行就飲肆中。偶眞宗亟召，使者及門，久之，宗道方自酒肆來。使者先入，約曰：上怪公來遲，何以爲對？宗道曰：第以實言之。使者曰：然則公當得罪。曰：飲酒、人之常情；欺君、臣子之大罪也。眞宗果問，使者具以宗道所言對。帝詰之，宗道謝曰：有故人自鄉里來，臣家貧無杯盤，故就酒家飲。帝以爲忠實，可大用。時執政多任子於館閣讀書，宗道曰：館閣育天下英才，豈紈袴子得以恩澤處之耶？自貴戚用事者皆憚之，目爲魚頭參政。因其姓，且言骨鯁如魚頭也。（《宋史》、卷二百八十六、列傳第四十五）

【另文】宋、魯宗道爲諭德，眞宗嘗有所召，使者及門，宗道不在。移時，乃自仁和肆飲歸。中使先入，與約曰：上若怪公來遲，當託何事以對？宗道曰：飲酒實告。曰：然則將得罪。宗道曰：飲酒、人之常情；欺君、臣子之大罪。中使如公對。眞宗問公：何故私入酒家？公謝曰：臣家貧，無器皿，酒肆俱備。適有鄉親遠來，遂邀之飲。然臣既易服，市人亦無識臣者。眞宗笑曰：卿爲宮臣，恐爲御史所彈。然自此奇公，以爲眞實可大用。（明、馮夢龍：《增廣智囊補》、卷上、上智）

一三六　向敏中升宰相堂前賀客稀少

升任宰相，位居一人之下，萬人之上，這是殊榮，看得淡然的太少了吧！

宋代向敏中（九四九—一〇二〇，字常之），氣度恢宏，志節遠大。宋眞宗（九六八—一〇二二）天禧年間，詔命他爲右僕射（讀朴夜，就是宰相），是百官之長。同在這一天，翰林學士李宗諤（字昌武）輪到和皇上見面談話。宋眞宗說：「我自即位以來，還沒有派過宰相。今天發佈由向敏中任此職，這是特別對他的隆寵，他應該會十分歡喜才對。」

宋眞宗又說：「敏中得升首相，今天到他家道賀的人必會很多，你不妨也去看看熱鬧場面。但不要說明是我的指示就好！」

李宗諤到了向敏中家門前，只見他今天婉謝訪客，也不接見賓友，門廊及走道都寂然無人。李宗諤逕自走了進去，態度從容地對向敏中賀道：「今天聽聞聖上降旨，特任你爲右僕射。朝中上下，莫不歡欣慶慰，都說皇上選對人了。」

向敏中只是謙遜的應聲謝謝。

李宗諤又說：「當今皇上自登位以來，還沒有選過宰相。若不是你的功勳德望最優，怎會被皇上看中？」

向敏中仍舊只是謙遜的答應一聲慚愧。

李宗諤繼續提到前朝做宰相的德業如何崇隆，皇上的禮敬如何優渥，宰相一職，又如何受人尊仰。向敏中依舊只是謙遜的應了一聲不敢，没有多講任何得意的話。

李宗諤告辭了。他想得週到，另外叫了個下人到向敏中的廚房裡，問那廚師說：「今天有没有尊親貴客要來飲酒吃飯？」回答是没有人會來。

第二天，李宗諤將所見所聞回奏宋眞宗。眞宗說：「這個向敏中，眞是耐得住性子，確然是一位合適的宰相。」

他居大位長達三十年，卒謚文簡，《宋史》有傳。

【譯後語】升官是加重責任，允宜戒愼恐懼。要知道設官派職，乃是要替人民服務的，職位愈高，擔子愈重。而且大家都睜著眼睛，看你有何表現？不是讓你混飯吃的。史載唐朝岑文本升官了，親朋爲他慶賀，他說：「責重位高，今天只受弔，不受賀」（見《舊唐書》卷七十）。孫叔敖爲楚相，一國皆賀，獨一老父來「弔」，這位老父告誡孫叔敖說：身分已貴卻傲氣凌人的，百姓不要他。地位已高還要濫權謀私的，法律不容他。待遇已多，仍然設法撈錢的，災禍跟隨他。孫叔敖說：「我記住了」（見《列子》說符。這三種弊害，兩千五百年後的今天仍很氾濫）。一般人只看到權勢增高的一面，忽略了義務轉重的一面。向敏中、岑文本與孫叔敖才是好榜樣。現在則不管行不行、合不合、懂不懂，只要上司偏愛你，就可升官。學政治的、學法律的，都可以主管交通。卻對太空電訊、國際海運、飛航管制、颱風氣象、橋梁隧道工程全都外行，不誤事已是萬幸，何能寄望他有建樹？這是最淺顯之例。

【原文】向敏中，有大志。天禧初，進右僕射。是日翰林學士李宗諤當對。帝曰：朕自即位，未嘗除僕射，今命敏中，此殊命也，敏中應甚喜。又曰：敏中今日賀客必多，卿往觀之，勿言朕意也。宗諤既至，敏中謝客，門闌寂然。宗諤徑入，徐賀曰：今日聞降詔，士大夫莫不歡慰相慶。敏中但唯唯。又曰：自上即位，未嘗除端揆，非勳德隆重，何以至此？敏中復唯唯。又歷陳前世爲僕射者勳德禮命之重，敏中亦唯唯，卒無一言。既退，使人問庖中，今日有親賓飲宴否？亦無一人。明日，具以所見對。帝曰：向敏中大耐官職。（《宋史》、卷二百八十六、列傳第四十五）

【另文】元、史天澤，字潤甫。元憲宗時，天澤嘗奏：臣一門三要職，臣可退休矣。帝曰：卿奕世忠勤，有勞於國，一門三職，何愧何嫌？竟不許。天澤平居，未嘗自矜其能，及臨大節、論大事，毅然以天下之重自任。拜相之日，門庭悄然。或勸以自張，天澤舉唐韋澳告周墀之語曰：願相公無權；爵祿刑賞，天子之柄，何以權爲？因以謝之，言者慚服。（《元史》、卷第一百五十五、列傳第四十二）

一三七　俺爹不屑做天子

唐朝郭子儀（六九七—七八一），歷仕四朝，唐玄宗時，任節度使；唐肅宗時，升中書令，封汾陽郡王；唐代宗時，爲太尉中書令；唐德宗時，尊爲尚父。故稱郭令公，或郭汾陽，身繫唐室安危四十年。

他的第六個兒子郭曖（後來官至太常卿），娶了唐代宗（名李豫，在位十七年）的女兒昇平公主，時在永泰元年（七六五），成了皇帝的女婿，魏晉以後，稱爲駙馬。

有一天，兩小口在閨房裡拌嘴，郭曖氣起來了，嚷道：「你仗著你爹是天子嗎？有甚麼了不起？俺爹連天子都看不上眼，還不高興做哩！」

昇平公主自幼驕縱慣了，認爲受了大辱，惱怒之下，急命駕車，立即奔回皇宮，向爸爸唐代宗哭訴。

唐代宗好言勸慰女兒說：「這些國家大事，你就不知道了。郭曖所說的話，完全是眞的。如果他爹郭子儀要做皇帝，隨時都可以辦到。他若有心，天下哪是我們李家所有的呢？」安撫了女兒，以後不可以隨便任性鬥氣，叫人伴送她回夫家去了。

郭子儀得知此事，兒子誹謗天子，這還了得？究辦起來，郭曖要殺頭的，自己也當受重罰。他立即將郭曖打入囚籠，禁閉起來，然後進宮請罪，聽候發落。

唐代宗並未生氣，輕鬆解釋道：「郭卿你聽過嗎：有句俗話說：『不癡不聾，不作阿家阿翁』（家要讀孤，阿家是丈夫的母親，就是婆婆。阿翁則是丈夫的父親。這是說：做公公婆婆的，有時要裝聾作啞，不過問兒子媳婦在閨房裡的小事）。小兒小女在臥房裡說些氣話，怎可當眞呢？不理會不就得了！」

郭子儀回家後，仍認爲兒子有錯。皇上雖不怪罪，家法還得執行。喚出郭曖，仆在正廳，命侍衛責打了兒子幾十下竹板子。

【譯後語】看小丈夫郭曖：藐視天子，俺爹不屑，何其任性也。看小媳婦昇平公主：氣返娘家，御前告狀，何其嬌縱也。看皇帝唐代宗：賣傻裝聾，不加理會，何其大度也。看重臣郭子儀：國法雖免，家法要治，何其守分也。由於這四位角色的互相搭配，生旦淨末，各擅勝場，演來轉折起伏，乃有此一齣涉及帝制政權到閨房鬥嘴的溫馨鬧趣之劇，提供我們樂賞。此外，京戲裡尚有一齣「打金枝」，更是演述郭子儀做八十大壽時，媳婦昇平公主認爲以金枝玉葉之尊，不肯跪拜，惹怒郭曖，打了公主，鬧到皇帝代宗駕前，皇帝免究，可補此篇。

【原文】郭曖嘗與昇平公主爭言。曖曰：汝倚乃父爲天子耶？我父薄天子而不爲。公主恚，奔車奏帝。上曰：此非汝所知，彼誠如是。使彼欲爲天子，天下是汝家所有耶？慰諭令歸。子儀聞之，囚曖，入待罪。上曰：鄙諺有之：不癡不聾，不爲家翁。兒女閨房之言，何足聽也？子儀杖曖數十。（《資治通鑑》、卷第二百二十四）

一三八　吾友甘願作漁翁

「滾滾長江東逝水，浪花淘盡英雄；是非成敗轉頭空，青山依舊在，幾度夕陽紅。白髮漁翁江渚上，慣看秋月春風；一壺濁酒喜相逢，古今多少事，都付笑談中。」這首《西江月》詞，雖然俚淺，勸世意義卻很明白。一切功名富貴，都是過往雲煙，淡而視之可也，嚴子陵就是這樣一位高人。

嚴子陵，名嚴光，浙江餘姚人。原名莊光，因避漢明帝（叫劉莊）之諱而改姓嚴，字子陵。他少時與漢光武帝劉秀（公元前六—公元後五七）一同遊學，二人是同窗好友，因謂之布衣交。嚴子陵少年時就有高名，《後漢書》中有傳。

世事多變，後來，劉秀做了東漢開基之君，而嚴子陵隱居在富春渚（在今浙江省桐廬縣。山名富春山，江名富春江，側有嚴陵瀨。山邊有巨石，名嚴子陵釣臺）釣魚。

光武帝即位後，思念昔年好友，想要他幫忙輔佐國政，親自去請他出山為官，嚴子陵沒有答應。

嚴子陵像

光武帝說：「你我自幼交情深厚。我今貴為天子，而你卻在釣魚，使我覺得羞愧。我有官爵，可以使你貴顯。我有金玉，可以讓你富厚。這對你不是很好嗎？」

嚴子陵笑答道：「當初讀書時，你我相交融洽。你志向端方，安貧樂道，那時你的思想是很正確的。可是今天看來，你的觀念已然走偏了。

「我們放眼看看吧：天下寰宇，雖是非常寬廣，但假如分作十份，海洋就佔去一半；周邊四境的夷狄，又佔了十分之三；華夏中國所保有的，不過十分之一二而已。由宏觀視之，還不足以讓我留戀和羨慕呢？（**那時正是耶穌誕生之時，我國先賢就有此種世界觀，想一想兩千年前他們的眼界是如何的高遠了**）

「你而今身爲天子，所尊貴的，不過是宮殿廳室的廣大，車馬袍服的眾多，飲食烹調的鮮美，以及耳目視聽的悅樂而已。一旦老病而死，和一介平民的結局有甚麼不同呢？

「再就車馬來說，只是代步而已，因此赤兔馬和普通馬是差不多的。殿宇房室，只是避風雨而已，因此朱漆華廈和蓬門草堂也是差不多的。衣冠袍服，只是蔽體而已，因此那綾羅絹緞和褐麻素布也是差不多的。麥飯菜餚，只是飽肚而已，那魚肉肥鮮和青蔬藜藿也是差不多的。一旦想開了，心無滯礙，便不會斤斤計較了。

「自你別後，我已悟到『世事一場大夢，人生幾度秋涼。』看那『大江東去，浪淘盡千古風流人物』，當時固皆一世之雄，而今安在？我已超脫塵俗，不想再爲世事枉費心機。如今正想連姓名都給忘掉它，拿根釣魚竿，投下釣魚線，陶陶然做個釣魚翁，寄住在天地間，無牽無掛，好不自在。哪有閒心想要沾惹你說的那些世俗的慾念呢？」

光武帝劉秀知道嚴子陵決心隱退，不願爲臣，便不好逼他從政了。

【譯後語】人生在世，不可太執著（執著是佛家語，出自《大般若波羅密多經》），意謂觀念固執，不能超然物外），對任何事一定要爭個你死我活？一毛錢也不肯吃虧？這是何苦呢？反之，也不可太忘我（莊子齊物論說：「今者吾喪我」。註：「吾喪我，我自忘矣，天下有何物足識哉？」），而認爲人生是寄蜉蝣於天地，生命是渺蒼海之一粟，一切都是短暫的，甚至於是虛幻的。如果這種想法成立，那活著有何意義？活下去有何目的？總之，各人的人生觀（View of life）都不相同，吾儕若因進取太猛而殂歿，豈不可悲。若因猶懼太甚而縮頭，似又不值。這已是屬於哲學範疇，請冷靜客觀評斷。

【原文】光武與嚴陵爲布衣交，及即位，而陵方釣於富春渚。光武思舊，親往聘之，陵不從。光武曰：吾與子友也。今吾貴爲天子，而子猶漁，吾爲子恥之。吾有官爵，可以貴子；金玉可以富子。陵笑曰：始吾交子時，子修志樂貧，似有可取者，今乃妄人也。夫四海之內，至廣大也。十分之中，海洋有其半，夷狄有其三，中國所有，一二而已。夫天子之貴，不過廣宮室，繁車服，美飲食，悅視聽而已。一旦老死，與匹夫匹婦一也。夫車馬代勞也，騏驥款段一也。屋宇庇風雨也，丹雘蓬茅一也。衣服蔽形也，綺紈韋布一也。食粒卻飢也，膏鮮藜藿一也。今吾方自忘其姓氏，操竿投縷，泛然如寄，又何暇貪其妄慾哉？光武於是不敢臣陵。（唐：《無能子》、嚴陵說。又見：《後漢書》、逸民傳、嚴光）

一三九　學和不學孰爲宜季路詢孔聖

孔子有位學生叫子路（元前五四二—前四八〇），姓仲名由，又字季路（《論語先進》：季路問事鬼神，季路就是子路）。他非常孝順，流傳有百里負米孝親的故事。尤重然諾，答應的事，一定辦到（《論語顏淵》：子路無宿諾）。但他喜歡以勇力勝人，而且在未入孔門求學之前，認爲讀書是不必要的。

當子路初次見到孔子時，孔子問他：「你的愛好何在？」

子路說：「我喜愛長的寶劍，可以與人爭勝。」

孔子道：「我不是問你的癖好或是偏愛哪樣東西。我的本意是說：以你所具有的資質和才能，如果再加上好學，那就不是旁人可以及得上的了。」

子路問道：「你所說的『好學』，果眞有益嗎？」

孔子說：「人人都須好學，而且要不斷的學。例如貴爲君王，如果沒有剛直的大臣來指出他的錯誤，就會偏而失正。例如讀書士子，如果沒有益友來切磋學問，就會蔽而失德。樑柱用繩墨鉛錘才會豎得正直，做人因受規勸忠告才會品性端方。由此看來，身爲君子的人，也都不可不學，何況自己還不夠稱爲君子呢？」

子路反問道：「荊南山上，盛產最好的桂竹，不必加工，竹材原就挺直。把它製成竹箭，即使厚如犀牛的皮革也可以射穿。這樣看來，何必再要學呢？」

孔子說：「南山竹箭，固然算是不錯的了。但如果再把箭身削磨光滑，就能減少空氣阻力；箭尾加裝羽毛，就能增添射程的穩定；箭頭配上利鏃（加裝金屬箭頭），就能增強貫穿力量；再把箭鏃磨銳，使它更加鋒利，那不是射得更遠更深更透嗎？爲甚麼不要學呢？」

子路一聽，確實有理，便俯伏拜了兩拜，說道：「夫子的指教極是，我從此就跟隨老師學習，做一名弟子吧。」子路終於成爲孔門中的十哲之一。

【譯後語】現代人若不求學，幾乎無法謀生。孔伋《子思子》無憂第四曰：「學所以益才也，礪所以致刃也。吾嘗幽處而深思，不若學之速也。故順風而呼，聲不加疾，而聞者衆。登高而招，臂不加長，而見者遠。」《荀子》勸學也說：「學不可以已。」意思相同，不須辭費了。

【原文】子路初見孔子，子曰：汝何好？對曰：好長劍。子曰：吾非此之問也，謂以汝之所能，加以好學，豈可及乎？子路曰：學有益乎？孔子曰：爲人君而無諫臣，則失正。士而無教友，則失德。木受繩則直，人受諫則聖。君子不可不學也。子路曰：南山有竹，不揉自直；斬而射之，通乎犀革。以此言之，何學之有？孔子曰：括而羽之，鏃而砥礪之，其入不益深乎？子路再拜曰：敬受教。（《孔子家語》、顏回第十八。又見：《說苑》、卷三、建本篇）

一四〇　材與非材誰免死弟子問莊周

政治脫軌的時代，高官爭權奪利，惡人綁票搶騙，這叫亂世，如何自處呢？莊子（約公元前三六九—前二九五）提出他的自保之道。

莊子名周，戰國宋人，遠去訪友，學生同行。走過一座大山，見到一株大樹，枝繁葉茂，應是上好木材。可是伐木工人全不理會它，只顧去砍其他的樹。

甚麼原因呢？伐木工人說：「這樹雖高雖大，外表似乎不錯，但內部材質窳劣，全無用處。既不能做棟樑和傢具，也不能當柴火燒，因爲它有煙無火，煮飯不熟，燉肉不爛。即令辛苦砍下來，搬到城裡，也沒人要買。工錢運費都撈不回來，所以不砍。」

莊子感嘆道：「這樹因爲不成材，反而免掉傷害，它可以平安的一直活到它生命終結的一天。」

莊子出了山，到一位老朋友家中作客。老友很高興，叫小童僕殺隻鵝，燉來待客。小童問主人道：「一隻鵝會叫，另一隻不會叫，請問該殺哪一隻？」主人說：「殺那隻不會叫的吧！」

第三天，大夥兒回來了。學生問老師莊子說：「前天山上的樹，因爲不成材而活；昨天主人家的鵝，卻因不會叫而被宰殺。這材與不材之間，實在很難決斷。請問夫子，究應如何自處呢？」

莊子笑著答道：「我莊周的處世哲學，乃是明哲保身。我將處身在材與不材之間。逢此亂世，只有居於『有用』和『無用』的中間，才可避禍免害。」

【譯後語】宋代辛棄疾，號稼軒（一一四一——一二〇七）有詞云：「不向長安路上行，卻教山寺厭逢迎。味無味處行吾樂，材不材間過此生。寧作我，豈其卿？人間走遍卻歸耕。一松一竹眞朋友，山鳥山花好弟兄。」也提出材不材間過此生的話。大抵居亂世的保身之道，乃是不逞能幹，也不做百無一用的廢料，處於材與不材之間。由此而想要不爲人先（強出頭會遭殃），不居人後（殿尾恐被截斬），只圖免禍，這是遁世。但一味逃避，就能躲過人間浩劫嗎？只怕未必。莊子一書，其義玄奧，有賴博雅君子評釋。

【原文】莊子行於山中，見大木，枝葉茂盛。伐木者止其旁而不取也。問其故？曰：無所可用。莊子曰：此木以不材得終其天年。夫子出於山，舍於故人之家，故人喜，命豎子殺雁而烹之。豎子請曰：其一能鳴，其一不能鳴，請奚殺？主人曰：殺不能鳴者。明日，弟子問於莊子曰：昨日山中之木，以不材得終其天年，今主人之雁，以不材死。先生將何處？莊子笑曰：周將處乎材與不材之間。（《莊子》、山木）

一四一 將做宰相曹參促駕

漢相新亡，誰來接任？放眼天下，唯我最勝；趕速治裝，立等詔命，果是曹參，有此自信。

漢高祖劉邦（前二四七—前一九五）駕崩之後，由漢惠帝（前？—前一八八，劉邦之子，名劉盈）繼位，蕭何（前？—前一九三）以先朝重臣，續爲丞相。

後來蕭何老了病了，漢惠帝親臨他家探疾。因便問道：「蕭卿百歲之後，誰可以接替你的丞相之位呢？」

蕭何說：「對大臣們了解得最深切的，莫過於皇上呀！」

漢惠帝道：「你看曹參（前？—前一九〇）怎麼樣？」

蕭何說：「陛下已經指出了適當的接任人選，我死後也沒有遺憾了。」

那時曹參正在輔佐齊王（劉邦長子劉肥封爲齊王）爲王國丞相，做了九年，境內治理得安和樂利。

曹參聽到蕭何去世的訊息，立即催促家人趕快整治行裝，說：「我就要回去京都長安當漢相了。」

果然隔不多久，漢皇使者來了，宣召曹參，入京爲相。

起初，當曹參還未發跡顯達之前，與蕭何很友善。及至蕭何升任丞相，就漸漸產生了嫌隙。因爲曹參自以爲功多，但封賞每在蕭何之後，故而怨生，兩人有了嫌隙。等到蕭何臨終時，心目中要推薦的，還是曹參。可見古人胸懷，確有過人之處。

【譯後語】有才有識的人，機會之神會主動來找他，等著好了。怕只怕機會之神找上門了，你卻由於才識不足，不能接受大任，那才難受。歷史上記載說，姜太公在渭水之濱垂釣，魚勾是直的，直勾子怎能釣魚？乃是待時也（機會之神促使周文王來找他）。諸葛亮隱居南陽務農，劉備尋訪他時，第一次雲遊去了，第二次訪友去了、第三次正在隆中高臥，大白天竟然睡覺，這樣子像是務農嗎？也是待時也（機會之神促使劉備來訪他）。《孟子》公孫丑下章說：「當今之世，捨我其誰？」曹參預先料到了，故立即治裝，等待詔命。有大志者，應有此等抱負。

【原文】漢高祖崩，蕭何事惠帝。何病，帝親臨，視何疾。問曰：君百歲後，誰可代君？對曰：知臣莫若主。帝曰：曹參何如？何曰：帝得之矣，何死不恨矣。時參爲齊相，相齊九年，齊國安集。蕭何薨，參聞之，告舍人趣治行：吾且入相。居無何，使者果召參。始參微時，與蕭何善，及爲宰相，有隙。至何且死，所舉賢唯參焉。（《前漢書》、卷第三十九、蕭曹列傳第九。又見：《史記》、卷五十四、世家第二十四）

一四二 想奪帝位轄底貪心

京戲《四郎探母》演的是楊延輝與遼國交戰的故事。那遼國的先代，原是契丹。在殘唐五代時，耶律阿保機（姓耶律，名億，字阿保機，小字啜里只）稱帝，後來尊為遼太祖，在位十九年。

遼太祖登位之前，曾經推讓帝位給叔父耶律轄底（姓耶律，名轄底，字涅烈袞）。轄底幼黠而善辯，險佞者多附和他。可是這次他說：「皇帝由天所命，臣豈敢當。」（當時契丹分為八部，共同「推舉」要阿保機為王）遜謝了沒有接受。

及後，耶律轄底卻又誘使耶律刺葛等人作亂謀叛，由他策劃想要奪取皇位。結果失敗了，向北逃到榆河（源出居庸關，至通縣入白河），為遼太祖的追兵捉到了，囚解到京都受審。

遼太祖問他：「我在登基之初，曾經要把皇位讓給叔父，叔父你推辭不受。如今卻誘使我的弟輩們來奪位，打算立我的弟弟為皇帝，這是為的甚麼呢？」

轄底答道：「那時節，我一直不知道做皇帝有這樣的尊貴，所以推辭了。及至你登位之後，一切排場享受，大與凡民眾庶不相同。在上朝議事時所看到的，都讓我心動不已，這才萌生了篡位的意圖。不過，由於你十分雄武，直接從你手中奪位很難，而你的弟輩們則懦弱易制，我是想利用他們出面來篡位，如果事成了，再把他們殺掉，皇帝就是我的，哪會容許他們活下去呢？」

遼太祖轉頭又問弟輩們：「你們這般人，不是都有高官厚祿了嗎？憑甚麼居然就聽從轄底說的那一套胡言？」

耶律迭剌代表弟輩一干人答道：「皇帝誰不想？但要進行篡位奪權叛逆變天的勾當，就得聽隨轄底這種人來出點子、定奸謀。我們照著做。如果失敗，他是主謀發動者。如若成功，留下他是禍害，也當馬上殺掉他的。」

原來各人在表面上互相勾結，在心底裡卻各有不同的盤算。轄底不再多辯了，囚禁了幾個月，受了絞刑，死了。

【譯後語】皇帝誰都想做。項羽看到秦始皇出巡，說：「彼可取而代也。」劉邦也看到秦始皇巡狩，說：「大丈夫當如是也。」兩人的口氣都好大！《史記卷九二》蒯通說：「秦失其鹿（以鹿比喻帝位），天下共逐之（大家都來追著搶），高才疾足者先得焉（能幹的、動作快的先得到）。蓋因皇帝非一人一家所可私佔，唯有德者居之。本領高的，當學漢高、光武、唐宗、明祖，自己把天下打下來，開基建業，而不是暗施篡奪。現今工商界利權耀人，或許也會有奪權篡位的情況，在位者亦宜提防才是。

【原文】轄底，字涅烈衮。太祖將即位，讓轄底。轄底曰：皇帝由天所命，臣豈敢當。及後，誘剌葛等作亂，爲太祖所獲。太祖問曰：朕初即位，嘗以國讓，叔父辭之。今反欲立吾弟，何也？轄底對曰：始臣不知天子之貴。及陛下即位，與凡庶不同，臣嘗奏事動心，始有窺覦之意。度陛下英武，必不可取。諸弟懦弱，得則易圖也。事若成，豈容諸弟乎？太祖謂諸弟曰：汝輩乃從斯人之言耶？迭剌曰：謀大事者，須用如此人。事成，亦必除之。轄底不復對。囚數月，縊殺之。（元、脫克脫：《遼史》、卷百十二、列傳第四十二）

【另文】隋代李密（五八三—六一八），字玄邃。兩眼瞳子黑白明澈，隋煬帝見之曰：此人顧盼不常，毋令入衛，防其叛也。後密往從包愷求學，騎牛往，於牛角挂漢書一帙。楊素遇見奇之，命兒子楊玄感傾心結納。楊玄感起兵，李密爲主謀。玄感敗死，密逃。後據洛口，稱王。爲王世充擊敗，投歸唐朝，封邢國公，仍欲爲皇帝，擁兵謀叛，被斬。（歷史上有兩個李密：一是「牛角掛書」的隋代李密，即本段，見《新唐書》。一是撰「陳情表」的晉代李密（二二四—二八七），見《晉書》、孝友傳）

一四三　范堯夫慨捨麥舟贈故友

好友有急需，麥子連船贈；慷慨范純仁，子父相輝映。

北宋范仲淹（九八九—一○五二）。字希文，諡文正，故稱范文正公。才高志遠，樂善好施。當他在睢陽（今河南商邱）時，命他的次子范堯夫（一○二七—一一○一，范純仁是名，堯夫是字，皇祐進士，後爲尚書僕射）前往姑蘇（今江蘇吳縣，地有姑蘇山得名），去運回麥子五百斛（音胡，十斗爲一斛）。

那時范堯夫年紀尚輕，用船裝著麥子，押船回來。歸途中，在丹陽停靠（今江蘇丹陽縣），不期遇見了石曼卿。

石曼卿（九九四—一○四一），名石延年，有節氣，不務俗事，後來與歐陽修爲好友，官至秘閣校理（歐陽修有《祭石曼卿文》，收入《古文觀止》）。

范堯夫問他道：「爲何滯留此地？寄居這裡多久了？」

石曼卿說：「兩個月了，因爲有三位親人在此過世，現在暫時用淺土將棺柩護著，想要歸葬北方，尙須籌措大筆費用，目前還沒有人可以商議支助這件大事。」

范堯夫見他有此大難題，便把整船麥子連船一併贈送給他，好讓他變賣後進行歸葬。無累一身輕，范堯夫獨自一人回來了。

到了家裡，拜見了父母，就站立在一旁，聽候吩咐。過了許久，仲淹不經意地問道：「你去東吳（姑蘇丹陽，都是東吳轄地），碰見了熟朋友沒有？」

范堯夫答道：「在丹陽，遇到石曼卿，因爲三喪未能歸葬，仍舊留在那裡。由於沒有碰到像郭元振（六五六—七一三，名郭震，任俠使氣，樂於助人）那樣慷慨解囊的人，以致還未能移柩回里。」

范仲淹說：「爲何不把那船麥子送給他呢？」

堯夫道：「孩兒已經連船都贈送給他了！」

【譯後語】本書所記，多是普通瑣事，小中足以見大，盼讀者不宜以微細而忽略之。以本篇而論：父子聯輝，該是美談。范仲淹說：「何不以麥舟與之？」范堯夫說：「兒已連船付之矣。」有其父必有其子也。《古文觀止》有一篇《義田記》，說「范文正公，平生好施與，置田千畝，號曰義田，以養濟族人：嫁女者五十千，娶婦者三十千。公雖位高祿厚，而貧終其身。歿之日，身無以爲殮，子無以爲喪，唯以施貧活族之義遺子而已。公之忠義滿朝廷，事業滿邊隅，功名滿天下，後世必有史官書之者。」范仲淹的這種樂善好施的義行，不獨難以求之於晚近，即方之於遠古，亦不可多見。因此有人撰聯贊之曰：「義立田千畝，仁推麥一舟。」上句指義田濟人，下句說麥舟贈友（他幼時貧而勤讀，請參閱「另文二」斷虀畫粥）。現代不少聞人，富可敵國，錢財生未帶來，死不帶走，倘偶閱此篇，能起而效之乎？

義助仁施之途徑很多，例如設立貸學金基金會（借貸給可深造的清寒學士，爲國育才，就業後償還，以資週轉）。優良讀物助印基金會（例如李國鼎提倡第六倫群己關係，迄無進展，乃因宣導欠廣）。免費產科醫院（誕育健康的下一代，單科易於專精）。盲人反光手杖贈與慈善會（同情盲者出外行走，予以幫助）等等。然否？可否？考范仲淹在睢陽的作爲，本書摘了兩項義舉：一是本篇，父子都願意送出麥舟。一是助孫明復入官學而成大儒（見第十二篇）令人景慕不已。

【原文】范文正公在睢陽，遣堯夫到姑蘇，搬麥五百斛。堯夫時尚少，既還，舟次丹陽，見石曼卿，問寄此久如？曼卿曰：兩月矣。三喪在淺土，欲葬之，而北歸無可謀者。堯夫以所載麥舟與之，單騎而回。到家拜起，侍立，良久，文正曰：東吳見故舊乎？曰：曼卿爲三喪未舉，方留滯丹陽，時無郭元振，莫可告者。文正曰：何不以麥舟與之？堯夫曰：已付之矣。（朱熹：《五朝名臣言行錄》、第七卷、七之二）

【另文一】范堯夫至姑蘇，取麥五百斛。舟還，次丹陽，見石曼卿云：三喪未舉，無可謀者，堯夫以麥舟與之。到家，文正問曰：東吳遇故舊乎？曰：曼卿三喪未葬。文正曰：何不以麥舟與之？堯夫曰：已連船付之矣。（宋、釋惠洪：《冷齋夜話》）

【另文二】范文正公仲淹，讀書長白山。日煮粟米二升，作粥。待其凝，畫爲四塊。斷齏數莖，旦暮啖之，嘗作「齏賦」。（《龍文鞭影》、二集、卷上、斷虀畫粥）

厚禮多多送，大官都高興；這回拍馬該管用，只怪太宗要整頓！

一四四　趙元楷私養羊魚賂貴官

唐朝貞觀七年（六三三），唐太宗（五九八—六四九，李世民）臨幸黃河洛水區的各個州郡，其中也包括到蒲州（舊府名，府治在今山西永濟縣）巡視。

皇帝巡視本州，這是何等大事？蒲州刺史（唐代刺史爲州府之長）趙元楷，趁機獻媚，便選派許多士紳父老，在官道兩旁迎謁聖駕，還下令要求一律穿上黃紗薄衫，以求整齊劃一。又特別裝飾了行宮官署，使皇上及京官們住得舒服，更修砌了城牆樓臺及垛子，增添州府體面。還特意偷偷飼養了百多頭肥羊，幾千尾大魚，準備送給隨同皇上巡幸的高官貴戚，如果討得個好印象，升官就大有指望了。他策劃這樁大事，費時費錢又費力，一般欠聰明的州府大官，設想哪會如此週到？

趙元楷這一連串的動作，被唐太宗知道了，便把他找來，當面責備道：「我這次巡察黃河洛水一帶，經過了許多州府。凡是隨行所需的，都由朝廷供給，不曾勞費地方政府。你修城漆署，專注外表；限穿紗衣，苛擾百姓；尤其飼羊養魚，大送私禮；這都是前代隋朝的壞風氣，所以隋祚不長，如今不可以再效尤了。你應當知道我整飭官常、端肅政風的心志，把以往不良的壞習慣改掉才是！」

由於唐太宗知道趙元楷在隋代有媚上取巧的行為（元楷在隋，曾因呈獻異味而超升江都郡丞），所以用這番話來告誡他。趙元楷挨了御罵，滿懷惶疚。皇上對他印象很壞，追究下去，終生吃不消。心中一直擔憂，不知道哪一天會事發，飯也吃不下，沒有多久，就過世了。

【譯後語】小人耍歪得利，要看甚麼環境。趙元楷不該處在政治清明的唐太宗貞觀時代，如果早在以前的南北朝，或是晚在殘唐五代時期，他那送禮獻媚的功夫，就可施展無礙了。大凡勵精圖治時代，奸佞應無得售之日；若逢亂世，邪術才會大行其道。今天的中國，海峽兩岸分治五十年，兩邊都有不少的毛病：沒有是非，不分邪正，貪贓索賄，違法濫權，價值觀念混淆，社會風氣敗壞。我們這一代人，多是爭私利以肥己，豈不是國家的蟊賊？而由於教育偏了，下一代仍然個個朝錢看，都嚴重的患了自私癌症，不知何代何時會有轉變？

【原文】貞觀七年，太宗幸蒲州。刺史趙元楷，課父老服黃紗單衣，迎謁道左。盛飾廨宇，修營樓雉，以求媚上。又潛飼羊百餘口，魚數千頭，將饋貴戚。太宗知之，召而數之曰：朕巡省河洛，經歷數州，凡有所需，皆資官物。卿為飼羊養魚，雕飾院宇，此乃亡隋弊俗，今不可復行。當識朕心，改舊態也。以元楷在隋邪佞，故太宗戒之。元楷慚懼，數日不食而卒。（《貞觀政要》、卷之六、杜讒邪、第二十二）

一四五　王翦多請田宅

要田要地要房子，一個勁兒想多置家產，好留給後代。由此來看，王翦只是愛財，不必懷疑他會生反叛之心了。

秦始皇（前二五九—前二一〇）併吞六國，王翦是個大功臣。當他進攻楚國時，秦始皇給他六十萬大軍，還親自送行到灞上，以示此行的重要。灞上在秦國首都咸陽（今西安附近）東北，灞水流經此處，有一橋叫灞橋，送行者多到此話別，因此又叫銷魂橋。

那王翦是秦國名將，替秦始皇打下了趙國燕國。這次伐楚，原先王翦就說要精兵六十萬，另有位將軍李信則說二十萬就夠了。秦始皇認爲王翦口氣太誇，花費也太大，便委派了李信，哪知李信果然兵少打了敗仗。始皇才轉而求王翦重行領兵，且傾全國之力，如數派給他六十萬大軍，後來終於攻下了楚國。

王翦出發的時候，請求始皇賜給他良田華屋園林池沼，而且索取許多。秦始皇說：「王將軍放心出征好了，你還擔心没有財產，會過窮日子嗎？」

王翦說：「雖然做了大王的將軍，打了不少勝仗，即使立了大功，也不得封侯。所以我趁著大王還看重我的時候，請求一些田宅園池，也好爲子孫多留一點產業呀！」始皇見他愛財心重，還一勁爲自家後代打算，不覺哈哈笑了。

王翦一路開拔到國境邊的關隘上，還先後派了五次使者回京，催請始皇撥給他肥田美宅。有人對王翦說：「王將軍你這樣多次的求討田地，是不是太過分了呢？」

王翦私下解釋道：「不是的，你們有所不知。這位始皇帝的猜忌心與疑惑心都太重，他不相信任何人。今天他把所有的甲冑之士都派了出來，秦國的兵力都抽空了，六十萬大軍完全交付我來出國遠征，他哪會放心得下？我如今多請田宅打算留給子孫，表示我一定會老老實實的回來過日子，不會在外面起不軌之心。不然的話，豈不是等著他疑心我兵權在我掌心，隨時可以反叛，長時期來猜疑我嗎？」

【譯後語】頻索田地園莊，故示胸無大志。既已置產置業，必然不叛不亡。王翦一介武夫，竟也粗中有細。好叫始皇釋念，確爲保命良方。

【原文】始皇伐荆（就是楚國），使王翦將兵六十萬，始皇自送至灞上。王翦行，請美田良宅園池甚衆。始皇曰：將軍行矣，何憂貧乎？王翦曰：爲大王將，有功終不得封侯。故及大王之嚮臣，臣亦及時以請園池爲子孫業耳。始皇大笑。王翦既至關，使使還請善田者五輩（五次）。或曰：將軍之乞貸，亦已甚矣。王翦曰：不然。夫秦王怚中而不信人，今空秦國甲士，而專委於我。我不多請田宅爲子孫業以自堅，顧秦王坐而疑我耶？（《史記》、卷七十三、列傳第十三。又見：《資治通鑑》、卷七、秦紀二。又見：《經世奇謀》、一卷、備患類）

一四六　令狐少讀經書

西諺說：「知識就是力量」（Knowledge is power），此話不假。求知的捷徑，就是讀書。令狐先生官位雖大，學問不一定很大。

唐代令狐綯（七九五—八七二，令狐是複姓），字子直，是令狐楚（七六五—八三六，官尚書僕射）的兒子。唐文宗時，考取進士，精於文學，作過太守，知制誥，及翰林學士。唐宣宗時，拜司空（朝中六卿之一），又做到宰相。唐僖宗時，任鳳翔（在今陝西）節度使，節制北方州郡，位高權大。

令狐綯曾因某樁古事不知道記載在哪本書裡，因去訪問舊友溫庭筠（八一二—八七〇），請他指教，典出何處？

溫庭筠說：「這個典故，乃是出自《南華經》（就是《莊子》。《唐書》藝文志載：天寶元年，詔號《莊子》為《南華眞經》）裡面呀！當今我們儒士的讀書範圍，僅有經史與諸子等幾種。例如《莊子》《老子》這些書，只可算普通讀物，並不是冷僻書籍。或者容許我作個建議，你雖然官位很高，但在日理萬機之餘，仍要抽點時間，多翻覽一下古今書本，以免荒疏才好。」

那溫庭筠，字飛卿，唐代太原人，才思敏捷，工於詩詞，和李商隱（八一二—約八五八，號玉谿生）齊名。《全唐詩話》中說：飛卿每入試，押官韻作賦，凡八叉手而八韻成，時人號爲溫八叉云。

【譯後語】宋眞宗說：「開卷有益」。黃庭堅說：「人不讀書，則面目可憎，語言無味」。英國文豪蕭伯納說：「你我各有一個蘋果，交換後，各人仍只一個蘋果。但若你我各有一項知識，交換後，各人就有兩項知識了」。從書本中求知，是最方便、最快、最有用、最划得來的事。虧得前輩高賢，有的埋頭多年（左思寫《三都賦》，一篇文章花了十年才成），有的窮一生精力（司馬光撰《資治通鑑》，計共二九四卷，費十九年，自稱一生精力，盡瘁於此），把滿肚子經驗和智慧，都傳下來。他們殫精竭慮，嘔心瀝血的「知識」，我們輕易就能全部接收，世上哪還有比這更便宜的事？試問：爲甚麼大家去炒股票，由於那是最划算的事，殊不知讀書才是最划算的。股票賺到的錢，會花掉的，讀書賺到的知識，不怕偷，不怕搶，終生享用，高下全不能比。不過，現今是知識爆炸的時代，天下的書不能讀盡，因此，英國作家羅斯金在《芝麻與白合》中，把書籍分爲兩類：一時之書（看後即丟的消閒書，少看），與永恆之書（傳之久遠，價值永存，不會淘汰的書，多讀）。知識足了，就不會鬧笑話：例如每下愈況（不是每況愈下）語出《莊子知北遊》。汗流浹背（不是夾背）語出《後漢書伏皇后》。餬口維生（不是糊口）語出《左傳隱十一》。知彼知己百戰不殆（知彼在先，不是知己知彼百戰百勝）語出《孫子謀攻》。讀通了，進退自如，達則兼善天下（服務大眾），窮則獨善其身（窮是不得志，知識提升了我的思想境界，建立了洞達的人生觀，可以修身立品），不是高下隨心嗎？怕的是：求知只是為了拿文憑，須知一個大學畢業生，不見得就有學問。即使拿到博士學位，也還談不上有實學，做學問是終身的事。有的人一出校門，再不讀書，憑小聰明也能混個大官，或開個甚麼公司，從此有狄斯可要狂跳、有×Ⓞ（也該死啊）要乾杯，有清一色要自摸，有高而富要揮桿，忙得暈頭轉向，還看甚麼臭書？只是如此一來，德之不修，學之不講，憑小聰小慧，買空賣空，雖可苟全於一時，終將僨事於來日。茲引林語堂的一段話作結：「我在幼年時，甚麼都不懂。讀大學時，自以為甚麼都懂。踏入社會後，才知道甚麼都不懂。到了中年，又以為甚麼都懂。現在垂暮之年，我才知道其實甚麼都不懂。」我們能不求知嗎？能不多多充實自己嗎？

【原文】令狐綯，拜司空。僖宗時，節度鳳翔。令狐綯曾以舊事訪於溫庭筠。對曰：事出南華，非僻書也。或冀相公燮理之暇，時宜覽古。溫才捷，凡八叉手而八韻成。（南宋、計有功：《唐詩紀事》、溫庭筠）

【另文一】徐存齋由翰林督學浙中時，年未三十。一士子文中用「顏苦孔之卓」，徐批云杜撰，置四等。此生將領責，執卷請曰：大宗師見教誠當。但苦孔之卓，出揚子法言，實非生員杜撰也。徐起立曰：本道僥倖太早，未嘗學問，今承教多矣，改置一

等。一時翕然，稱其雅量。（明、馮夢龍：《增廣智囊》、卷上、上智）

【另文二】南唐李建勳，罷相，出鎭豫章。一日與賓僚遊東山，過一茅舍，有兒童誦書聲。相君就之，乃一老叟，教數村童。離席迎賓，翔雅有體，丞相悦之，遂觴於其廬。李以晩渴，連食數梨。賓僚有曰：此不宜多食，號梨爲五臟刀斧。叟竊笑。丞相曰：先生之哂，必有異聞。叟謝曰：老朽愚賤，實無所聞。李堅質之，叟不得已，問說者曰：敢問刀斧之說，有稽乎？曰：舉世盡云，必有其稽。叟曰：見《鶡冠子》。所謂五臟刀斧者，非所食之梨，乃離別之離爾。蓋言人之別離，戕伐胸懷，甚若刀斧。遂就架取一小冊，振拂檢之，竟如其說。（淸、康熙帝敕撰：《子史精華》、卷七十一、不學。又見：文瑩：《湘山野錄》）

【另文三】溫庭筠，才思艷麗，每入試，押官韻作賦，凡八叉手而八韻成。唐宣宗嘗賦詩，上句有金步搖，未能對，庭筠以玉條脫對之，宣宗賞焉。又藥名有白頭翁，溫以蒼耳子爲對（也是藥名）他皆類此。（淸、張思巖：《詞林紀事》、卷一）——有人說令狐綯即是不知「玉條脫」是甚麼典故及出自何書而去問溫庭筠的。

【另文四】㈠太常少卿姜度生子，李林甫（唐玄宗時爲宰相）手書慶之曰：聞有弄麞之慶（應爲弄璋），衆皆掩口。㈡李林甫典選，選人嚴迴判語用「杕杜」二字（杕音弟，獨居無兄弟之意）。林甫不識杕字，問曰：此云「杖杜」何也（杕錯認爲杖，不通）？聞者不敢答。（《續世說》、卷十一、紕漏）

一四七　皇宮弱女殺賊酋殺掉一個就夠本

弱女子，扮公主。投枯井，未能死。天潢冑，不可侮。殺一酋，留青史。

明朝末帝明思宗崇禎十七年（一六四四），流賊李自成（一六〇六——一六四五）作亂，聲勢浩大，自稱闖王，竟攻下了首都北京，崇禎皇帝在紫禁城後的景山自縊死了。流寇衝進了紫禁內城，嬪妃都慌忙逃命。皇宮裡有位宮女，姓費，有的書上說叫費貞娥，十六歲。她要長公主與她換穿衣服（長公主的儀服與王侯相同），催促長公主趕速逃命。自己則跳入一個廢棄的乾井中，暫時躲避。

賊群四處搜索，發現井底有人，勾撈上來，只見她長得貌似鮮花，姿容絕美。大家你爭我奪，想要獨佔她。

費貞娥喝道：「我是皇上的長公主（她穿了長公主的服裝），你等不得無禮！」這些賊人不敢相逼，擁著她去見李自成。為了驗明正身，找到皇宮裡的一位中官（宮中太監又稱中官）來辨認。這位太監仔細端詳後，說她不是皇上的長公主。李自成便將她賞給心腹愛將且立了大功的羅某，有的書上說是羅一虎。

費貞娥騙羅一虎說：「我實在是明朝帝王家的皇族，身分高貴，萬難苟合同居。你是將軍，必須擇定吉日，按正式婚禮娶我。」

羅某獲得皇族貴裔美女爲妻，大喜，擇期擺酒成婚，大宴賓客。群賊都嗜酒豪飲，羅某被灌得酩酊大醉，夜闌進入洞房，倒在床上便睡，鼾聲大作。費貞娥預藏利刃，抽刀割斷了羅某的喉頭，將他殺死了。

費貞娥對自己道：「我只是個弱女子，殺了一個賊帥，於願已足了。」也自刎而死。

李自成得知此變，心中大驚，歎服費貞娥的節烈，乃下令將她好好安葬。

【譯後語】明代，女孩子不唸書，對世事未必深諳。居在深宮，年僅十六歲，對國難亦無權責。而費氏貞娥，竟然如此節義，洵爲絕後空前。武將文臣，能不愧煞？

余讀《費貞娥刺虎》此一史實，感慨其既壯且烈，千古流傳，宜贊宜歌，以旌其德：一住深宮十六秋，漫天風雨遍神州；皇王殉命人神慟，眢井藏身盜寇求、喜酒拼杯頹莽將，洞房抽刃割酋喉；纖纖弱女桓桓膽，愧煞鬚眉萬姓謳。

【原文】明崇禎十七年，李自成作亂，都城陷。有宮人費氏，年十六，自投眢井中。賊勾出，見其姿容端美，爭奪之。費氏紿曰：我長公主也。群賊不敢逼，擁見李自成。自成命中官審視之，非是。以賞部校羅某。費氏復紿羅曰：我實天潢，義難苟合，將軍宜擇吉成禮，羅喜，置酒極歡。費氏懷利刃，俟羅醉，斷其喉，立死。因自詫曰：我一弱女子，殺一賊帥足矣。遂自刎死。自成聞之，大驚，令收葬之。（《明史》、卷一百十四、列傳第二、后妃二）

一四八　翰林院士寫歷史寫上萬卷不曾完

史家撰史，總想巨細不遺，文就長了。又想簡潔，力求其短，這就兩難了。怎麼辦？必要從精鍊著手。

北宋歐陽修（一〇〇七—一〇七二）字永叔。舉進士甲科，做過翰林院侍讀學士，宋仁宗時，做到參知政事。

他在翰林院的時候，有一天與同院學士閒遊，偶然看到遠處一匹脫韁的馬，在大道上急奔，馬蹄踏處，竟將一隻睡在道路上的狗踩死了。

歐陽修對同院說：「能不能試著把這件事寫下來？」

同院唸道：「有犬臥通衢（大道也），逸馬（逃失或是狂奔的馬）蹄而死之。」

歐陽修說：「你這樣寫來，文字用多了（用了十一個字）。如果請你寫唐朝或漢代的歷史，恐怕你寫上一萬卷還不曾寫完呢？」

這位同院問道：「依內翰（對翰林的別稱）你的意見，應當怎樣寫才簡省呢？」

歐陽修說：「我會簡潔的寫記為『逸馬殺犬於道』」（只用了六個字），不就行了？」

我們看歐陽修撰寫《新唐書》二百二十五卷，自稱與《舊唐書》比較，事增於前，文省於舊。又撰了《新五代史》七十五卷，義例嚴謹，文字高簡，值得我們多多學習。

【譯後語】請參看後面兩段原文，竟有七種寫法：㈠「有奔馬斃犬於道」七字。㈡「有犬臥通衢，逸馬蹄而死之」十一字。㈢「逸馬殺犬於道」六字。㈣「有奔馬踐死一犬」七字。㈤「馬逸，有犬遇蹄而斃」八字。㈥「有犬死奔馬之下」七字。㈦「適有奔馬踐死一犬」八字。這樁簡單小事，寫記各異，下筆可謂難了。此事有三個要點：逸馬、臥犬、大道（四五六七句未寫明大道，將誤爲曠野荒郊）。記述文在寫實，首求要點不漏，次求明白通順，然後刪削贅字複文，以達精鍊簡潔之旨。三者齊備，斯是上品。現今流行語體文章，優點是明白易懂，但把「揚名國際」寫成「打響了國際的知名度」。「雄心」寫成「具有旺盛的企圖心」，字用得多，是否犯了拖泥帶水之病，不妨多體察本篇的含義。

【原文一】歐陽公在翰林日，與同院出遊，有奔馬斃犬於道。公曰：試書其事。同院曰：有犬臥通衢，逸馬蹄而死之。公曰：使子修史，萬卷未已也。曰：內翰以爲如何？曰：逸馬殺犬於道。（《唐宋八家叢話》）

【原文二】往歲文人多尚對偶爲文。穆修（宋人，字伯長，歐陽修贊他）張景（宋人，字晦之，爲文學參軍）輩始爲平文（猶今散文）。穆、張嘗同造朝，待旦於東華門外。方論文次，適見有奔馬踐死一犬，二人各記其事，以較工拙。穆修曰：馬逸、有犬遇蹄而斃。張景曰：有犬死奔馬之下。沈括曰：適有奔馬踐死一犬。（宋、沈括：《夢溪筆談》）

一四九 壬秋治學問舟行逆水

治學之道無他，「聖人事業勤而已。」這是明代陳白沙體會出來的。

清代學人王闓運（一八三三——一九一六），字壬秋，原名開運，又字紉秋，又字壬甫，又字壬父，湖南湘潭縣人。清咸豐三年（一八五三）舉人。自幼好學，但資質魯鈍，每天唸不到一百字，於是發憤自責，即使勉強，也當努力以赴。他的治學方法，正如在逆水中撐船，比別人要多花好幾倍力氣。

他既下定決心，對不懂不熟的課業，就是用一個「勤」字去克服：早上溫習的功課，如果背不出來，便不吃飯。晚上背熟的功課，如果不懂意義，便不睡覺。這樣苦學到十五歲，可以懂得文字的義理宗旨了。到二十歲，能夠分析古書的章節句讀了（**古籍無標點符號，很難斷句，必須讀者自己圈點，終結處叫句，停頓處叫讀，讀音逗**）。到二十四歲，可以開講《周禮》《儀禮》《禮記》了。

王闓運刻苦勤讀，寒冬炎暑從不休息。所有經（十三經）史（廿四史）百家（諸子之學）之書，全部研習背誦過。每天注解、箋釋、抄錄、校勘，都訂下一定的課程，必須做完。每次遇有心得，就隨手筆記，以備查考。

他說：「執筆為文，如果不仿傚古文的嚴謹格局，以致鬆散汗漫，便喪失了法度。但如果完全依從古文的死板格局，以致毫無變化，又喪失了創意（鄭板橋也說：「作文必欲法前古，婢學夫人徒自苦」）。

他又感歎地說：「我不是個才思敏捷的文人，只是個困知勉行的學人罷了。」王闓運寫的文章，汪洋縱肆，通達於理。作的詩，華藻麗密，詞氣蒼勁，有漢魏遺風。居處叫湘綺樓，故號湘綺老人，有《湘綺樓全集》。

他學問有成之後，曾經參贊曾國藩（一八一一——一八七二）之軍務，後回湖南，先後擔任長沙思賢講舍、衡州（今衡陽市）船山書院（紀念明末大儒衡陽王夫之號船山先生）校長。民國肇建後，曾任國史館館長。民國五年（一九一六）逝世，享年八十五歲。

【譯後語】王壬秋寫《湘綺樓日記》從卅八歲寫起，到八十五歲臨死才停筆，百多萬字。他說：「余自廿五歲以來，迄今五十年，日書三千，作字以億兆計。」如此勤而有恆，能不敬佩？另外，和他一樣勤學的，一九九八年終於破格膺選爲中央研究院院士的曹永和，台灣籍，年近八旬，學歷只是中學畢業。但他勤於自修，精曉日英法西班牙諸國文字。他年輕時，寫了一篇論文，深受日本東京大學的激賞，幫他爭取到聯合國教科文的獎學金，到東京大學進修。後來又到荷蘭萊頓大學研究，連荷蘭人都不太懂的十七世紀古荷蘭文，他都無師自通。海洋交通史是他的特長，台灣大學聘爲教授。這也是勤而成名的榜樣。我們知道：天才究爲少數，多的都是凡人。鄭板橋說：「天下雖大，所謂人才，數人而已。」求學必須日積月累，別的事可以速成，做學問只能漸進。有一夜致富的人，卻沒有一天就拿到博士的人。妙的是：賺到了錢，花出去就沒有了。求得了知識，運用出去，知識仍在，而且愈用愈成熟，這就是知識的可貴。處今資訊爆炸時代，求知已不限於僅從印在紙上的書本中獲得，未來的書，將出現：有聲書、影像書、網路書（eBOOK，成本三十元一片DVD可存一萬本書）、電子油墨書（E－INK、一次可容四千頁）。因而知識愈變愈重要，「知識就是力量」。金錢華屋，都靠不住。唯有學識，不怕偷，不能搶，不須鎖在保險櫃裡。知識涵泳於己，可以潤身浴德，知識顯揚於外，可以福國利民。我們如果信服這番道理，便會去探索這學問之海，即使在海邊只檢到幾片美麗的貝殼，不也是很值得安慰嗎？

【原文】王闓運，字壬秋，湘潭籍。咸豐舉人。幼好學，質魯，日誦不能及百言。乃發憤自責，勉強而行之。昕所習者不成誦，不食。夕所誦者不得解，不寢。於是年有十五，明訓詁；二十而通章句；二十四而言禮。闓運刻苦勵學，寒暑無間。經史百家，靡不誦習。箋注抄校，日有定課。遇有心得，隨筆記述。嘗曰：文不取裁於古，則亡法。文而畢慕乎古，則亡意。又嘗自歎曰：我非文人，乃學人也。學成，參曾國藩幕。歸爲長沙思賢講舍、衡州船山書院山長。鼎革後，嘗一領史館。民五年卒，壽八十有五。（《淸史》、卷四百八十一、列傳二百六十七、儒林傳三）

一五〇　張巡背漢書口若懸河

有的人記憶力超強，凡事過目不忘，天賦特厚。

唐代有位于嵩，年青時就跟隨著張巡。于嵩喜好讀書，有閒暇就誦讀不輟，書也讀了不少，是個好學的人。

那位張巡（七〇九—七五七），南陽人。唐玄宗時，考上進士，歷任清河、眞源各縣縣令。後來安祿山（？—七五七，胡人，厚結楊貴妃，後反唐）造反，張巡與許遠（七〇九—七五七，是睢陽太守）合守睢陽抗賊，詔拜御史中丞。兩人堅守數月，糧盡城陷，殉難。新唐書中有傳。

于嵩述說了一些張巡的小故事：

張巡身長七尺有餘（古尺比現在的尺較短），鬍鬚很有神威。有一回，他看到于嵩正在誦讀《漢書》（東漢班固寫的），就問于嵩道：「爲甚麼一卷《漢書》讀了這麼久？」於是接著于嵩正在唸的句子，一個勁兒背下去，口若懸河，還加上抑揚頓挫，將這整卷《漢書》背完了，一個字也沒有錯。

于嵩大吃一驚，心想一定是張巡原先對《漢書》特別精熟，今天恰巧碰上了而已，因

在桌上書堆中隨意抽出其他的書來試試張巡，也都能背得出來。

于嵩又起身到書架上任選了好幾本書，翻開從中部唸了幾句，張巡竟然接口就往下唸，毫無滯礙。

于嵩跟隨張巡爲時很久，也沒有見到張巡時常接觸書本。寫起文章來，只見張巡振筆疾書，完全不要打草稿。

張巡初始駐守睢陽時，守城抗賊的士兵合共有上萬人之眾，城中住戶也有數萬家，張巡只要第一次見面時問知姓名，就記住了，以後再見面即直呼其名，沒有不認識的。

張巡就義時，態度從容，臉色不變，安和自得，一如平常。死時才四十九歲。

【譯後語】記憶力高強的人，令人欽佩。今舉一例，以顯中國人的光榮：大陸學界泰斗無錫錢鍾書先生（一九一〇——一九九八），他投考清華大學時，數學只獲十五分，但英文考得滿分，學校愛才，破格錄取。他後來留學英國牛津，回國後在西南聯大、清華、北大任教，先後出席義法美日等國國際會議。他記憶力超群，能夠流利地背誦《牡丹亭》。他出席美國耶魯大學學術大會的「表演」，更震驚中外。他博聞強記，出口成章，每提及一位英國詩人，就用優美的牛津英語背誦一首這位詩人的原詩。迨提及德國詩人，就用標準德語讀出他的一篇原作。再提到某位拉丁詩人，他也用拉丁語唸上一段拉丁詩。把眾多的美國與會者唬倒了。無怪一些西方學者說：到中國去，一是爲了遊覽長城，一是爲了拜晤錢鍾書。

【原文】有于嵩者，少依於巡，好學，無所不讀。云：巡長七尺餘，鬚髯若神。嘗見嵩讀漢書，謂嵩曰：阿爲久讀此？因誦嵩所讀書，盡卷，不錯一字。嵩驚，以爲巡偶熟此卷，亂抽他帙以試，無不盡然。嵩又取架上諸書，試以問巡，巡應口誦無疑。嵩從巡久，亦不見巡常讀書也。爲文章，操紙筆立書，未嘗起草。初守睢陽時，士卒共萬人，城中居人户亦且數萬，巡因一見問姓名，其後無不識者。巡就戮時，顔色不亂，陽陽如平常。死時年四十九。（韓昌黎文：《張中丞傳》）

【另文】唐·蔣乂（音藝），七歲時，誦哀江南賦，數遍而成誦在口。弱冠博通群籍。貞元九年，唐德宗登凌烟閣，見左壁剝，文字殘缺，每行僅有三五字，以問宰臣，無以對，召乂至，對曰：此乃侍臣圖贊，臣皆記憶。即於御前口誦，不失一字。十八年，詔問神策軍建置之由，諸學士悉未能對，乃訪於乂。乂徵引根源，極爲詳備。（《舊唐書》、卷一百四十九、列傳第九十九）

一五一　蘇秦讀陰符說趙王佩六國相印

昔時，宰我和子貢是孔子門下「言語」科的高材生。同樣的，蘇秦和張儀則是鬼谷子門下的說話高手。張儀說「只要我舌頭仍在就夠了」。蘇秦的能耐，請看本篇。

戰國時代，遊士（遊走各國，說動君王，任以官職的讀書人）紛起。蘇秦（元前？—前三一七。字季子，洛陽人，鬼谷子的門生）是縱橫家。起初欲以連橫之策（聯合六國與秦國修好）遊說秦惠王（在位二十七年），希望能受到重用。

蘇秦從家鄉洛陽（今河南省）到秦都咸陽（今陝西省），向秦惠王呈上建議書說：「大王統治秦國，西面有巴蜀的肥沃和漢中的富庶（都屬益州）作國基，北面有狄胡的貉裘和代郡的駿馬作大用（代是周時國名，後屬秦，產好馬），南面有巫山（屬夔州）的高峻和黔中（秦楚邊界）的阻隔作屏障，中部有殽山的挺峙和函谷關的天險作衛護，這乃是物產富饒的雄邦，天下第一的強國了。請大王稍加關注，讓我來拓展它的功效。」

秦惠王推辭道：「我聽人說：毛羽還未豐滿的，不可以高飛。今先生不遠千里而來指教我，但願將來有一天能夠用到。」顯然他對蘇秦沒有興趣。

蘇秦前後呈上了十次長篇偉論的計劃書，秦惠王都沒有採納。時日已久，蘇秦的黑色貂皮毛袍穿壞了，借來的黃金百斤也花光了。旅費用完了，只好離開秦國，黯然回去。

從秦都咸陽到他家洛陽，路途很遠。蘇秦雙脛裹上綁腿，兩腳穿上草鞋，背上背著書囊，肩頭挑著行李。身形枯瘦、容貌乾焦；臉色泛黃，眼神弛滯，一無成就，慚疚抵家。進入家門，只感到滿屋冷漠，妻子沒有停下織布機相迎，嫂嫂不肯替他作飯，父母也不願和他講話。蘇秦長嘆道：「妻子不認我作丈夫，大嫂不認我爲小叔，父母也不認我是兒子，這全都是秦國給我的罪孽，誓雪此恥！」

於是連夜攤開所有的書册，挑出了一部寶典《陰符經》（即《太公陰符鈐錄》。有姜太公及鬼谷子等人作注。朱熹説此書有精語，很深邃），當時就伏身細讀起來。如此夜以繼日，直到疲倦已極，要打瞌睡了，就拿支尖銳的錐子，刺進大腿的皮肉裡，藉痛楚來驅走睡魔。腿上的血，任它流到腳上，也不管了。下了一年苦功，學已精熟，乃自奮道：「如今該再度出山了，哪還有不能叫君王們拿出黃金美玉、錦綾繡緞，委我以公卿宰相之尊的道理的呢？」

於是往見趙王（是趙肅侯），倡言合縱之利，（六國聯合起來對抗秦國）。在擊掌暢論之餘，趙王很是歡喜，即時封蘇秦爲武安君，授以宰相之印。並給他兵車一百輛，錦繡一千匹，白玉一百對，黃金二十萬兩（二十兩是一鎰），組成龐大車隊，到其他五國（趙之外的韓魏齊楚燕）去訂定合縱新約，解散連橫舊盟，共同抵抗強秦。蘇秦做了縱約的首長，兼任六國宰相，達十五年之久。

回頭補敘他南行去見楚王時，要經過故鄉洛陽。他父母知道了，特意清理了宮室，掃潔了道路，安排了樂隊，擺設了酒宴，遠到城外三十里的郊區去迎接他。妻子側著耳朵聽他講話，不敢正面對視。尤其他的嫂嫂，不敢逕直趨近，只是低頭伏地，手腳並行，紆曲而前，接連施了四次大拜之禮，才自動跪在路邊請罪。

蘇秦大聲問道：「嫂！爲甚麼從前架子那麼傲慢，現在卻變得這樣卑恭呢？」嫂嫂說：「因爲你這位季子（蘇秦字季子）小叔大人，今天權位尊榮，身配六國相印，而且錢多多嘛！」

蘇秦歎了一口氣，說道：「哎呀！貧窮時，父母都不把我當兒子看待；富貴了，連親戚都敬畏我了。人生在世，對那權勢、名位、財富、爵祿，怎可小看而忽略它呢？」

【譯後語】縱橫家是策辯之士，是戰國時的九流之一，蘇秦是其代表。他們所學的是「謀略」，擅長的是「權術」。不是濟世匡時的「政治家」，只是縱橫捭闔的「政客」而已。這是我們首先要確定的。蘇秦原初本是要對秦王推銷連橫之策，假若得售，必會搞連橫以終其身。卻因連橫的市場尚未成熟，便轉而對趙王推銷合縱之計，他就佩了六國合縱相印。可見他只看市場上需要甚麼貨色，他就售出甚麼貨色。他引錐刺股，苦心研讀的「陰符」，內容是謀略，不是安邦治國的經典。他只強調去「說」人主，要君王「出其金玉錦繡」，供他「取卿相之尊」，這是只求做官。他又有感而發：「人生世上，勢位富厚，蓋可以忽乎哉？」這是求取個人的利祿權位。由此看來，蘇秦在歷史上雖然佔了一席，他卻只是爲一己之私而已。不過、有兩事值得一提：其一、「引錐刺股」的讀書精神，無人能及。這不是要我們跟著去刺股，卻不能不佩服這不眠不休的鑽研功夫，他是千古第一人。第二、對蘇秦的描述太精彩了。看他失意之時，潦倒的慘狀跌到了谷底。後來意氣風發，闊綽的排場又升上了峰巔。不由得不贊佩《戰國策》輯撰人漢代劉向對文字的運用，眞已臻於極致。

【原文】蘇秦始將連横説秦惠王曰：大王之國，西有巴蜀漢中之利，北有胡貉代馬之用，南有巫山黔中之限，中有殽函之固。此所謂天府，天下之雄國也。願大王少留意，臣請奏其效。書十上，而説不行。黑貂之裘敝，黃金百斤盡。資用乏絕，去秦而歸。羸縢履蹻，負書擔橐，形容枯槁，面目黧黑。歸至家，妻不下紝，嫂不爲炊，父母不與言。蘇秦喟然歎曰：妻不以我爲夫，嫂不以我爲叔，父母不以我爲子，是皆秦之罪也。乃夜發書，得太公陰符之謀，伏而誦之。讀書欲睡，引錐自刺其股，血流至足。曰：安有説人主不能出其金玉錦繡，取卿相之尊者乎？於是見説趙王，趙王大悦，封爲武安君，受相印。革車百乘，錦繡千純，白璧百雙，黃金萬鎰，以隨其後，約縱散横，以抑強秦。將説楚王，路過洛陽。父母聞之，清宮除道，張樂設飲，郊迎三十里。妻側耳而聽，嫂蛇行匍伏，四拜自跪而謝。蘇秦曰：嫂！何前倨而後卑也？嫂曰：以季子位尊而多金。蘇秦曰：嗟呼！貧窮則父母不子，富貴則親戚畏懼。人生世上，勢位富厚，蓋可以忽乎哉？（《戰國策》、秦策第三，惠文君）

一五二　司馬申軍紀斬莊賈退燕晉聯軍

互相約定了時間，到時爽約，把正事當成兒戲，十分可惡，應該受罰。

春秋時代，齊景公（**和孔子及晏嬰同時**）任命司馬穰苴（**姓田，做了大司馬，因叫司馬穰苴，著有兵法，是有名的軍事家**）爲統帥，領兵去抵禦燕國與晉國入侵的聯軍。

穰苴奏道：「臣出身寒素，言微權輕。今日統帶大軍出征，希望選派一位君王寵信的大臣，隨同擔任『監軍』（**代表國君，隨營監督軍務**），以壯威勢。」

齊景公允諾，指派大夫莊賈（**景公寵愛的大臣**）擔任。

司馬穰苴與莊賈約定說：「前方軍情緊急，不宜遲慢。明天日正午刻，請你準時到軍區中營相見。」莊賈應諾了。

第二天，穰苴在軍營廣場立下「木表」（**豎立之木柱，日影投射，可測時刻的儀器**），安置「漏刻」（**也是時計，水由細孔漏下，看刻度知道時間**），等候莊賈到來。

那莊賈乃是齊景公的寵臣，恃貴而驕。心想這是本國的軍隊，自己又是監軍，不必那麼急迫。又有好幾批朝官大夫和親朋戚友送他出征，參加了多場餞行酒宴。日過正午，莊賈還未到營。穰苴候過了午時，便把木表仆倒，把漏刻停了，申明莊賈監軍，已經誤了約期，人卻始終不見。一直到夕陽西下，莊賈才帶著酒意，姍姍出現。

穰苴問道：「約定中午，爲何遲到此刻才見？」

莊賈抱歉答道：「朝廷大夫和親戚們要設宴送行，情不可卻，所以耽擱了。」

穰苴道：「作爲帶兵官的，在接到命令之日，就應當把家忘了。入營編組部隊，就應當把親人忘了。聽到戰鼓急響，就應當把自身的性命也忘了。如今燕晉兩國侵我齊國，已經深入我境。人民的生命財產，都寄望在你的身上，哪還有閒心接受送行不送行呢？」

穰苴一轉頭，即時問軍正（營中的軍法官）道：「軍法條文中，規定了入營時間而過期不到的，該如何處置？」軍正答道：「該當斬首。」

莊賈一聽，事態嚴重。連忙叫隨來的人騎馬奔告齊景公，請求救命。

穰苴不等回報，下令把莊賈斬了。三軍士卒看到，都震慄悚懼，不敢稍有懈怠。

隔了好久，齊景公派了御使，帶來皇帝的符節（代表皇家詔命的信物），乘著三匹馬同拉的快速馬車，飛馳衝入軍營，要宣聖旨救人。

穰苴說：「將帥既在軍營，一切遵從軍法。國君的命令，如與軍法不相容時，可以不予接受。」

回頭又問軍正：「軍營中不准馳馬，違背的該如何處置？」

軍正答道：「該當斬首。」

穰苴說：「君王的御使，不可斬。」把他座車左邊的那匹馬殺了，以代懲戒。

穰苴執法嚴明，使齊軍士氣大振，卒伍們都奮勵昂揚，志殲強敵。晉國軍方聽聞了，得知穰苴統率的是一支勁旅，難以得利，收兵回國了。燕國部隊較弱，不敢獨立支撑，也渡過黃河北歸。齊國的這次危機，因而化解了。

【譯後語】 戰場廝殺，是要送命的，全靠嚴格的紀律來約束，因此有軍紀似鐵、軍令如山的成語。《孫子兵法·始計篇第一》開頭就說：「兵者、國之大事，死生之地，存亡之道，不可不察也。」敵我作戰，死生只隔一線，如何做到「三軍之衆，若使一人」（九地篇中語）？便有賴紀律。如能徹底實行《吴子兵法·治兵篇》所云「進有重賞，退有重刑」，就可做到《勵士篇》的「發號施令，而人樂聞。興師動衆，而人樂戰。交兵接刃，而人樂死」的地步，這就是紀律促成的。其實，各業各界，都有戰場，所謂經濟戰、貿易戰、關税攻防戰、工業間諜戰、筆戰、雀戰、天人交戰都是。「平時就是戰時」，把握斯旨，才能享到勝利的甜果。

【原文】 齊景公召司馬穰苴爲將軍，捍燕晉之師。穰苴曰：臣人微權輕，願得君之寵臣以監軍。景公許之，使莊賈往。穰苴與莊賈約曰：旦日日中，會於軍門。穰苴至軍，立表下漏，待賈。賈素驕貴，以爲將己之軍而已爲監，不甚急。親戚左右送之，留飲，日中而賈不至。穰苴則仆表決漏，申明約束。夕時，莊賈乃至。穰苴曰：何後期？賈謝曰：大夫親戚送之，故留。穰苴曰：將受命之日，則忘其家。臨軍約束，則忘其親。援枹鼓之急，則忘其身。今敵國深侵，百姓之命，皆懸於君，何謂相送乎？招軍正問曰：軍法、期而後至者云何？曰：當斬。賈懼，使人馳報景公請救。未及返，遂斬莊賈，三軍震慄。久之，景公使者持節赦賈，馳入軍中。穰苴曰：將在軍，君令有所不受。問軍正曰：軍中不馳，馳者云何？曰：當斬。穰苴曰：君之使，不可殺。乃斬其車之左驂。士卒爭奮。晉師聞之，爲罷去，燕師渡水而解。（《史記》、卷六十四、司馬穰苴列傳第四）

【另文】陳太丘（陳寔）與友期行，期日中，過中不至，太丘舍去。去後乃至。元方（陳紀、字元方，是陳太丘之子）時年七歲，門外戲。客問元方：尊君在不？答曰：待君久不至，已去。友人怒曰：非人哉！與人期行，相委而去。元方曰：君與家君期日中，日中不至，是無信。對子罵父，是無禮。友人慚，下車引之，元方入門不顧。（宋、劉義慶：《世說新語》、方正第五）——同是相約中午卻爽約不到，可供參閱。

一五三　葛洪辯聖

晉代葛洪（二五〇？—三三〇？），世稱小葛仙翁，撰有《抱朴子》一書。其中一章，專挑孔子「辯問」，內容有如下述：

一般人都說聖人是從天而降，無所不知，這豈不可笑嗎？試舉十事以辯：

第一、「苛政猛於虎」—孔子見泰山下婦人哭墓，問她原由，才知道是老虎咬死了三個親人。而又不明白當地政情，問她爲何不搬家到城市裡去？要等她回答說沒有「苛政」才事後覺悟。這是聖嗎？

第二、「顏淵偸飯」—孔子不逕予指破，反而騙說自己作夢，要祭父祖，才引出顏淵（即顏回）解釋說只是吃掉有塵污的飯。這是孔子看錯了，因此他慨歎「目猶不可信、心猶不可恃」以自責。這是聖嗎？

第三、「馬房燒了」—孔子卻不知道人馬是否有死有傷？這是聖嗎？

第四、「匡人圍孔子」—想要殺他。解圍以後，弟子失散，隨後才漸漸復集。顏淵直到最後才歸來，孔子竟輕率說他已經死了。這是聖嗎？

第五、「栖栖遑遑」—微生畝問孔子：「孔丘呀，你爲甚麼這樣急急忙忙，不肯停息呢？」孔子遊歷了七十多國，席不暇暖，卻不能預知這麼多的國君不願委以國政，最後仍是没人賞識他。這是聖嗎？

第六、「受困匡人」—情勢險惡。爲何孔子不能預料匡人將對他不利，竟然選擇這條危路，何以不繞道避禍？這是聖嗎？

第七、「問禮老子」—老子是周代守藏室之史。孔子向他請教古禮，可見孔子對「禮」尚欠深切瞭解。這是聖嗎？

第八、「問津」—孔子周遊列國，到了河邊卻不知何處是渡口，只好去問長沮桀溺這兩位隱士。又不曾料到反而賺來一陣冷嘲熱諷，還不肯說明渡口在哪裡。這是聖嗎？

第九、「鳳兮鳳兮」—孔子到了楚國，隱者接輿，一面走，一面向他唱道：「你以往四處奔忙，不必提了呀。而今而後，可以隱退了哇！」孔子認爲歌者是位有心人，下車追過去想與他交談，卻不知那人不肯稍停，逕自快步避開走了。這是聖嗎？

第十、「子見南子」—南子是衛靈公的夫人，行爲淫蕩。孔子見了她，弟子子路很不高興，認爲不但無益，還有損孔子的聖譽。這是聖嗎？

像這樣的例子，抱朴子說還未能盡舉呢。

【譯後語】世間有無完人？恐不多見。聖如孔子，也偶會有言談欠妥的時候。《論語·述而》篇中，孔子就説過「丘也幸，苟有過，人必知之」。卻無傷於孔子之盛德。我們看《論語·子張》篇中，子貢說：「君子之過也，如日月之蝕焉，過也、人皆見之；更也、人皆仰之」。也無損於日月之朗照。

《抱朴子》一書，是道家之言。這「辯問」章所舉，似或尚有商釋之餘地：

第一「苛政」。孔子由問答以引出苛政虐民，過程合理，似無牽強之處。

第二「偷飯」。這是出自《呂氏春秋》。是秦相呂不韋門下賓客合撰成的書，瑜瑕互見，眞僞夾雜，頗有疑點。請參看本書第一一七篇。

第三「馬廄失火」。當時孔子正在上朝。退朝方回家，先問傷人乎？這正是孔子貴人而賤畜的仁心表現。

第四「顏淵後到」。孔子極疼顏淵，由於過度耽心而有不吉的聯想。看此段原文問答，反而能顯示出師徒情感的深摯。

第五「栖栖遑遑」。孔子抱濟世之心，只要有一個國君用了他，就可推行仁政，所以他才周遊各國。大志不酬，那是天命。

第六「旅途遇險」。這是人人難免的。好在終於沒事。

第七「問禮」。孔子「每事問」，人人可以爲師。《國策·秦策》說：「項橐生七歲而爲孔子師。」向老子問禮正是孔子學而不厭的聖範。

第八「問津」。孔子憂心天下無道，故僕僕於道路，「先之勞之」，不贊同「逃世以求自了」。他這種濟世的人生觀，是正確的。

第九「鳳兮」。接輿是位隱者，志趣不同。孔子想要與他交談，解釋自己不能消極退隱，而欲積極行仁的心志。

第十「子見南子」。因南子請孔子相見，這是慕賢。孔子見她，也是遵古制有見其小君之禮。別人行爲不檢，不會影響孔子的人格的。

【原文】世人謂聖人從天而墜，無所不知，豈不可笑哉？聞泰山婦人之哭，問之乃知虎食三人，又不知何以不徙，須答乃悟（辯問一）。又疑顏淵之盜飯，乃假言欲祭先人，卜掇塵之虛僞（辯問二）。廄焚則不知傷人馬否（辯問三）？顏淵後，便謂之已死（辯問四）。又周游七十餘國，而不能逆知人之必不用之也，而栖栖遑遑，席不暇溫（辯問五）。又不知匡人當圍之，而由其道（辯問六）。問老子以古禮，禮有所不解也（辯問七）。行不知津，而使人問之，又不知所問之人，必識之而不告其路（辯問八）。下車逐歌鳳者，而不知彼之不住也（辯問九）。見南子而不知其無益也（辯問十）。諸若此類，不可具舉。（《抱朴子》．辯問）

「十辯」所根據各書的原文摘集如下：

【一辯原文】孔子過泰山側，有婦人哭於墓者而哀。夫子式而聽之，使子路問之、曰：子之哭也，壹似重有憂者。而曰：然、昔者、吾舅死於虎，吾夫又死焉，今吾子又死焉。夫子曰：何爲不去也。曰：無苛政。夫子曰：小子識之，苛政猛於虎也。（《禮記》．檀弓）

【二辯原文】顏淵偷飯：請參閱本書第一一七篇。（《呂氏春秋》）

【三辯原文】廄焚，子退朝，曰：傷人乎？不問馬。（《論語》．鄉黨）

【四辯原文】子畏於匡，顏淵後。子曰：吾以汝爲死矣。曰：子在，回何敢死？（《論語》·先進）

【五辯原文】微生畝謂孔子曰：丘爲何是栖栖者歟？無乃爲佞乎？孔子曰：非敢爲佞也，疾固也。（《論語》·憲問）

【六辯原文】子畏於匡，曰：文王既沒，文不在茲乎？天之將喪斯文也，後死者不得與於斯文也。天之未喪斯文也，匡人其於予何？（《論語》·子罕）

【七辯原文】孔子適周，問禮於老子（《史記》·老聃列傳。又《禮記·曾子問》，該篇中凡四見）

【八辯原文】長沮桀溺耦而耕，使子路問津焉。長沮曰：夫執輿者爲誰？子路曰：爲孔丘。曰：是知津矣。（《論語》·微子）

【九辯原文】楚狂接輿，歌而過孔子曰：鳳兮鳳兮，何德之衰？往者不可諫，來者猶可追。已而已而，今之從政者殆而。孔子下，欲與之言，趨而避之，不得與之言。（《論語》·微子）

【十辯原文】子見南子，子路不悅。夫子矢之曰：予所否者，天厭之，天厭之。（《論語》·雍也）

一五四　王充問孔

東漢王充（公元二七—九七）字仲任，在班彪（公元三—五四，撰《漢書》，未竟，死，子班固續成）門下作學生。他博聞強識，勇於批評，撰《論衡》八十五篇。其中《問孔》一篇，照王充的原文語譯如下：

孔子說：「富與貴，是人之所欲也；不以其道得之，不處也。貧與賤，是人之所惡也，不以其道得之，不去也。」（《論語・里仁第四》）

這是說：富貴應該由正當途徑得到，不可不擇手段來攫取它。若是貪賤，則要謹守節操，樂天安命，不可用不正當的行爲來脫離它。

孔子這段話的原意本是很好的。他上半段說「富與貴不依正當方法得到就不要據爲己有」這是對的。但是下半段說「貧與賤不依正當方法得到就不要脫離（孔子原文：不以其道得之，不去也）」這話如何解釋得通呢？

又富貴是能夠脫離不要的，但貧賤如何能夠脫離呢？

再者，貧賤怎麼會不依正當方法「得到」呢？這句話有毛病，應該說：「貧與賤，是人人所討厭的，如果不是用正當的方法脫離它，就不要脫離。」此處須用「脫離」（應改說：不以其道「去」之），而不能用「得到」（不可說：不以其道「得」之，「得」要改爲「去」），這才合理。

怎樣才是用正當方法「脫離」貧賤呢？修身立品、行爲合於道義，國家授與官職，服務得到俸祿，如此就富而貴了，自會脫離貧賤。

至於不用正當方法脫離貧賤是怎樣的呢？那便是既討厭貧賤又不走正路，於是去作姦犯科，小騙大搶，違法取財貨，走後門去買個官做，這些都是不正當的，是不對的。

孔子的話，一半對了，一半不對。他的七十多位賢哲弟子，都未曾問個明白，而後代的學者，也未曾產生懷疑，以致這段話意思難懂而文字不明，這是爲甚麼呀？

【譯後語】古書沒有標點符號，文意會混。此篇原文本該斷句爲「富與貴，是人之所欲也；不以其道，得之不處也。貧與賤，是人之所惡也；不以其道，得之不去也。」王充將「得之」二字連著上文「不以其道」算成一句，乃是句讀（一段文章，語絕之處謂之句，語未絕而點分之以便誦詠謂之讀。讀音豆）沒有弄正確以致文意不對了。孔子這段話的本意原是說：富貴是人人所想要的，貧賤是人人所不喜的，如果不經由正當途徑，則雖得到富貴，也不要它；得到貧賤，也不離開它。如此斷句意才通，作此解釋理才合。我們另外還可查看《呂氏春秋》有慶篇高誘的注：「不以其道，得之不居」，和畢沅的校：「得之」當連下讀，就是明證。足見孔子的話沒有錯，王充若弄明白了，就不會產生疑惑了。

【原文】孔子曰：富與貴，是人之所欲也，不以其道得之，不處也。貧與賤，是人之所惡也，不以其道得之，不去也。此蓋言富貴宜由道得，不當茍取。宜守節安貧，不當妄去也。夫言富與貴不以其道得之不處也可，貧與賤不以其道得之不去如何？富貴顧可去，貧賤何能去？貧賤何故當言得之？顧當言：貧與賤，是人之所惡也，不以其道去之，不去也。當言去，不當言得。以其道去貧賤如何？修身行道，仕得爵祿，得爵祿富貴，則去貧賤矣。不以其道去貧賤如何？毒苦貧賤，起爲奸盜，積聚貨財，緣得官秩，是爲不以其道。七十子既不問，世之學者亦不疑，使此言意不解而文不分，何哉？（王充：《論衡》、問孔）

一五五　孟子裝病避見齊宣王

孟子（前三七二—前二八九，元朝至順元年封爲「鄒國亞聖公」。明朝嘉靖九年尊爲「亞聖孟子」）本來要去會見齊宣王（姓田，名辟疆），哪知齊宣王卻先派人告訴他說；「寡人原想親來看你的，卻因患了感冒，不能外出吹風。明早宮廷有朝會，不知能不能讓我見到你呢？」

孟子這次齊國之行，是以貴賓或老師的身分而來的。如果齊宣王屈尊來看他，或是孟子主動去會晤都是合禮的，但齊宣王藉故想用召喚的方式見面，這是招之即來，降低了身分，難以接受。因此孟子推辭說：「很不巧，我也患了感冒，明天不能上朝。」

可是第二天，孟子卻前往齊國大夫東郭氏（東郭爲複姓）家中去參加喪禮。學生公孫丑問道：「昨天夫子說不舒服，推辭不能上朝，今天卻出外弔喪，恐怕不好吧？」

孟子說：「昨天生了病，今天已經好了，爲甚麼不可以出弔？」

齊宣王原很尊重孟子，聽說他病了，指派國醫來探病。醫生來了，孟子卻沒有在家。由孟仲子（孟子的堂弟）接待，答覆說；「昨天有王命寵召，孟子卻感冒了，不能上朝。今天稍許好些了，已經前往造朝，正在路上了，但不知能不能趕得上呢？」這是孟仲子權宜用委婉的託辭化解僵局，以求圓轉。

為使託辭兌現，孟仲子趕忙派了好幾個人到半路上去攔住孟子，叮囑他說：「請你不要回家，務必就逕去朝中，會見齊宣王才好！」

這不合於孟子不願上朝的原則，又未便回家，不得已，只好到齊國另一位大夫景丑氏的家裡去過夜（景丑即景子。《漢書藝文志》有《景子》二篇，列儒家）。

景丑說：「家庭中的倫常有父子，朝廷中的倫常有君臣，這是人倫中的大倫。父子間以恩情為主，君臣間以禮敬為主。我看到齊宣王敬重於你，卻不曾看到你敬重他呀！」

孟子答道：「啊，這是哪裡的話呢？齊國沒有人拿仁義說給齊宣王聽的，我則凡非堯舜的大道，就不敢向他進言，因此沒有人比我更敬重齊宣王的了。」

景丑說：「我不是指進言的內容，而是指見面的方式。《禮記曲禮》說：『父召、無諾（不可隨便哼一聲就算了）。君命召、不俟駕（不等車駕準備好，立刻前往）。』你本來打算要去見齊宣王的，聽到他召喚你就不去了，似乎不太合於禮節吧！」

孟子答道：「你是說這個呀！從前曾子（前五〇五—前四三五，名曾參）說：『晉國楚國的財富，多極了。他仗著他的「富」（倚靠財勢），我保有我的「仁」（仁統攝萬善，是天下至富）。他仗著他的「爵」（倚靠官位），我擁有我的「義」（義超逾物表，是天下的至貴）。我哪一方面比不上他呢？』如今、普天之下，公認的尊貴事物有三項：一是官爵，二是年齡，三是德行。在朝廷裡，以官爵為尊。在社族裡，以年齡為尊。在輔導世人、為民表率方面，則以德行為尊。如今齊宣王雖然南面稱孤，爵居帝王，但也只具備三項達尊中的第一項而已。若論年齡論德行，我自問都超過了他，怎麼能僅憑其中一項就怠慢其他的兩項呢？」

【譯後語】君王下訪布衣，是尊賢。布衣上謁君王，是慕勢。孟子是提倡「民為貴，君為輕」的理論的，這就是「民主」，在兩千多年前可是個大忌諱，今天還有人因爭民主而坐牢的。至於「爵、齡、德」三達尊之中，官爵乃是外力所加（趙孟之所貴，趙孟能賤之），年齡只是活得較久（要活得有價值，而不是造糞最多），唯有碩德才是高超修為，最值得尊敬（立德立功立言三不朽也以德為第一）。由此看來，作部屬的，如果巴結上司，獻媚求官；作首長的，如果仗勢濫權，瞧不起人，都是不對的。

【原文】孟子將朝王，王使人來曰：寡人如就見者也，有寒疾，不可以風。朝將視朝，不識可使寡人得見乎？對曰：不幸而有疾，不能造朝。明日、出弔於東郭氏。公孫丑曰：昔者辭以疾，今日弔，或者不可乎？曰：昔者疾，今日愈，如之何不弔？王使人問疾，醫來。孟仲子對曰：昔者有采薪之憂，不能造朝。今病小愈，趨造於朝，不識能至否乎？使數人要於路，曰：請無歸而造於朝。不得已而之景丑氏宿焉。景子曰：內則父子，外則君臣，人之大倫也。父子主恩，君臣主敬。丑見王之敬子也，未見所以敬王也。曰：惡、是何言也。齊人無以仁義與王言者，我非堯舜之道，不敢以陳於王前，故齊人莫如我敬王也。景子曰：非此之謂也。禮曰：父召無諾，君命召不俟駕。固將朝也，聞王命而遂不果，宜與夫禮，若不相似然。曰：豈謂是歟？曾子曰：晉楚之富，不可及也。彼以其富，我以吾仁；彼以其爵，我以吾義，吾何慊乎哉？天下有達尊三：爵一、齒一、德一。朝廷莫如爵，鄉當莫如齒，輔世長民莫如德。惡得有其一，以慢其二哉？（《孟子》、公孫丑章句下）

一五六　沂公換裳誑返青州郡

年少高中狀元，可喜！但這只是人生中途的一個環節，雖可喜卻不可驕。長輩父老接駕，可感！但老輩迎迓少年郎，雖可感卻不可受。守住這兩點，才顯謙遜。

宋代王沂公，青州（在今山東省）人，參加科舉考試（國家舉辦的考試，分科拔舉，故叫科舉），這是仕進的唯一道路。他通過縣試考取了秀才，通過鄉試（省城舉辦）考取了舉人這兩關，最後再去京師，參加殿試（象徵天子親考），以一甲第一名欽點狀元（進士榜首叫狀元）。這是全國第一的殊榮，譽重儒林，名揚天下，好不光耀。

狀元及第之後，他要返回故鄉青州。州政府太守打聽到新科狀元凱旋的歸期，這是州郡裡的無上光榮，便發動盛大歡迎。要郡內有德望的士紳父老，還搭配著樂隊和演戲歌舞班子，到城外郊區的官道上，列隊候駕，開歡迎會，以示隆重。

王沂公知道了，覺得應該迴避才對。他改穿粗布短衣，騎著小毛驢，扮成一個普通的鄉下農夫，誑騙過迎迓的隊伍，沒有被人識破。他從另一座城門進入，然後單獨一人去謁見太守。

太守想不到他獨自先到了，大吃一驚，問道：「聽說你狀元榮歸，我已經派了大批人士，到郊外專誠迎接。你是如何通過他們的？你進入我這府門，門房也沒有向我通報說狀元公已經光臨，你又是如何進來的呢？」

王沂公說：「我這個淺學的人，一時僥倖，上了榜首，哪敢有勞郡守的你和驚動諸多長輩來迎接，那豈不是增加我的罪過嗎？所以我才改穿粗服（裝成鄉巴佬），獨騎小驢，騙過迎候我的人，又變換姓名（不是狀元郎了），順利的誆過你的門房，在禮節上要先來拜見你的呀！」

太守凝心聽罷，贊歎道：「像你這樣的作爲，才不愧是位眞正的狀元郎呀！」

【譯後語】欽點狀元，固是不易，不矜不伐，尤見難能。而身爲狀元郎者，並不見得人人都博古通今（現今的博士學位亦然。博士乃是對某一事物專精，不是對所有的事物都通博，應該稱爲「專士」，不宜稱爲「博士」）。試看歷代著作等身的宏儒，與定國安邦的彌士，有多少人是狀元及第的？可貴者在光耀之餘，不涉虛驕；在喜悅之中，未忘謙遜。此種修養，不是做作，這才不愧鰲頭。

【原文】王沂公狀元及第，還青州故郡，府帥聞其歸，乃命父老倡樂迎於近郊。公易服，乘小衛，由他門入，遽謁守。守驚曰：聞君來，已遣人迎。門司未報，君何爲抵此？王曰：不才幸忝科第，豈敢煩郡守父老致迓？是重吾過也。故變姓名，誑迎者與門司而上謁。守歎曰：君所謂眞狀元矣。（宋、吳曾：《能改齋漫錄》、卷十二、記事）

一五七　呂不韋奇貨可居

做生意，要挑選將來會漲價的目標物去投資，日後才會大賺。這可說來容易做來難。呂不韋有此眼光，他挑選的不是貨物，而是人。終於既拜相，又封侯了。

秦昭襄王的太子叫安國君（名柱），安國君有兒子二十多人，其中一個叫子楚（本名異人，就是秦始皇之父），爲「質」於趙國（將皇室親人送往別國久住以示信叫質）。但由於秦國多次侵侮趙國，故趙國對子楚禮敬很疏。子楚孤貧，連馬車也沒有，日子窮困，很不得志。

那時，秦國有個國際大貿易商人呂不韋（前？—前二三五，陽翟人，《戰國策》說濮陽人。），爲做生意，到了趙國首都邯鄲，發現子楚窮愁潦倒。他以商務眼光觀察，覺得目前子楚雖然困頓，若大力予以支助，未來的遠景將極爲光明，大可投資以獲利。因贊道：「這是奇貨可居呀（意謂囤積稀奇的貨物，守著以待高價也。商人口吻，三句不離本行，把子楚比成貨物了）！」

本篇是依據《史記》語譯的，如照《戰國策》所述，此時還有一段插曲：

呂不韋在下決心之前，問他父親道：「努力耕田，獲利有幾倍？」

父親說：「十倍」。

呂不韋又問：「販賣珍珠寶玉，獲利有幾倍？」

父親說：「百倍。」

呂不韋再問：「扶立君王登帝位，獲利有幾倍？」

父親說：「無數。」

上面這段話，在《史記》裡，已由侍讀官張守節引述在注記中，算是有根有據的。

呂不韋於是往見子楚，說：「我呂不韋有辦法，能使你的門戶光大起來！」

子楚覺得這是天方夜談，笑著回應道：「你且先光大你自己的門戶吧，竟還妄想要光大我的門戶呢？」

呂不韋說：「你現在還不會明白的。我的門戶，要等你的光大了之後，我的才會跟著大呀！」

子楚察覺這個有心的客人話中有話，便引入內室深談。呂不韋說：「秦昭襄王老了，你父親安國君是太子，不久會繼承王位。安國君愛的是華陽夫人，華陽夫人卻沒有兒子。現在你兄弟輩有二十多個人（同父異母所生），可惜你的排行居中（子楚母親叫夏姬，無寵），你又長久質住在趙國，離家太遠。即使昭襄王去世了，安國君即位，你也沒有機會和長兄以及早晚都侍奉在安國君身邊的其他兄弟們去爭太子的名位呀！」

子楚也知道前途茫然，問道：「這又該如何辦呢？」

呂不韋作個建議：「你沒有錢，住在趙國只是作質的外客，哪有能力常備厚禮去孝敬尊親和結交賓客？我雖不算富有，願意無條件拿出黃金千斤，替你去結歡心於安國君和華陽夫人，幫助你立爲嫡嗣（立爲正妻的兒子，就是將來的太子）。」

子楚聽了，十分感動，說道：「如能照你的策劃進行，他日事成之時，我願將秦國與你一同統治。」

千斤黃金，一分爲二。呂不韋先拿出黃金五百斤，交子楚花用，讓他廣交賓客，製造聲譽。再拿黃金五百斤，盡買珍奇寶玩，西往秦國，利用關係分批獻與華陽夫人，都說是遠在趙國的子楚孝敬的。旁人也屢誇子楚賢德，國際間也甚有聲譽，說動華陽夫人向安國君枕邊進言，盛道子楚賢良，想過繼收他爲子，安國君終於同意將子楚立爲嫡嗣。

昭襄王五十年，秦兵圍攻趙國首都邯鄲，趙王恨秦，要殺掉子楚。呂不韋又拿出黃金六百斤，賄賂看守官，讓子楚逃往秦軍，竟得隨軍回歸秦國。

秦昭襄王於五十六年死了（元前二五〇年壬子），安國君繼位爲秦孝文王，華陽夫人爲皇后，子楚當然升爲太子。秦孝文王當年又死了，子楚繼皇位，是爲秦莊襄王（元前二四九年）。於是拜呂不韋爲宰相，封爵爲文信侯。既富且貴，權大位高，果然一切都照原計劃實現了。

【譯後語】呂不韋獨具慧眼，幹下了這樁絕大買賣，也是一場豪賭。賭資大（投入一千六百斤黃金），時間長（幾乎三十年）。還須前後步驟密切配合；一要子楚願意聽命而思報答。二要珍奇寶物有門路獻給華陽夫人而能照收。三要華陽夫人中意子楚作爲嗣子。四要安國君准刻玉符，立子楚爲嫡嗣。五要送出黃金六百斤賄賂趙國的守衛官，私下放走子楚，免於被殺。六要等秦昭王死了，安國君繼位，子楚才可升爲太子。七要巴望安國君早亡，子楚接登帝位，這時呂不韋才能做宰相，封文信侯。以上如斷掉一個小環，就血本無歸了。大凡舉大事者不惜待時，成大業者不惜破財，這是我們要了解的。再來看子楚：爲質於趙，自然是挑自秦國的蹩腳貨。趙王不予禮敬，自然是身價跌到最低。生活困頓，自然只是個窮措大。「遠適異國，昔人所悲」，他有何翻身機會？作夢也當不上皇帝吧！回頭再看呂不韋：子楚只是個窮途末路的癟小子，竟然說他是「奇貨可居」，這豈是一般市井商儈所能料見的？他身爲國際大貿易商，卻具有大政客的眼光和頭腦。唯大政客甘冒大險，唯大投機者敢釣大魚，終使美夢成眞，可謂一本萬利。這確是國史上的一樁奇事。

【原文】子楚爲質於趙，趙不甚禮子楚，居處困，不得意。呂不韋賈邯鄲，見之，曰：此奇貨可居也。乃往見子楚，曰：吾能大子之門。子楚笑曰：且自大君之門，而乃大吾門？呂曰：子不知也，吾門待子門而大。子楚心知所謂，乃引與深語。呂不韋曰：秦王老矣，安國君爲太子，愛幸華陽夫人。華陽夫人無子。今子兄弟二十餘人，子又居中，久質諸侯，無得爭爲太子矣。子楚曰：爲之奈何？呂曰：子貧，客於此，非有以獻於親。不韋雖貧，請以千金爲子立爲嫡嗣。子楚曰：必如君策，請分秦國與君共之。不韋乃以五百金與子楚結賓客，復以五百金買珍奇好玩，西遊秦，說動華陽夫人，立子楚爲嫡嗣。昭王五十年，秦圍邯鄲，趙欲殺子楚。不韋行金六百斤與守者吏，得脫，歸秦。秦昭王薨，安國君立爲王，子楚爲太子。秦王立一年薨，太子子楚立，是爲莊襄王，以呂不韋爲丞相，封文信侯。（《史記》、卷八十五、呂不韋列傳第二十五）。

【另文一】秦太子之妃曰華陽夫人，無子。夏姬生子異人（就是子楚），質於趙。秦數伐趙，趙人不禮異人，車乘不饒，居處困，不得意。呂不韋適邯鄲，見之曰：此奇貨可居也。見曰：吾能大子之門。異人引與坐，不韋曰：秦王老矣，太子愛華陽夫人。夫人無子，子久質國外，不得爲嗣矣。異人曰：然則奈何？不韋曰：不韋雖貧，請以千金爲子西遊，立子爲嗣。乃以五百金與異人，令結交賓客。復以五百金買奇珍玩好，西見華陽夫人之姊，而以奇物獻於夫人，因譽異人之賢。華陽夫人乘間言於太子曰：異人絕賢，妾不幸無子，願得異人爲子，以託妾身。太子許之，刻玉符約以爲信。邯鄲之圍，趙君欲殺異人，不韋行金六百斤與守者，異人脫亡，遂得歸秦。後爲莊襄王。（《資治通鑑》、卷第五、周紀五、赧王下。）

【另文二】呂不韋賈於邯鄲，見異人。歸而謂父曰：耕田之利幾倍？曰：十倍。珠玉之贏幾倍？曰：百倍。立國家之主幾倍？曰：無數……秦子異人，質於趙……秦王立爲太子……子楚立，以不韋爲相，曰文信侯。（《戰國策》、秦策）

身爲外國人，對中國人禮貌上的許諾，算數嗎？口頭上的許諾，算數嗎？自己死後，還算數嗎？這對某些大人物而言，全都算數。孔子不也說過：「自古皆有死，民無信不立」嗎？

一五八　李鴻章寶杖受贈

李鴻章

美國有位退休總統，偕同夫人，來大淸帝國訪問遊歷。李鴻章那時總攬國務，自當循禮設宴，奉款國賓。

美總統隨身帶有一支手杖，十分搶眼。李鴻章順便接過來欣賞，他反覆摩弄，很久不曾放手。美總統猜到他的心意，對他說：「中堂（唐代中書省設政事堂，作爲宰相治事之所，後世就尊稱宰相爲中堂）喜歡這支手杖吧？本就可以送給你，但這手杖是我全美政商名流聯名雕鑲精製送給我的，我不便私下轉贈他人。等我回國，徵得贈送者大家的贊同後，再行奉寄閣下好了。」李鴻章依禮言謝，以後也就淡忘了。

隔了若干年，李鴻章訪問美國，此時這位總統已經過世了，但夫人還健在。李鴻章記起往年情誼，乃作禮貌上的拜會。這位前總統夫人，當天就廣設筵席，遍邀政商領袖及士紳一百多人作陪，宴請李鴻章，場面熱烈而隆重。

酒宴終了，夫人登上前台，舉起那支手杖，向大衆宣告說：「這支寶杖，是在座多位貴賓，聯名送給先夫的。先夫訪問中國時，李先生曾經觀賞過，十分喜愛。先夫原本打算回國後，徵詢大家同意，再寄贈李先生，不幸他卻過世了。先夫囑咐我，要完成這樁心願，今天幸好李先生駕臨敝國，我想趁此機會，敬請大家贊同轉贈，以達成先夫的遺願！」

滿堂賓客，一致歡呼拍手贊成。夫人高擎手杖，當眾贈與。李鴻章（字少荃，一八二三—一九〇一）也深愛此杖，遠勝歷來所受禮物。

這寶貴的手杖頭上，鑲了巨大的鑽石，價值幾十萬銀錢。這項雅舉，和春秋時代吳國公子季札贈劍掛墓（延陵季子贈劍徐君，見《史記》卷三十一）的故事相似，但一死一生，正好相反。尤其難得有這位夫人從中玉成，千秋美談，中外輝映。

這位總統非他，就是美國第十八任總統（任期一八六九—一八七七）葛蘭特將軍（Ulysses S. Grant 一八二二—一八八五，他的遺像印在五十美元面值的美鈔正面），夫人芳名朱莉亞（Julia Dent 一八二六—一九〇二）。

【譯後語】寶杖雖謂珍奇，花錢諒能買到；人情卻爲無價，盛意極是感人。西東遙隔，非有深摯之夙交也；老病身亡，非有求託於中堂也。祇以有諾在先，於義自當謹守；臨終留下叮囑，夫人續踐遺言。設宴迎賓，正爲廣徵同意；當場轉贈，更能昭信群賢。

【原文】美總統某，訪華，李鴻章宴之。總統攜一手杖，公接而把玩，愛不忍釋。總統知甚意，曰：中堂愛此，本擬相贈；唯此杖係全國紳商製以贈余，余不便私以授人。俟回國宣於大衆贊可後奉寄。公謝之，後亦不相問。越數年，公因故訪美，時某總統已故，唯夫人在。因以舊誼往訪。夫人即日設宴，召紳商領袖百餘人作陪。席終，夫人把杖立台上宣告：此杖承諸君公送先夫，李先生見而愛之，先夫擬徵求諸君同意後，再行寄贈，未及而卒，曾囑余續成其志。今幸李先生來此，余敬請命於諸君，俾完遺願。滿堂賓客，一致歡呼拍手，遂當衆舉杖奉公，公愛之獨摯。該杖鑲有巨鑽，値數十萬金。此事與季子掛劍略似。而一死一生，恰顚倒相反。尤難得有此夫人從中玉成，千秋佳話，中外輝映。按即美第十八任總統葛蘭特將軍也。（《淘沙集》）

【另文】延陵季子西聘晉，帶寶劍以過徐君。徐君觀劍不言，而色欲之。延陵季子爲有上國之使，未獻也，然心許之矣。及使晉返，則徐君已死。於是脫劍致之嗣君。從者止之曰：此吳國之寶，非所贈也。季子曰：吾非贈之也，先日吾來，徐君觀吾劍不言，而其色欲之。吾爲有上國之使，未獻也，雖然，吾心許之矣。今死而不進，是欺心也。愛劍僞心，廉者不爲也。遂脫劍致之嗣君。嗣君曰：先君無命，孤不敢受劍。於是季子以劍繫徐君墓樹而去。徐人嘉而歌曰：延陵季子兮（吳季札封於延陵，故號曰延陵季子），不忘故；脫千金之劍兮，帶丘墓。（《新序》、節士。又見《史記》、卷三十一、吳太伯世家第一）

一五九　桓溫病危謝安拖延賜九錫

官場辦事，有個「推拖」陋法：擋不住的，推給他人，推不掉的，就拖延時日。這本是惡習。但如碰到一個兇悍的強人，通國都得罪不起時，只好權宜採用此法，一方面國家免於受損，一方面自己找理由搪塞。若竟而解決了大問題，就不必苛責了。

晉朝桓溫（三一二—三七三），跋扈專橫，權傾一國。晉明帝時，娶了南康公主，為駙馬都尉，升征西大將軍，後來作大司馬，封南郡公。威勢煊赫，權力比皇帝還大。

他曾歎息著說：「男子不能流芳百世，亦當遺臭萬年。」漸有不臣之心，廢了奕帝，扶立簡文帝（三七一），然後暗中打算篡位，還來不及成事就害病死了。

他臥病在床，病情轉危，便傳出話來，暗示要朝廷以「九錫」加賜於己。那九錫是古代制度，當諸侯有德（立了不世大功），由天子一次賞賜九種榮耀，是非常崇隆的禮遇：一是車馬（賜以代步）、二是禮服（大禮服表彰盛德）、三是樂則（八音樂隊，奏樂崇德，且以化民）、四是朱戶（紅漆門牆以示尊貴）、五是納陛（堂階不露與天子同）、六是虎賁（有武士隊保衛）、七是弓矢（擁有武力可以征討）、八是鈇鉞（可以判刑殺人），九是秬鬯（有權製酒祭神）。漢代王莽篡位之前，皇帝對他也加封過九錫。

桓溫勢大，朝廷不敢不照辦。太傅謝安（三二〇—三八五，淝水之戰，便是他打勝苻堅百萬大軍）指定由作賦高手袁宏（三二八——三七六，字彥伯，才思俊逸，文詞絕美，有著作多種）草擬皇詔，書成後擇期頒賜。

詔書草稿擬成了，送呈謝安一看，覺得文句還未盡善，故意退回重擬（「九錫詔文」是特有體例，要諛功頌德，連字體都須用館閣體，要方重典雅）。如此慎重的一再推敲退改，經過十多天還沒有完成，桓溫等不及就死了，這加賜九錫的大事也就不必進行了。

【譯後語】桓溫權傾朝野，要得到任何名位，無人敢抗。遇到此類專橫的對象，即使需索過分，也只能順著，僅可在程序上拖延。如果正面阻拒，便會鬧僵，禍福難料了。謝安表面上宣稱賜九錫是何等莊嚴隆重的事，聖詔（九錫文）尤須妥切，隨便交卷不行，一再斟酌推敲，以求至當。骨子裡則是實行「拖」字訣。他擺出一副慎重不苟的認眞態度，桓溫那邊也不好意思責怪他，謝安只望拖長時間，等待變化（桓溫等不及死了）。竟然誰也沒有得罪，和平的達到不給的目的了。拖延本非正道，但在不得已之際，只好用它權作擋箭牌，還須做來不現馬腳，一個勁兒在關心、在求好，對方不便急催，難題徐圖化解，這才是高桿。即使現在處於分秒必爭的時代，一般人對那些不合正義而又無法抗拒的事，也常能拖就拖。至若凡事一概拖延，那就不可取了。

【原文】桓溫疾篤，諷朝廷加己九錫。太傅謝安使袁宏具草。草成，安見之，輒使宏改，由是歷旬不就。溫薨，錫命遂寢。（《晉書》、卷七十九、列傳第四十九）

一六〇　魏徵身亡太宗感歎少一鏡

唐代魏徵（五八〇—六四三），字玄成，輔佐唐太宗李世民（五八九—六四九）任諫議大夫，遇事敢於直諫。一生前後呈奏了兩百多道諫疏，說得直率而剴切，唐太宗都接納了（不必問內容，要找兩百多個題目也不容易）。開創了「貞觀之治」。

魏徵的住宅很侷促，沒有廳堂。他生病了，賓客探訪坐息都不方便。唐太宗這時正要起造一座小宮殿，看到魏徵的房子太狹陋了，便停工將建築材料改替魏徵蓋了正堂。料足工人多，都是現成的，又是皇帝交辦，五天就完成了。太宗又命中使（天子身邊的侍臣）送去大布做的被子，素色無花褥子，配合魏徵的儉樸作風，可見愛顧的深厚了。

過了若干天，魏徵去世了，太宗親到他家悼唁，臨祭時痛哭失聲，非常哀戚。還親自撰了碑文，並由自己寫好，交付刻成石碑，對魏徵十分懷念。

諍臣不在，唐太宗感傷不已。有一天，他對臣子們說：「我們以銅作鏡子（照臉用具，古時沒有玻璃，將平圓銅盤表面磨光反亮作鏡），可以整飾衣冠（鏡鑑）。以古（歷史）作鏡子，可以知道興亡（史鑑）。以人（說直話糾正缺失）作鏡子，可以明白對錯（人鑑）。我一直重視這三種鏡子，以防自己犯錯。尤其魏徵在時，使我少了許多過失。如今魏徵走了，我就缺少一面主要的鏡子了。」一邊說，一邊淌下淚來，久久沒有息哀。

魏徵死後，諫言變少了。太宗頒下詔諭說：「以往唯有魏徵，時常指正我的過錯。自從他去世之後，即使我做錯了，自己不知道，你等也不提。難到獨獨是以前我有那麼多的錯處，而現在事事都做對了嗎？從今以後，你們要儘量誠實進諫。如果我的處置不當，大家必須講直話，不要怕我不高興而隱瞞不說！」

【譯後語】「唐太宗文武全才，謙恭下士，廓宏大度，廣納忠言，故能統一天下。貞觀之治，上追漢之文景，以創業之主而兼守成之君，蓋並漢高與文景爲一人，誠千古未有之人傑也。」這是教育家魯立剛先生對李世民之評語。即以現代身爲領導者而論，哪會全無缺點？只是自己不知而已。倘能接納規勸，便會臻於完美。但規勸要有膽識，而接納更須雅量。可貴者：魏徵饒有膽識，太宗極有雅量。可憾者：如斯千古佳配，卻是絕後空前。可悲者：太宗三鏡俱珍，我們卻無一鏡。

【原文】魏徵宅內，先無正堂。及遇疾，賓客探訪咸不便。太宗時欲造小殿，乃輟其材爲造，五日而就。賜以布被，遂其所尚。後數日薨，太宗親臨痛哭。親製碑文，復自書於石。後嘗謂侍臣曰：夫以銅爲鏡，可以正衣冠。以古爲鏡，可以知興替。以人爲鏡，可以明得失。朕常保此三鏡，以防己過。今魏徵殂逝，遂亡一鏡矣，因泣下久之。乃詔曰：昔唯魏徵，每顯予過。自其逝也，雖過莫彰。朕豈獨有非於往時，而皆是於茲日？自斯以後，各悉乃誠。若有是非，直言無隱。（《舊唐書》、卷七十）

一六一　漢高祖傷胸捫足

兵者、詭道也。打仗要用假動作唬人，使對方摸不清我的虛實。劉邦很會這一套。

劉邦（公元前二四七—前一九五）和項羽（元前二三二—前二〇二）爭奪江山，連年交兵，相持不下。這一次，兩軍又在廣武對壘。那廣武在今河南省滎陽縣，東西各有一座山岡，中間隔一山溝。這裡就是劉項對話之處。

楚（項羽）漢（劉邦）兩軍，各自展開陣勢，兩位主帥也面對面了。項羽想要與劉邦單挑，發話道：「天下久不安寧，都由於楚漢連年交兵，使百姓長期受苦。不如就由你我兩人獨戰一場，分個勝負，來作了結吧！」

劉邦力弱，不接受這種純然拼力氣的挑戰，反而昂聲指責項羽的不仁不義，包括當初約定的先入咸陽者爲王，項羽卻背約。項羽又弒殺義帝，是個叛徒。一連數落他十大罪狀（十罪文長，免錄）。惹得項羽大怒，就命埋伏的弓弩，射向劉邦。

劉邦的胸部射中了，痛得彎下腰來，幾乎支持不了。大家在遠處看到，祇是不知他傷在哪裡？幸而劉邦機智，順勢用手摸著腳，大聲喊道：「他們射到我的腳趾了。」

劉邦帶傷回營，躺在軍帳裡，傷勢嚴重，敷藥調養。張良（元前？—前一八九）強迫劉邦起來，陪他坐上戎車，巡行各處營區。一則刻意裝著自己身體並無大礙，二則諭告大家要加強防務，三則間接暗示項羽，我還是好好的，不要乘機突襲，果然士卒安心，穩住了陣腳。

此時項羽兵力雖較劉邦強大，但因摸不清劉邦傷勢的輕重和漢營佈署的虛實，竟不敢冒險妄動，居然把這次危機化解了。

【譯後語】史記說劉邦不事生產，好色，常賒酒，喝醉，似乎是個無賴漢，實則他的智商很高，悟得快，也學得快。譬如分我一杯羹，含淚斬丁固，咬牙封雍齒，何以假王爲？都有他的一套。本篇也是個應變於俄頃的好例子。傷胸很嚴重，說不定會要命。傷趾則輕微，好歹都無大礙，兩者絕然不同。劉邦在萬目的睽睽之下，在痛極的頃刻之間，竟能用避重就輕之法，轉移視聽，傷胸去捫足，撒了個大謊，他的捷智，高人多矣。張良想得更遠，強迫劉邦到各處巡營，提振本軍之士氣，化解敵人之猜疑，把危機安然度過了。本篇寫劉邦機敏的獨撐了前半場好戲，張良又愼密的導演了後半場好戲，配合得十分佳妙！漢朝能得天下，豈偶然哉？

【原文】漢王（與）項羽，相與臨廣武之間而語。項羽欲與漢王獨身挑戰。漢王數項羽十罪。項羽大怒，伏弩射中漢王。漢王傷胸，乃捫足，曰：虜傷吾趾。漢王病創臥，張良強請漢王起，巡營勞軍，以安士卒，毋令楚乘漢。（《史記》、卷八、高祖本紀八）

做首長的，對部屬偶然發生的小不檢點包含一下，善莫大焉。

一六二　楚莊王滅燭絕纓

楚莊王（元前？—前五九一，春秋五霸之一）在皇宮漸臺的大殿上廣開筵席，召集滿朝大臣，舉行酒宴。琴師奏樂，美姬斟酒。天色已晚了，酒也喝得差不多了，忽然起了一陣風，將燭光都吹滅了。大殿裡一片黑暗，竟有人故意牽扯美艷宮姬的衣裙，觸及到她的軀體。想是那美姬穿梭在筵席之間往來添酒，客人酒酣膽壯，趁著燭滅天黑，暗地裡毛手毛腳吧！

兩千五百年前，男女之防很嚴，尤其在皇宮裡放肆，是要處以死罪的。

這位美姬稟告楚莊王說：「剛才燭光熄了，有位客人暗中扯我的裙子，我順手也扯斷了他的冠纓（帽邊兩側有絲帶下垂，繫在頷下將帽子固定叫纓），現在冠纓握在我手上。請求皇上點亮蠟燭，查出那斷缺帽帶子的人，治他死罪。」

楚莊王自忖道：「今天我請諸大臣喝酒，或許有人喝多了，難免失態。爲何爲了要彰顯一個女人的淸白而讓大臣受到羞辱呢？」

於是揚聲宣佈說：「今天衆卿在此喝酒，大家都顯得很快樂，因此，我要把這場酒宴定名爲『絕纓會』，不扯掉帽纓的不算盡興盡歡！」君王下了指示，席間群臣一百多人，人人都把冠纓扯掉了。然後才重燃蠟燭，再放光明，大家喝個夠才散。

過了三年，晉國興兵攻打楚國。楚莊王率兵應戰。有一位楚臣，屢次勇敢的擋在楚莊王的身前，五次與晉人接戰而五次奮身殺退強敵，最後楚軍終獲勝利。

楚莊王心生疑怪，問這位立功的臣子說：「我作國君，自愧才德淺薄，對你也沒有特殊的優遇，爲甚麼你竟這樣毫不遲疑的五次出死力衛護我呢？」

這位臣子回稟道：「我本當早就該死的。從前我酒醉失禮，大王容忍我，不曾追究，我一直深受大恩而想找機會報答大王。屢次發誓要肝膽塗地，願意頭頸濺血來殺敵報恩，這番心意蘊蓄好久了。我就是那次燭光熄滅之夜，被扯掉冠纓的那個人哪！」

【譯後語】我們要做大人物，去掉小家子氣。心胸廣大的人，不屑於斤斤計較別人的小疵。察察爲明的首長，終久難成大器。正因爲細故不去誅求，竟然積了陰德，施隱善而終獲大報恩焉。宋代大儒蘇東坡有詠「絕纓會」詩曰：「輕狂牽袖醉中情，玉手如風已絕纓，見說君王江海量，養魚水忌十分清」。好一句養魚水忌十分清！人生處世，在小節方面，寬恕一二，善莫大焉。

【原文】楚莊王賜群臣酒，日暮酒酣，燈燭滅，乃有人引美人之衣者。美人援絕其冠纓，告王曰：今者燭滅，有引妾衣者，妾援得其冠纓，持之。趣火來，上視絕纓者。王曰：賜人酒，使醉失禮，奈何欲顯婦人之節而辱士乎？乃命曰：今日與寡人飲，不絕冠纓者不歡。群臣百有餘人，皆絕去其冠纓，而上火，卒盡歡而罷。居三年，晉與楚戰，有一臣常在前，五合五奮首卻敵，卒得勝之。莊王怪而問曰：寡人德薄，又未嘗異子，子何故出死不疑如是？對曰：臣當死，往者醉失禮，王隱忍不加誅也。臣終不敢以蔭蔽之德而不顯報王也。常願肝腦塗地，用頸血湔敵久矣。臣乃夜絕纓者也。（漢、劉向：《說苑》、卷六、復恩）

【另文一】楚莊王，穆王子也。賜其群臣酒。日暮酒酣，皆醉，殿上燭滅。有牽王后衣者。后攬冠纓而絕之，言於王曰：今燭滅，有牽妾衣者，妾攬其冠纓而絕之，願趣火，視絕纓者。王曰：止。立出令曰：與寡人飲，不絕纓者，不為樂也。於是冠纓無完者，不知王后所絕冠纓者誰，王與群臣歡飲乃罷。後吳興師攻楚，有人常在王前，為合戰者五，陷陣卻敵，遂取大軍之首而獻之。王怪而問之曰：寡人未嘗有異於子，子何為於寡人厚也？對曰：臣先殿上絕纓者也，欲以肝腦塗地之日久矣。今幸得用，尚可為王破吳而強楚也。（《韓詩外傳》、卷第七）

【另文二】漢、袁盎為吳相時，有從史私盎侍兒。盎知之弗泄。有人以言恐從史，從史亡。盎追之反，竟以侍兒賜之。後盎使吳，吳王時謀反，欲殺盎，以五百人圍之，盎未覺也。會從史適為守盎校尉司馬，乃置二百石醇醪，盡飲五百人，醉臥。夜引盎起曰：君可去矣，王且斬君。盎曰：公何為者？司馬曰：故從史盜君侍兒者也。於是盎驚脫去。（馮夢龍：《增廣智囊補》、卷上、上智）

一六三　呂洞賓不學變銀成金

鍊金術很神奇，據說能使物質產生變化。術士們採用溶解、蒸餾、昇華、結晶等方法，把質賤的金屬鍊成黃金。八仙之一的呂洞賓，就傳聞與此術有涉。

呂洞賓，名嵒，一作巖，字洞賓。元朝武宗封他為「純陽演正警化孚佑帝君」，因號純陽子，世稱呂祖。

唐懿宗年間（八六〇—八七三），呂洞賓通過科舉，任為江州德化縣令（八六二，咸通三年。德化是舊縣名，即今江西九江）。他在炎夏政務清閒之際，登廬山避暑，遇見了八仙中的鍾離權（居正陽洞，號正陽帝君。嘗自稱「天下都散漢鍾離權」。都散漢是閒逸男子之意。今人稱他為漢鍾離，是誤把漢與鍾離相連，是不正確的）。

鍾離權由於以前苦竹眞君告訴他：「來日遇到兩口之人，就是你的弟子。」今遇到呂巖，正合前兆（呂字由兩口合成）。且見他骨相清靈，慧根夙具，就勸他辭官慕道，到終南山相見。

呂洞賓依囑，入終南山，見到鍾離權。鍾先用十種魔障孽象測試他，都不為所動所惑，大喜，說道：「吾見汝君心大定，今魔光十現，皆不為所折，得道必矣。」但又知他功德善行修積不足，以故只能先傳授他「黃白秘術」之方。黃是黃金，白是白銀，乃是變銀成金之法，以後看他功德修爲，再行度化。

鍾離權說：「學成此術，就可以普濟世人。待你三千次功德積滿，八百項善行修夠了，我自會前來引度。」

呂洞賓問道：「白銀變成了黃金之後，將來會不會再由黃金還原又成白銀呢？」

鍾答：「那也得等到三千年之後，才會還原回去的。」

呂洞賓愀然道：「這就必會留禍給三千年後那些持有這種黃金的人，害了後代，並不公平，我還是不學的好。」

鍾離權笑道：「你能澤及三千年以後的來世之人，這個慈悲心太好太大了，足足可以抵補你三千功德、八百善行所不足的差數。修積已滿，你可以擇期到鶴頂來會我，由我帶領你同登道域吧！」

【譯後語】傳說呂洞賓考上舉人後，續考進士三次都落榜，因轉而學道。但《呂祖年譜》則說考上了進士，並記錄他在前往長安應考的途中，在一客棧等候用飯，有一道翁同在，兩人萍水相遇，交談甚歡。呂因一時倦怠，暫時倚枕假寐。他夢到進士及第，官至極品，做了十年宰相，權傾內外，子肖妻賢。後來突遭許多災難，幾乎活不下去了。正在窮途末路之際，恍然夢醒，則炊飯還未熟。因感「升沉萬態，榮悴多端，方知世事乃一大夢」之歎，這便是「黃粱夢」的故事（黃粱故事有好多個：㈠唐朝沈旣濟的《枕中記》、㈡元朝馬致遠的《黃粱夢》、㈢明朝湯顯祖的《邯鄲夢》、㈣清朝蒲松齡《聊齋誌異》中的《續黃粱》、㈤本篇《呂祖年譜》的故事都是）。須知仙人事跡，衆說各殊，我們以傳奇視之可也。但仍可一提的是，人們多喜貪不當之利，只要眼前能夠致富，哪管將來？呂洞賓卻想到三千年以後別人的損失。如果人人都不願他人受害的話，那天下不就太平了嗎？

【原文】咸通三年，呂祖宰德化，六月遊廬山。鍾祖來，教其致仕，早入終南。呂祖往從。鍾祖以十事試之，曰：塵心難滅，仙才難遇。吾之求人，甚於人之求吾也。吾見汝君心大定，魔光十現，而皆不爲所折，得道必矣。但功行未滿，授子黃白秘術，可以濟世，使三千功滿，八百行圓，方來度子。問曰：所作庚辛，有變易乎？曰：三千年後，還本質耳。呂祖愀然曰：誤三千年後人，不願爲也。鍾祖曰：子推之於此，三千八百，悉是在矣。予居鶴頂，能從遊乎？呂祖即隨往。（李涵虛：《呂祖年譜》、海山奇遇、卷之一、入終南記）

【另文】鍾離授丹於呂祖，點鐵成金，可以濟世。呂問曰：終變否？曰：五百年後，當復本質。呂曰：如此則害五百年後人矣，吾不願爲也。曰：修仙要積三千功行，汝此一言，三千功行已滿矣。（明、袁了凡：《了凡四訓》、積善之方）

一六四　曹谷就自修養心得道

修道成仙，本是傳奇，但箇中的析理，亦頗有醒世勸善之效。

世傳八仙中有一位叫曹國舅的，只用國舅稱他，沒有名字，似不合理。《呂祖年譜》中說應是曹谷就，訛音誤爲曹國舅，因錄之。

北宋仁宗嘉祐年間（一〇五六—一〇六三），有位名叫曹景休的士人，才思清逸，氣質俊美。由於他稟賦不凡，親友們都勸他去應考科名，求取富貴。曹景休說道：「我不願意遷就朝廷官府的俗套，忍受那繁文縟禮的拘束；只願意往就幽谷翠岩的清純，享受那順天適性的悅樂，這才是我的心願。」爲了表明他的心意，從此改名爲曹谷就（「就」是接近的意思，如移樽就教、就事論事、行將就木）。

不久他果眞隱居在高山茂林之中，遠離塵寰，戴葛麻頭巾，穿粗布衣服，吃山泉野菜，一心一意，修養純眞。

那八仙中的鍾離權與呂洞賓二仙，相偕雲遊四方，有一天，路過此山，有緣遇到了曹谷就。悅見他資質穎慧，又知他一直在潛心修道。便考問他說：

「聽聞你正在修心養性，你所養的，究是何物？」

曹谷就答：「我在養『道』！」

二仙接著又問：「『道』在何處？」

曹谷就以手指天代答。

又再追問：「『天』在哪裡？」

曹谷就用手指心。

二仙笑道：「心中印著『天』，天中含著『道』，你能懂得這個要領，已經通曉『道』的本旨和根源了，十分可喜。識天者，心也。養心者，道也。天心即是道心，道心同於天意。天也、道也，即一即二，即二即一。非一非二，非二非一。一二皆忘，無蹤無跡。」

又說：「你若依循此旨，再凝聚元靈，入於泰定，成道非難也，吾等願助你一臂之力。」

於是將上乘道法「還眞祕旨」傳授給他，黽勉他繼續潛心修煉。

曹谷就力修，終於成道。對塵俗世間的紛紛擾擾完全看破了。他帶著兩塊大拍板，漫遊各大都市，度化有緣之人。他用大拍板打著拍子，唱著醒世道情歌。其中一首歌詞是這樣的：

「歎人生，多忙亂；

火宅塵緣，日日相縈絆。

驀地喉中三寸斷，性魄神魂，自此俱消散。
任妻兒哀切喚，萬句千聲，更不回頭看。
饒你在生多計算，落在荒郊，失了惺惺漢。」

這首勸世歌，有似警世鐘聲，叫人猛醒回頭，莫待身體靈魂兩都衰竭之際，再來呼天喚地，那就來不及了。

曹谷就終於位列仙班，成了八仙之一，以後還隨同呂洞賓各處周遊，並自號爲「混成子」。

【譯後語】本篇談到「養」「道」「天」「心」。甚麼是「養」？養就是保持正確的人生觀，擇善謹守。「道」就是眞理，要信而不移。「天」就是無私無我，人己平等。「心」就是一切行爲的主宰，做個好人。我們看：世人都愛華廈，但只眠一床。愛華服，但只能穿一套。愛美食，但只能吃三餐。愛鈔票，但基本花費總有限度（要吃五萬元一客的鮑魚那是例外）。這些居室衣著口腹的享受，都只屬於感官上的滿足，是低階層的。人活著、要追求精神性靈上的充實，這才是高階層的。每天忙著賺錢，錢太多了何用？反而日夜操心，成了金錢的奴隸，所爲何來？《馬太福音》十六章說：「人若賺得全世界，賠上自己的生命，有甚麼益處呢？」若能跳出這些庸俗的羈絆，活得豈不更愜意？不必修道也自合於道了。

【原文】嘉祐間，有曹景休者，清才俊逸。或勸其出就功名。曰：吾不就朝市，願就崖谷。因改名谷就，隱跡山林，葛巾野服，矢志棲眞。一日，鍾呂二師來，問曰：聞子修養，所養何物？對曰：養道。曰：道何在？谷就指天。曰：天何在？谷就指心。二師笑曰：心印天，天即道，子親見本來矣。遂授以還眞秘旨，令其精煉。未幾道成，即持大拍板，入都度世。唱道情曰：歎人生，多忙亂；火宅塵緣，日日相縈絆。驀地喉中三寸斷，性魄神魂，自此俱消散。任妻兒哀切喚，萬句千聲，更不回頭看。饒你在生多計算，落在荒郊，失了惺惺漢。以後每隨呂祖周遊，號混成子。（李涵虛：《呂祖年譜》、海山奇遇，卷之三、北宋）

【另文】考潛確類書云：曹國舅者、苗善時傳，不能舉其名，第言丞相彬子，皇后弟。美姿容，上及皇后重之。一日，求出家，上以金牌賜之。抵黃河，爲篙工索渡値，急中用金牌相抵。純陽見而警之，遂拜爲弟子云云。夫既爲曹彬（封魯國公，宋史有傳）之子，皇上與后所重之人，尚不能舉其名乎？此蓋耳聞曹谷就三字，疑爲國舅，遂舉曹彬子皇后弟以附會之。小說之所以多訛也。猶之杜拾遺訛爲杜十姨之類也。（李涵虛：《呂祖年譜》、海山奇遇、卷之三、北宋）

一六五 席預小節都謹愼

「一絲不苟」是說做事一點都不馬虎。「一筆不苟」則是說寫字一筆都不潦草。自我要求嚴格的人，就想要做到這兩句話。

唐代席預，字建侯，襄陽人。唐玄宗（六八五—七六二）時，做了鄭州刺史，韓休（六七三—七四〇，爲宰相）推薦他，任職爲吏部侍郎六年（吏部有似銓敍部，侍郎選拔人才），當時的風評極好。

他長於爲文，以運詞遣句、藻飾優美聞名。唐玄宗有一次登「朝元閣」賦詩，群臣競用玄宗的原韻作詩唱和，玄宗評斷以席豫的詩最好，被稱爲詩人冠冕。

席豫性格端謹，一舉一動，都很規矩。即使寫信給晚輩，下筆絕不潦草。在吏部日久，處理下屬官吏功曹等人的公文書，不論批下轉上，筆跡甚爲端正。字如其人，點劃都不苟且（趙仲將精於草書，但他寫信卻用正楷。他說：若用草寫，乃是輕漫不敬。參閱本篇後的「另文」）。

他這種作風，已經成了習慣。他解釋說：「我們處事、要敬業。處世、要敬人。如果不尊重別人，就等於不尊重自己。」

有人問道：「寫字潦草一些，關係不大嘛！這是小事情，你何必如此介意？」

席豫說：「人們很容易養成馬虎的壞習慣。不要因爲是小事就可以隨便。小事都可不謹，大事更不必論了。」

他是在官位上去世的，享年六十九歲。病況嚴重時，對兒輩叮囑說：「我死後，三天之內，就要封棺。封棺當天，就要入土。不必久留，免得生者死者兩不安寧，公私都煩，没有益處。家裡没有餘錢，可以賣掉大房子，換個小房子，剩餘的錢，充作喪葬費和家用，簡單就可以了。」

別人都讚佩他的通達。

【譯後語】寫字原是極普通的事，我們天天都在動筆。要知道：文字是傳達思想的工具，作用是要別人認識，否則就喪失寫字的意義了。時下人漠視寫字，構架隨意改變，筆劃胡亂創造，鳶飛魚躍，筆走龍蛇，究竟是甚麼字？必須從上下文意中去猜，若單獨挑出來，則誰也不認得。明代陶奭齡《小柴桑·喃喃錄》說：「昔有人以己意信筆作草書，寫後付姪謄錄。姪不能讀，輒指字請問。其人佇視良久，恚曰：『何不早問？』所謂熱寫冷不識，皆可笑也。」好個「熱寫冷不識」，這豈不是寫了等於白寫嗎？大陸文學家沈從文（一九〇二——一九八八）也說：「寫字不可潦草，此雖小事，乃是一種義務，也是一種道德。自己隨便，卻害別人大費眼力，嗚乎可？」余亦曾濫芉官場，嘗告僚屬曰：「余不敢要求簽擬公文時字要寫得漂亮（那是書法家的事），但要求筆劃清楚，撇捺分明（讓人認識）。這不是不能，而是不爲。寫字隨便的人，處理業務也會隨便。既不敬業，也等於不敬重自己。如果字體潦草，只好退回重寫。」這個要求不算苛，馬上就改觀了。

另有一趣談：某公善書法，一日酒醉，有人求字，某公慍之，竟書「不可隨處小便」與之。受者將字剪開重組，裱爲「小處不可隨便」，高懸正廳，似可與本篇「小事豈可不謹」添一談助。

【原文】席豫，襄陽人，唐玄宗時，爲吏部侍郎，以詞藻見稱，而性尤謹。雖與子弟書，及吏簿領，未嘗草書。謂人曰：不敬他人，是自不敬也。或曰：此事甚細，卿何介意？豫曰：細猶不謹，何況巨耶？卒於位，時年六十九。疾篤，謂其子曰：吾亡，三日殮，殮日即葬，勿更久留，貽公私之煩。家無餘財，可賣所居，聊備葬禮。人嘉其達。（《舊唐書》、卷一百九一、列傳第一百四十）

【另文】趙仲將（北齊時代人），趙彥深（名隱，平原人）之子也。仲將有乃父風，溫良恭儉。雖對妻子，亦未嘗怠慢，終日儼然。學涉群書，善草隸。雖與諸弟書，字書楷正（寫正楷字）。曰：草書不可不識，然若施之於人，即似相輕漫，不可爲也。（《北齊書》、卷三十八、列傳第三十）

一六六　呂端大事不糊塗

成偉業者，注意大事，無意兼顧細務。猶如處理巨額財產，對上億金錢的進出，必定操心；但如短少了幾個五分硬幣，就不須計較了。

北宋呂端（九三三—九九八），字易直。敏悟好學，沉篤穩健。宋太宗（趙光義，九三九—九九七）擬用他爲宰相。有人不贊同，說：「呂端這人糊塗。」宋太宗道：「他是小事糊塗，大事絕不糊塗。」依然升他爲宰相，政務推行順利。

後來宋太宗老了病了。宋眞宗（九六八—一〇二二，太宗第三子，名趙恆）那時尚是皇太子。呂端每天陪他去問候太宗的病況，可謂子孝臣賢。

及至宋太宗病勢垂危，宮中內侍王繼恩（太宗寵他爲內侍行首，陝州人，好結黨邀譽）忌憚皇太子趙恆英明，暗中勾結參知政事（約等於副宰相）李昌齡（字天錫，太平興國進士），殿前指揮使（武職）李繼勳（他屢歷藩鎮），知制誥（皇帝撰詔之官）胡旦（字周父，太宗時進士第一），夥同密謀另行擁立楚王趙元佐（太宗長子，字唯吉）做皇帝（如成，一則擁立有大功，二則將來可以挾天子以弄權）。

老皇帝宋太宗崩駕了，李皇后命令王繼恩去召喚呂端，共商大事。呂端心知有變，先發制人，即時把王繼恩扣留，反鎖在藏經閣裡，派妥人戒護看守，然後進宮去見皇后。

李皇后說：「皇上已經歸天了，繼位當擇長男，這是合理的順序（要讓楚王趙元佐接位），你認爲如何？」

呂端正色答道：「先皇帝預立了太子（宋眞宗趙恒），正是爲了防止今日的繼位之爭。現在皇上剛剛晏駕，難道就要違反遺命，另生異議嗎？」

國家不可一日無君。呂端親自護著太子，奉往福寧庭中，立即進行繼位大典。

太子繼位登基了，是爲宋眞宗。御座前垂下了珠簾，新皇帝端坐在簾後，接見滿朝大臣。呂端挺著身子，站立在殿階之下，不急著參拜，他請求將簾障捲起，然後登上殿階，趨前仔細審看，高坐在帝座上的，確實是宋眞宗没錯（恐怕掉了包，就無法挽救了）。才步下殿階，率領群臣（他是宰相，爲百官之長），一齊參拜，三呼萬歲。一場繼位之爭，有驚無險度過了。

【譯後語】大變突來，如何掌穩方向盤，恐怕不是徒仗小聰明就做得到的。不過，擁立太子，只是延續趙宋的家天下，這已不合現代民主潮流了。但呂端處理大事的臨危不亂，步步踏實，這種細密牢靠的做法，才是值得我們學習的。試看呂端外溫內剛的幾個步驟：第一步：鎖禁主謀（先把送上門來的主謀者王繼恩拘禁）。第二步：派人監守（不讓王繼恩跑了）。第三步：宣先帝之命（打出先皇王牌：宣示「預立太子，正爲今日」）。第四步：親自護駕（保著太子登位）。第五步：即日登基（免除夜長夢多）。第六步：驗看眞切（怕後宮以假換眞，以羊易牛）。環環緊扣，一步不鬆。危機安度，有驚無險，眞乃國之大臣也。本篇非是提倡尊君，乃是當面臨國家成敗國運存亡的關頭，我們決大謀成大業的領導者，應當學學呂端處理大事的愼密態度，而以有膽有識的大擔當來達成任務，讓歷史有個評判。

【原文】呂端，敏悟好學。太宗欲相端，或曰：端爲人糊塗。太宗曰：端小事糊塗，大事不糊塗。乃相之。太宗不豫，眞宗爲皇太子，端日與太子問起居。乃疾大漸，內侍王繼恩忌太子英明，陰與李昌齡、李繼勳、胡旦，謀立楚王元佐。太宗崩，李皇后命繼恩召端，端知有變，鎖繼恩於閣內，使人守之而入。皇后曰：宮車已晏駕，立嗣以長，順也。今將如何？端曰：先帝立太子，正爲今日；今始棄天下，豈可遽違命有異議耶？乃奉太子至福寧庭中。眞宗既立，垂簾引見群臣。端平立殿下不拜。請捲簾，升殿審視，然後降階，率群臣拜呼萬歲。（《宋史》、卷二百八十一、列傳第四十）

【另文】宋太宗不豫，王繼恩輩忌太子英明，欲立楚王元佐。呂端爲相，促太子入。及帝崩，后遣恩召端。端紿恩，鎖之於閣，親掖眞宗登極，揭簾審視，而後下拜。太宗嘗稱其小事糊塗，大事不糊塗，早見及此。端字易直，謚文惠。（明、蕭良有：《龍文鞭影》、初集、卷上）

一六七　美饌換劣食高祖計黜范增

劉邦善於使詐（傷胸捫足就是一例，見第一六一篇），然本篇這一回所表演的騙術，膚淺而粗糙，不算高明，項羽居然中計，誠屬天命。

楚漢相爭，楚項羽（前二三二—前二〇二，稱西楚霸王）與范增（前二七七—前二〇四，佐項羽成霸業，尊爲亞父）在滎陽（屬河南省）重重圍困了劉邦（前二四七—一九五，爲漢王）。劉邦的情勢十分危險。

劉邦採用陳平（前？—前一七八）的反間計來離間項羽和范增。那時漢弱楚強，劉邦有意和談，項羽同意了，雖然范增反對，雙方仍互有使節往還。

項羽的使臣來了，劉邦的屬吏殷勤招待，端出了豐盛的太牢全席（天子所用，牛羊豕三牲齊備的盛饌叫太牢），用精美餐具來款待。準備一面用美饌佐酒，一面議事。

劉邦進入廳堂，一見來使，假意吃驚，裝成錯愕狀，說道：「我聽說是亞父（稱范增的號，表示尊敬）的使者來了，卻原來是項羽派來的，安排錯了！」吩咐將美饌全部撤下去，換成粗糙器皿盛裝的三幾盤劣等食物，讓項羽的使者勉強果腹。

使者回去報告項羽，項羽果然懷疑范增和劉邦私下有了勾結。范增受冤大怒，說道：「天下事已經大定了（那時楚盛漢衰，劉邦快被消滅），項王你好自爲之吧！用不著我再來操心，但願回歸故里休養餘年就行了。」項羽沒有留他。范增離去後，項羽就失敗了。

【譯後語】打硬仗，劉邦拚不過項羽；用計謀，項羽鬥不過劉邦。劉邦有張良蕭何韓信陳平之助，允武允文；項羽則僅一范增，卻未能言聽計從。如果速戰速決，劉邦必亡；如果持久拉長，項羽會敗。本篇採用簡單的反間之策，未費一兵一卒，只是略施臉色，說兩句帶刺的話，輕而易舉的就把項羽身邊唯一老謀深算的范增激走了。去掉了敵人的右臂，情勢馬上改觀。將陳平此計視為楚漢成敗的分界點亦不為過。天下有這等便宜的事，不禁叫絕。

考陳平替漢高祖六出奇計：使用黃金行反間，使項羽不信鍾離昧等人，一也。以粗食待項羽使者，離間范增，二也。夜出美女二千人，解漢王滎陽之圍，三也。躡足劉邦，立韓信為眞王，四也。僞遊雲夢擒韓信，五也。使畫工繪美女送閼氏，解白登之圍，六也（均見《史記》卷五十六）。以後又誅掉諸呂，劉漢得以復續，陳平之智慮高矣。

【原文】項王與范增急圍滎陽。漢王患之，乃用陳平計間項王。項王使者來，為太牢具，舉欲進之。見使者，佯驚愕曰：吾以為亞父使者，乃反項王使者。更持去，以惡食食項王使者。使者歸報項王，項王乃疑范增與漢有私。范增大怒，曰：天下事大定矣，君王自為之，願賜骸骨歸。項王許之。（《史記》、卷七、項羽本記第七）

一六八　白龍變鯉魚少帝休怨豫沮

「人生如戲」。今天你扮周瑜，便是主角，八面威風。明天改扮蔣幹，變成了丑角，要插科打諢。等你想通了「戲如人生」，便不會怨天尤人了。

吳王夫差（元前？—前四七三）聽說孔子和子貢到了吳國，正在京城遊歷。他想看看聖哲賢人究竟有甚麼行止言貌，就換穿了平民便服，獨自出外混在人群中觀看。不料遇到一個不相識的平民，對周邊的人戲弄，無意間把吳王的手指弄傷了。

吳王回到宮裡，覺得平白皮肉受傷，帝王的尊嚴何在？要派兵去搜捕那個平民，打算抓來殺掉。

伍子胥（伍員，元前？—前四八五）諫奏道：「大王，請先聽我講個故事吧：

「從前，天帝有個少子，本是一條白龍，想到塵世間遊玩，就化成一條鯉魚，在澄清的淵溪裡，隨著水流游來游去，好不快樂！不料有個漁夫，名叫豫沮，發現水裡有條鯉魚，就拿起魚叉來射他。少子受了傷，趕忙逃回天庭，向天帝投訴。

「天帝問他說：『你在游泳時，穿的甚麼衣服？』

「少子答：『我化成一條鯉魚，身體外邊穿的是亮麗的魚鱗服。』

「天帝說：『你原是天上白龍，卻要化成鯉魚，怪不得豫沮要射你。漁夫的職業就是抓魚，那本是正常的呀，有甚麼好埋怨的呢？』

「如今大王你脫下萬乘之尊的皇服，穿上尋常百姓的便裝，別人從何認識你？無意間被別人傷了你，這也不足怪呀，有甚麼好追究的呢？」

吳王夫差一想，伍子胥的話也算有理，便不再計較了。

【譯後語】皇帝街頭被誤傷，只因微服隱行藏。世事猶如戲一場，白龍變鯉也遭殃。昨日我扮唐明皇，今天改扮武大郎。既然身是武大郎，就該忘記唐明皇。虛懷忍讓又何妨，宏觀自會海天寬。

【原文】吳王夫差聞孔子與子貢遊於吳，出求觀其形。變服而行。爲或人所戲而傷其指。夫差還，發兵索於國中，欲誅或人。子胥諫曰：臣聞昔上帝之少子，下游清冷之淵，化爲鯉魚，隨流而戲。漁者豫沮射而傷之，上訴天帝。天帝曰：汝方游之時，何衣而行？少子曰：我爲鯉魚。上帝曰：汝乃白龍也，而變爲魚。漁者射汝，是其宜也，又何怨焉。今大王棄萬乘之服而從匹夫之服，而爲或人所刑，亦其宜也。於是吳王默然。（後漢、趙曄：《吳越春秋》）

【另文】昔白龍下清冷之淵，化爲魚。漁者豫且，射中其目。白龍上訴天帝。天帝曰：當是時，若安置而形？白龍對曰：我化爲魚。天帝曰：魚、固漁人之所欲射也。若是，豫且何罪？夫白龍，天帝之貴畜也；豫且，宋國之凡民也。白龍不化，豫且不射。（漢、劉向：《說苑》、卷九、正諫）

一六九　洪承疇降滿偷生

洪承疇抗清戰敗，傳說他已經以身殉國。實則他並沒死，反而投降，更助清滅明，宜乎受後人的唾罵了。

明朝末年，內有流寇作亂，外有清兵犯邊，明思宗莊烈帝乃急召洪承疇（一五九三—一六六五，字亨九，明萬曆進士，時為薊遼總督）領兵在松山（今遼寧錦州，時為一六四一年）抵抗滿清大軍，被圍六個月，食糧乏絕，被清軍俘虜了，押解到盛京（那時為清的都城，在今瀋陽），暫時囚禁起來。

清世祖（建年號叫順治，姓愛新覺羅，名福臨。一六三八—一六六一）很想勸服洪承疇為滿清效力，就叫范文程（漢人降清，字憲斗，後為太傅）到監獄裡去勸降。這時的洪承疇，摘掉了帽子，打著光腳。看到范文程，一個勁的謾罵，態度十分強硬。

范文程並不生氣，慢慢地隨意扯談，廣泛地講一些古今改朝換代故事，也不在意洪承疇聽了沒有。監牢很老舊，偶然牢裡樑頂上掉下一串塵垢，正好落在洪承疇的衣襟上。洪承疇不經意的把塵埃拂掉了，這只是自然的反應動作而已。

范文程觀察入微，回去返報清世祖，結論是：「洪承疇不可能自殺。他連衣服都如此愛惜，不肯讓灰塵粘上，何況是自己的生命？絕對可以勸降。」

清世祖一聽，心中歡喜。親自下牢房去探視洪承疇，溫言和他交談，有似知心好友一般。見他衣服單薄，就脫下自已所穿的紫貂毛裘，披在洪的肩上，委婉說道：「洪先生是不是感到有點寒涼呢？要保重，穿上吧！」

洪承疇心中一震，想不到清世祖有這個舉動，瞪著眼睛看了他很久，才歎口氣說：「你眞是天生的萬民之主，我也沒有甚麼好堅持的了。」於是投降清朝。

清世祖高興得無法形容，當時就請他住進華美的居室，賞賜他無數的財物，擺開滿廳的酒宴，還徵集伶人排演大戲來慶賀，連續爲他熱鬧了五天，崇隆到了極點。

這時許多滿族將軍都心中不服，看不順眼，對清世祖說：「你爲甚麼如此看重這個兵敗投降的漢人俘虜洪某人，還對他這般禮遇呢？」

清世祖將這些說壞話的人統統集合在跟前，問他們說：「大家想想看，我們打了幾十年仗，餐風宿露，没有片刻休息，究竟爲了甚麼？」

眾人回答說：「那還不是想要打下中原的錦繡河山嘛。」

清世祖笑道：「這就對了。好比我們正要南下中原，但我們都是摸不清方向的瞎子，儘走冤枉路。今天得了個最好的引路嚮導，我哪會不樂極呢？」果然洪承疇導引清兵南下，打平了反清義軍，建立了滿清王朝，他也官封英武殿大學士。

【譯後語】當初滿漢相爭（現在這兩民族已經融和了），史學家繆鳳林說：「滿清之興，一以兵強，一以得明降人之力。」試看當年以一隅之地，一族之民，入主中原，除武力稍勝外，其餘人口土地文化經濟都不及；故亟欲誘降洪承疇，施惠，示恩、頒賞、賜宴，方法都用到了，要借漢人以制漢人。爭天下者，大多如此。

【原文】明莊烈帝徵洪承疇駐兵松山以拒清兵，被圍六月，食盡被俘，送往盛京。上欲收承疇為己用，命范文程諭降。承疇方科跣謾罵，文程徐與語，泛及古今事。梁間塵偶落，著承疇衣，承疇拂之去。文程歸，告上曰：承疇必不死，惜其衣，況其身乎？上自臨視，解所御貂裘衣之曰：先生得無寒乎？承疇瞠視久，歎曰：真命世之主也。乃降。上大悅，即日賞賚無算，置酒，陳百戲。諸將或不悅曰：上何待承疇之重也？上進諸將曰：吾曹櫛風沐雨數十年，將欲何為？諸將曰：欲得中原耳。上笑曰：譬諸行道，吾等皆瞽，今獲一導者，吾安得不樂？（《清史》、洪承疇列傳）

【另文一】張天祿（明朝總兵，降清）誘致黃石齋先生（即黃道周，明朝進士，官禮部尚書，抗清、被俘、死）。洪承疇（已降清）先遣人候之。石齋問曰：彼洪內院何人也？使者曰：即洪公名承疇者也。石齋叱曰：誤矣，必姓名之偶同者。若吾鄉洪公，已死矣（承疇守錦州，城陷，謠傳已殉國死），朝紳公奠，祠廟碑文，皆出吾手，豈靦顏偷生至此。我願見之，彼何人斯？乃敢與洪公同姓名者。承疇聞之，卒不敢見。（錄自《嶺上紀行》）

【另文二】黃道周被俘，洪承疇欲勸降，黃寫一聯曰：「史冊流芳，雖未滅奴猶可法；洪恩浩蕩，未能報國反成仇。」（嵌史可法洪承疇二姓名。《淘沙集》）

一七〇 史可法抗清殉命

孟子說：「士何事？士尚志。」小焉者立「志」修身，大焉者矢「志」報國。

明代史可法（一六〇一—一六四五）字憲之，一字道鄰。明思宗崇禎年間進士。明福王時，官拜兵部尚書，加英武殿大學士，開府揚州（今江蘇江都縣）。

清世祖（愛新覺羅氏）順治元年（一六四四），清軍入山海關南下，仍爲明朝統治的淮南一帶（淮河下游），受到清兵大舉進擊。揚州是必爭之地，清兵以精銳逼攻，史可法在城內督師防守，宵旰勤勞，艱辛極了。他與士卒甘苦共嚐，馬車未裝頂蓋，不避日曬雨淋。用飯只有一道菜。夏天不動扇子。冬天不穿羊毛袍子。睡覺也不脫衣服，因爲敵強我弱，隨時都保持警戒狀態。

這年他已四十四歲了（次年四十五歲死），還沒有兒子接續後代。夫人要替他納妾，史可法歎道：「國家大事還忙不過來，哪有心情爲後代打算？」

除夕到了，他晚上仍在軍中，忙著處理軍務，還要擬呈奏章。熬到半夜，十分疲憊，命人拿酒來提神。廚司說：「本來還剩了一些殽肉（揚州名菜，比扣肉精細而少油膩），但在今天大年夜的辭歲團年飯時，都已分給了將士，沒有菜下酒了。」僅只裝了一碟鹽豆豉（加鹽煮熟曬乾的黃豆），給他佐酒。這晚，他萬感交集，獨飲了十幾杯。想起先皇帝明思宗在北京紫禁城後面景山自縊，泫然喟歎，淚流不已。倦極了，便伏在几案上睡著了。

不一會，天色漸曉，將士們聚集在轅門外，等候元旦朝會，但轅門未開。史可法身邊的人告訴大家說：「昨晚除夕，相公熬到後半夜才睡，現還沒醒。」

揚州知府民育（**共同守城的地方首長**）向大眾說：「史相公這晚能夠睡熟，極是難得，就讓他多睡一下好了！」吩咐報更的人（**昔日晚上敲鼓報時，一夜五次，初更天黑，五更天曉**），仍然只打四更。而且告誡各人，不許驚動史相公。

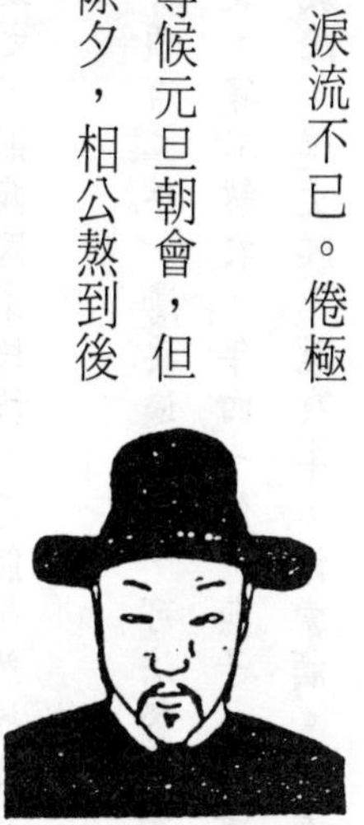

史可法

過不多久，史可法醒了，聽到仍打四更，怒問道：「為何天亮還打四更，誰敢觸犯我的命令？」將士們都說這是知府民育的決定，才免予追究。

次年四月（**清世祖順治二年，公元一六四五**）揚州城終於被清軍重兵攻破了。為要報復揚州城長期堅定的抵抗，清軍大開殺戒，屠殺了十天（**王秀楚撰有《揚州十日記》，城內百姓殺光了，慘甚**）。史可法也死在抗清被殺群中。城裡屍體山積，事平後已無法辨認。第二年，後人收集了他的袍笏衣冠，招魂禮葬。墓址就擇在揚州廣儲門外的梅花嶺上，供人憑弔。

後來，清代在史可法墓鄰近，建了梅花書院。到清高宗乾隆時，因感於他丹心報國，特追謚為「忠正」。

【譯後語】昔人讀書考進士，今人讀書取博士。學成後，幹甚麼好呢？爲自己謀利乎？爲社會造福乎？這其中差別就很大了。明朝末年，國家遭逢大變，我們看史可法：他任兵部尚書，應該保土衛疆；他乃大明子民，必須爲國效力；他是欽點進士，自當成仁取義。有此三識，乃促成他國爾忘家，殉命揚州。此種「國士」，以往還有不少：文天祥寫下正氣歌不屈被殺，陸秀夫揹著皇帝跳海而死，他們立的都是「大志」。當那「風雨」晦冥的時代，只「見」他們要學「龍」昂，不甘於「蛇」縮。因爲他們熟讀歷史，立志以天下國家爲己任，不肯辜負這昂藏七尺之軀。立志做「法家弼士」，來報國拯民，這才是「士君子之大志」。可是，現今功利主義大爲盛行，把追求金錢擺第一。凡事都要問能賺多少鈔票？其實，金錢何必貪多？金錢哪能買到幸福？假若人人都只爲己，彼此都會紛擾不安了。人是合群的動物，所作所爲，要對群衆有益，社會才會進步，不可做害群之馬，這也是孫中山先生說的「盡個人的聰明才智爲千萬人服務」的人生觀，也是孟子說的「當今之世，捨我其誰」的大氣概。請愼察之，篤踐之，則我國家民族，乃能昂然屹立於世界。

【原文】史可法，字憲之，崇禎年進士。大清順治二年，清兵逼淮南，可法督師揚州禦敵。行不張蓋，食不重味，夏不箑，冬不裘，寢不解衣。年四十餘，無子。其妻欲置妾，太息曰：王事方殷，敢爲兒女計乎？歲除，遣文牒，至夜半，倦索酒。庖人報殽肉已分給將士，無可佐者，乃取鹽豉下之。是夕，進十數觥。思先帝，泫然淚下，憑几臥。比明，將士集轅門外，門不啓。左右遙語其故。知府民育曰：相公此夕臥，不易得也。命鼓人仍擊四鼓，戒左右毋驚相公。須臾，可法寤，聞鼓聲，大怒曰：誰犯吾令？將士述民育意，乃免。揚州城破，可法死。踰年，家人舉袍笏招魂，墳於揚州郭外之梅花嶺。（《明史》、卷二百七十四、列傳第一百六十二）

【另文】史可法、馳驅江淮間。衣不解帶，輒至十餘日。軍行不具帷幙襆被。當天寒討賊，夜坐草間，與一卒背相倚，假寐。須臾，霜滿甲冑，往往成冰。欠伸起，冰霜有聲戛戛然。（清、翰林院編修、戴名世：《南山集》）

（你已經看完本書了。如果發現立言有偏、取材不當、或有錯別漏字，敬請賜告。受教處：台北縣新店市德正街27巷29弄1號3樓朱培庚，或函知文史哲出版社）

本書採用古籍書目及撰者

1詩經——孔子刪訂
2易經——伏羲・文王・孔子
3禮記——漢・戴聖
4左傳——周・左丘明
5大學——春秋・曾子
6中庸——春秋・子思
7論語——春秋・孔門弟子
8孟子——戰國・孟軻
9晏子春秋——春秋・晏嬰
10呂氏春秋——戰國・呂不韋
11虞氏春秋——戰國・虞卿
12吳越春秋——漢・趙曄
13戰國策——漢・劉向
14史記——漢・司馬遷
15漢書——漢・班固
16後漢書——南朝宋・范曄
17三國志——晉・陳壽
18晉書——唐・房玄齡
19梁書——唐・姚思廉
20魏書——北齊・魏收
21北齊書——唐・李百藥
22隋書——唐・魏徵
23舊唐書——後晉・劉昫
24新唐書——宋・歐陽修
25貞觀政要——唐・吳兢
26新五代史——宋・歐陽修
27宋史——元・脫克脫
28資治通鑑——宋・司馬光
29續資治通鑑——清・畢沅
30遼史——元・脫克脫
31金史——元・脫克脫
32元史——明・宋濂
33明史——清・張廷玉
34清史——民・國防研究院
35御製賢臣傳——明・奉敕撰
36名臣言行錄——宋・朱熹
37台灣通志——民・台灣省文獻會
38群書治要——唐・魏徵
39群書校補——清・陸心源
40子史精華——清・張廷玉
41老子——周・李聃
42管子——春秋・管仲
43宓子——春秋・宓不齊
44尸子——春秋・魯・尸佼
45荀子——戰國・荀況
46莊子——戰國・莊周
47惠子——戰國・惠施
48愼子——戰國・愼到

49列子——戰國・列禦寇
50墨子——戰國・墨翟
51子思子——春秋・孔伋
52子華子——春秋・程本
53鄧析子——春秋・鄧析
54孔叢子——戰國・孔鮒
55鬼谷子——戰國・鬼谷先生
56韓非子——戰國・韓非
57潼山子——戰國・甘羅
58鶡冠子——戰國・楚之隱士
59抱朴子——晉・葛洪
60淮南子——漢・劉安
61金樓子——梁・孝元帝
62玉泉子——唐・隱者
63无能子——唐・不著名氏
64懶眞子——宋・馬永卿
65公孫龍子——戰國・公孫龍
66孫子兵法——春秋・孫武
67吳子兵法——戰國・吳起
68孔子家語——春秋・孔子門人
69華陽國志——東晉・常璩
70顏氏家訓——隋・顏之推
71風俗通義——漢・應劭
72韓文集——唐・韓愈
73歐文集——宋・歐陽修
74拾遺記——苻秦・王嘉
75搜神記——晉・干寶
76崇儉篇——朝代缺・萬叔豪
77淘沙集——清・朱綱正
78山海經——夏禹・伯益
79長短經——唐・趙蕤
80新序——漢・劉向
81說苑——漢・劉向
82論衡——漢・王充
83說郛——明・陶宗儀
84太平御覽——宋・李昉
85世說新語——宋・劉義慶
86續世說新語——宋・孔平仲
87龍文鞭影——明・蕭良友
88三才圖會——明・王圻
89韓詩外傳——漢・韓嬰
90經世奇謀——清・俞琳
91六祖壇經——唐・僧・法海
92清稗類鈔——清・徐珂
93詞林紀事——清・張宗驌
94夢溪筆談——宋・沈括
95聞見後錄——宋・邵博
96湘山野錄——宋・釋・文瑩
97湘軍志——清・王闓運
98漢學師承記——清・江藩
99能改齋漫錄——宋・吳曾
100增廣智囊補——明・馮夢龍
101梵廬叢錄——清・柴蕚
102古今圖書集成——清・陳夢雷

英國文學家約翰密爾說：

「從來沒有人真正付足書價——他所付的僅僅是印刷費而已。」

"No one ever really paid the price of a book — only the price of printing it."

—— *John Mill*

十五畫

十六畫

十四畫

九 畫

八　畫

本書人名索引（數字代表篇章）